Voces de Chernóbil

Voces de Chernóbil

Crónica del futuro

SVETLANA ALEXIÉVICH

Traducción de
Ricardo San Vicente

Alexiévich, Svetlana
Voces de Chernóbil - 1a ed. - Buenos Aires : Debate, 2015.
408 p. ; 23x15 cm. (Debate)

Traducido por: Ricardo San Vicente

ISBN 978-987-3752-36-0

1. Crónicas. I. Ricardo San Vicente, trad. II.Título.
CDD 070.44

Título original: *Tchernobylskaia Molitva*
Primera edición en la Argentina bajo este sello: diciembre de 2015

© 2005, Svetlana Alexiévich
© 2015, Penguin Random House Grupo Editorial, S.A.U.
Travessera de Gràcia, 47-49. 08021 Barcelona
© 2006, Ricardo San Vicente, por la traducción, cedida por
Siglo XXI de España Editores, S.A.

© 2015, Penguin Random House Grupo Editorial, S.A.
Humberto I 555, Buenos Aires
www.megustaleer.com.ar

Penguin Random House Grupo Editorial apoya la protección del *copyright*.
El *copyright* estimula la creatividad, defiende la diversidad en el ámbito de las ideas y el conocimiento,
promueve la libre expresión y favorece una cultura viva. Gracias por comprar una edición autorizada
de este libro y por respetar las leyes del *copyright* al no reproducir, escanear ni distribuir ninguna
parte de esta obra por ningún medio sin permiso. Al hacerlo está respaldando a los autores
y permitiendo que PRHGE continúe publicando libros para todos los lectores.

Printed in Argentina – Impreso en la Argentina

ISBN: 978-987-3752-36-0

Queda hecho el depósito que previene la ley 11.723.

Compuesto en La Nueva Edimac, S.L.

Esta edición de 6.500 ejemplares se terminó de imprimir en Arcángel Maggio - División Libros,
Lafayette 1695, Buenos Aires, en el mes de noviembre de 2015.

Penguin
Random House
Grupo Editorial

Somos aire, no tierra...

MERAB MAMARDASHVILI

ÍNDICE

Nota histórica 13

Una solitaria voz humana 20

Entrevista de la autora consigo misma sobre la historia omitida y sobre por qué Chernóbil pone en tela de juicio nuestra visión del mundo 43

PRIMERA PARTE
LA TIERRA DE LOS MUERTOS

Monólogo acerca de para qué recuerda la gente 59

Monólogo acerca de sobre qué se puede conversar con un vivo... y con un muerto 63

Monólogo acerca de toda una vida escrita en las puertas . 72

Monólogo de una aldea acerca de cómo se convoca a las almas del cielo para llorar y comer con ellas . . 76

Monólogo acerca de las lombrices, el manjar de las gallinas y de que lo que hierve en la olla tampoco es eterno 91

Monólogo acerca de una canción sin palabras 96

ÍNDICE

Tres monólogos acerca de un terror antiguo y de por qué un hombre callaba mientras hablaban las mujeres ... 98

Monólogo acerca de que el hombre solo se esmera en la maldad y de qué sencillo y abierto está a las palabras simples del amor 110

Coro de soldados 114

SEGUNDA PARTE
LA CORONA DE LA CREACIÓN

Monólogo acerca de viejas profecías 139

Monólogo acerca del paisaje lunar 143

Monólogo de un testigo al que le dolía una muela cuando vio a Cristo caer y gritar de dolor 146

Tres monólogos acerca de los «despojos andantes» y la «tierra hablante» 154

Monólogo acerca de que no sabemos vivir sin Chéjov ni Tolstói 163

Monólogo acerca de cómo san Francisco predicaba a los pájaros 170

Monólogo sin nombre... un grito 182

Monólogo a dos voces... de hombre y de mujer 184

Monólogo acerca de cómo una cosa completamente desconocida se va metiendo dentro de ti 194

Monólogo acerca de la filosofía cartesiana y de cómo te comes un bocadillo contaminado con otra persona para no pasar vergüenza 203

ÍNDICE

Monólogo acerca de que hace mucho que bajamos del árbol y no inventamos nada para que este se convirtiera enseguida en una rueda 220

Monólogo junto a un pozo cegado 229

Monólogo acerca de la añoranza de un papel y de un argumento 239

Coro del pueblo 251

TERCERA PARTE
LA ADMIRACIÓN DE LA TRISTEZA

Monólogo acerca de lo que no sabíamos: que la muerte puede ser tan bella 267

Monólogo acerca de qué fácil es convertirse en tierra .. 271

Monólogo acerca de los símbolos y los secretos de un gran país 280

Monólogo acerca de cómo en la vida las cosas terribles ocurren en silencio y de manera natural 284

Monólogo acerca de que el ruso siempre quiere creer en algo 292

Monólogo acerca de cuán indefensa resulta la vida pequeña en este tiempo grandioso 298

Monólogo acerca de la física, de la que todos estuvimos enamorados 303

Monólogo acerca de lo que está más allá de Kolimá, de Auschwitz y del Holocausto 310

Monólogo acerca de la libertad y del deseo de una muerte corriente 315

ÍNDICE

Monólogo acerca del niño deforme al que de todos modos van a querer 322

Monólogo acerca de que a la vida cotidiana hay que añadirle algo para entenderla 326

Monólogo acerca del soldado mudo 332

Monólogo acerca de las eternas y malditas preguntas: ¿qué hacer? y ¿quién tiene la culpa? 339

Monólogo de un defensor del poder soviético 346

Monólogo acerca de cómo dos ángeles se encontraron con la pequeña Olia. 349

Monólogo acerca del poder ilimitado de unos hombres sobre otros. 356

Monólogo acerca de las víctimas y los sacerdotes. . . . 367

Coro de niños 378

Una solitaria voz humana. 389

A modo de epílogo 405

NOTA HISTÓRICA

Belarús...* Para el mundo somos una *terra incognita* —tierra ignorada—, aún por descubrir. «Rusia Blanca», así suena más o menos el nombre de nuestro país en inglés. Todos conocen Chernóbil, pero en lo que atañe a Ucrania y Rusia. A los bielorrusos aún nos queda contar nuestra historia...

Naródnaya gazeta, 27 de abril de 1996

El 26 de abril de 1986, a la 1 h 23' 58", una serie de explosiones destruyeron el reactor y el edificio del cuarto bloque energético de la Central Eléctrica Atómica (CEA) de Chernóbil, situada cerca de la frontera bielorrusa. La catástrofe de Chernóbil se convirtió en el desastre tecnológico más grave del siglo xx.

Para la pequeña Belarús (con una población de diez millones de habitantes) representó un cataclismo nacional, si bien los bielorrusos no tienen ni una sola central atómica en su territorio. Belarús seguía siendo un país agrícola, con una

* Denominación oficial de Bielorrusia en dicho país. En el texto se respetan las diferentes formas empleadas en ruso: Belarús y Bielorrusia. *(N. del T.)*

NOTA HISTÓRICA

población eminentemente rural. Durante los años de la Gran Guerra Patria, los nazis alemanes destruyeron en tierras bielorrusas 619 aldeas, con sus pobladores. Después de Chernóbil, el país perdió 485 aldeas y pueblos: setenta de ellos están enterrados bajo tierra para siempre. Durante la guerra murió uno de cada cuatro bielorrusos; hoy, uno de cada cinco vive en un territorio contaminado. Se trata de 2.100.000 personas, de las que 700.000 son niños. Entre las causas del descenso demográfico, la radiación ocupa el primer lugar. En las regiones de Gómel y Moguiliov (las más afectadas por el accidente de Chernóbil), la mortalidad ha superado a la natalidad en un 20 por ciento.

Como consecuencia de la catástrofe, se han arrojado a la atmósfera 50×10^6 Ci de radionúclidos; de ellos, el 70 por ciento ha caído sobre Belarús; el 23 por ciento de su territorio está contaminado con radionúclidos de una densidad superior a 1 Ci/km^2 de cesio-137. A modo de comparación: en Ucrania se ha contaminado el 4,8 por ciento del territorio; en Rusia, el 0,5 por ciento. La superficie de las tierras cultivables que tienen una concentración radiactiva de 1 o más Ci/km^2 representa 1,8 millones de hectáreas; de estroncio-90, con una concentración de 0,3 Ci/km^2 o más, cerca de medio millón de hectáreas. Se han eliminado del uso agrícola 264.000 hectáreas. Belarús es tierra de bosques, pero el 26 por ciento de ellos y más de la mitad de sus prados situados en los cauces de los ríos Prípiat, Dnepr y Sozh se encuentran en las zonas de contaminación radiactiva...

Debido a la constante acción de pequeñas dosis de radiación, cada año crece el número de enfermos de cáncer, así como de personas con deficiencias mentales, disfunciones neuropsicológicas y mutaciones genéticas...

«Chernóbil», *Belarússkaya entsiklopedia*,
1996, pp. 7, 24, 49, 101, 149.

NOTA HISTÓRICA

Según diversas observaciones, el 26 de abril de 1986 se registraron niveles elevados de radiación en Polonia, Alemania, Austria y Rumanía; el 30 de abril, en Suiza y el norte de Italia; el 1 y 2 de mayo, en Francia, Bélgica, Países Bajos, Gran Bretaña y el norte de Grecia; el 3 de mayo, en Israel, Kuwait, Turquía...

Proyectadas a gran altura, las sustancias gaseosas y volátiles se dispersaron por todo el globo terráqueo: el 2 de mayo se registró su presencia en Japón; el 4 de mayo, en China; el 5, en India; el 5 y el 6 de mayo en Estados Unidos y Canadá.

Bastó menos de una semana para que Chernóbil se convirtiera en un problema para todo el mundo...

«Consecuencias de la avería de Chernóbil en Belarús», Minsk.
Escuela Superior Internacional
de Radioecología
Sájarov, 1992, p. 82.

El cuarto reactor —la instalación denominada «Refugio»— sigue guardando en sus entrañas de plomo y hormigón armado, como antes, cerca de 200 toneladas de material nuclear. El combustible se mezcló, además, en parte con el grafito y el hormigón. Nadie sabe qué ocurre hoy con este combustible.

El sarcófago se construyó de manera precipitada; se trata de una construcción única en su género; quizá los ingenieros petersburgueses que la diseñaron puedan sentirse orgullosos de ella. Debía mantenerse en funcionamiento durante treinta años. Sin embargo, los técnicos montaron la instalación «a distancia». Las planchas se unían con la ayuda de robots y de helicópteros; de ahí que haya grietas. En la actualidad, según algunas fuentes, la superficie total de las zonas defectuosas y agrietadas supera los 200 metros cuadrados, por los que si-

NOTA HISTÓRICA

guen desprendiéndose aerosoles radiactivos. Si el viento sopla del norte, entonces, en el sur, se detecta actividad radiactiva: con uranio, plutonio y cesio. Más aun, en los días de sol, con la luz apagada, se ven columnas de luz que caen del techo en la sala del reactor. ¿Qué es esto? También la lluvia entra dentro del reactor. Y cuando el agua cae sobre la masa de combustible, es posible una reacción en cadena... El sarcófago es un difunto que respira. Respira muerte. ¿Cuánto tiempo aguantará? Nadie sabe dar una respuesta a este interrogante; hasta hoy, es imposible aproximarse a muchos de los nudos y construcciones para establecer su grado de seguridad. En cambio, todo el mundo comprende lo siguiente: la destrucción del «Refugio» daría lugar a unas consecuencias aun más terribles que las que se produjeron en 1986.

Ogoniok, n.º 17,
abril de 1996

Antes de Chernóbil, por cada 100.000 habitantes de Belarús se producían cerca de 82 casos de enfermedades oncológicas. Hoy, las estadísticas son las siguientes: por cada 100.000 habitantes, hay 6.000 enfermos. Esto quiere decir que se han multiplicado por 74.

En los últimos diez años, la mortalidad ha crecido en un 23,5 por ciento. De cada catorce personas, solo una muere de viejo y, por lo general, se trata de individuos en edad de trabajar, de entre cuarenta y seis y cincuenta años. En las regiones más contaminadas, tras un examen médico, se ha establecido que, de cada diez personas, siete están enfermas. Al visitar las aldeas, uno se sorprende de ver cómo ha crecido el espacio ocupado por los cementerios...

NOTA HISTÓRICA

Hoy en día aún se desconocen muchas cifras. Se mantienen en secreto: tan monstruosas son. La Unión Soviética mandó al lugar de la catástrofe 800.000 soldados de reemplazo y «liquidadores»* llamados a filas; la edad media de estos últimos era de treinta y tres años. Y a los muchachos se los llevaron directamente del pupitre al cuartel...

Solo en las listas de los liquidadores de Belarús constan 115.493 personas. Según datos del Ministerio de Sanidad, desde 1990 hasta 2003 han fallecido 8.553 liquidadores. Dos personas al día.

Así empezó la historia... En las cabeceras de los periódicos soviéticos y extranjeros aparecen reportajes sobre el juicio de los acusados por la catástrofe de Chernóbil.

En cambio ahora... Imagínense un edificio de cinco plantas. Una casa sin habitantes, pero con sus enseres. Los muebles, la ropa, objetos que ya nadie podrá usar de nuevo nunca. Porque esta casa está en Chernóbil... Pues justamente en una de esas casas muertas de la ciudad las personas encargadas de llevar a cabo el juicio a los acusados de la avería nuclear ofrecían una pequeña conferencia a la prensa. En las más altas instancias, en el Comité Central del PCUS, se decidió que la causa debía examinarse en el propio lugar del delito. En el propio Chernóbil. El juicio se celebró en el edificio de la Casa de la Cultura local. En el banquillo de los acusados había seis personas: el director de la central atómica, Víktor Briujánov; el ingeniero jefe, Nikolái Fomin; el segundo ingeniero jefe, Anatoli Diátlov; el jefe del turno, Borís Rogozhkin; el jefe del taller del reactor, Alexandr Kovalenko, y el inspector del Servicio Estatal de Inspección de Energía Atómica de la URSS, Yuri Laushkin.

* Denominación que se dio a los encargados de «liquidar» las consecuencias del accidente de Chernóbil. *(N. del T.)*

NOTA HISTÓRICA

Los asientos destinados al público estaban vacíos. Solo se veían periodistas. De todos modos, tampoco vivía ya nadie en el lugar; la ciudad estaba «cerrada» por ser una «zona de control radiactivo severo». ¿No sería por esta misma razón por la que se escogió el lugar? Cuantos menos testigos, mejor; menos ruido habría. No se veían ni cámaras ni periodistas extranjeros. Como es natural, todos querían que se hubieran sentado en el banquillo de los acusados las decenas de funcionarios responsables, incluidos los de Moscú. También el estamento científico de aquel momento debería haber cargado con su responsabilidad. Pero se conformaron con los «guardagujas».

Sentencia: a Víktor Briujánov, Nikolái Fomin y Anatoli Diátlov les cayeron diez años a cada uno. Para el resto, las penas fueron más cortas. En conclusión, Anatoli Diátlov y Yuri Laushkin murieron a consecuencia de las radiaciones. El ingeniero jefe Nikolái Fomin perdió la razón... En cambio, el director de la central, Víktor Briujánov, cumplió la condena de principio a fin: los diez años enteros. Lo fueron a recibir sus familiares y unos cuantos periodistas. El acontecimiento pasó desapercibido.

El ex director vive en Kíev, donde trabaja de simple oficinista en una empresa.

Así acaba la historia.

En breve, Ucrania emprenderá una obra de gran envergadura. Sobre el sarcófago que cubrió en 1986 el destruido cuarto bloque de la CEA de Chernóbil aparecerá un nuevo refugio que se llamará «Arca». Dentro de poco, 28 países donantes destinarán a este proyecto unas inversiones iniciales de capital que superan los 768 millones de dólares. El nuevo sarcófago deberá durar no ya treinta, sino cien años. Y ha sido diseñado con un tamaño mucho mayor porque debe ofrecer un volumen suficiente para que se puedan realizar los traba-

NOTA HISTÓRICA

jos necesarios para sepultar de nuevo los residuos. Se necesitan unos cimientos colosales: de hecho se prevé la construcción de material rocoso artificial hecho a base de columnas y planas de hormigón. A continuación habrá que preparar el depósito al que se trasladarán los residuos radiactivos extraídos del viejo sarcófago. Para la cobertura superior se empleará acero de alta calidad, capaz de resistir las radiaciones gamma. Solo de metal, harán falta 18.000 toneladas...

El «Arca» se convertirá en una instalación sin precedentes en la historia de la humanidad. En primer lugar, sorprenden sus proporciones. Su doble cobertura alcanzará los 1.509 metros de altura. Y por su estética se asemejará a la torre Eiffel...

De informaciones recogidas de publicaciones bielorrusas en internet entre los años 2002 y 2005.

UNA SOLITARIA VOZ HUMANA

No sé de qué hablar... ¿De la muerte o del amor? ¿O es lo mismo? ¿De qué?

Nos habíamos casado no hacía mucho. Aún íbamos por la calle agarrados de la mano, hasta cuando íbamos de compras. Siempre juntos. Yo le decía: «Te quiero». Pero aún no sabía cuánto le quería. Ni me lo imaginaba... Vivíamos en la residencia de la unidad de bomberos, donde él trabajaba. En el piso de arriba. Junto a otras tres familias jóvenes, con una sola cocina para todos. Y en el bajo estaban los coches. Unos camiones de bomberos rojos. Este era su trabajo. Yo siempre estaba al corriente: dónde se encontraba, qué le pasaba...

En mitad de la noche oí un ruido. Gritos. Miré por la ventana. Él me vio:

—Cierra las ventanillas y acuéstate. Hay un incendio en la central. Volveré pronto.

No vi la explosión. Solo las llamas. Todo parecía iluminado. El cielo entero... Unas llamas altas. Y hollín. Un calor horroroso. Y él seguía sin regresar. El hollín se debía a que ardía el alquitrán; el techo de la central estaba cubierto de asfalto. Sobre el que la gente andaba, como él después recordaría, como si fuera resina. Sofocaban las llamas y él, mientras, reptaba. Subía hacia el reactor. Tiraban el grafito ardiente con los pies... Acudieron allí sin los trajes de lona; se fueron para allá tal como iban, en camisa. Nadie les advirtió; era un aviso de un incendio normal.

Las cuatro... Las cinco... Las seis... A las seis teníamos la intención de ir a ver a sus padres. Para plantar patatas. Desde la ciudad de Prípiat hasta la aldea de Sperizhie, donde vivían sus padres, hay 40 kilómetros. Íbamos a sembrar, a arar. Era su trabajo favorito... Su madre recordaba a menudo que ni ella ni su padre querían dejarlo marchar a la ciudad; incluso le construyeron una casa nueva.

Pero se lo llevaron al ejército. Sirvió en Moscú, en las tropas de bomberos, y cuando regresó, solo quería ser bombero. Ninguna otra cosa. *[Calla.]*

A veces me parece oír su voz... Oírle vivo... Ni siquiera las fotografías me producen tanto efecto como la voz. Pero nunca me llama... Ni en sueños... Soy yo quien lo llama a él...

Las siete... A las siete me comunicaron que estaba en el hospital. Corrí hacia allí, pero el hospital ya estaba acordonado por la milicia; no dejaban pasar a nadie. Solo entraban las ambulancias. Los milicianos gritaban: «Los coches están irradiados, no os acerquéis». No solo yo, vinieron todas las mujeres, todas cuyos maridos habían estado aquella noche en la central.

Corrí en busca de una conocida que trabajaba como médico en aquel hospital. La agarré de la bata cuando salía de un coche:

—¡Déjame pasar!

—¡No puedo! Está mal. Todos están mal.

Yo la tenía agarrada:

—Solo quiero verlo.

—Bueno —me dice—, corre. Quince o veinte minutos.

Lo vi... Estaba hinchado, todo inflamado... Casi no tenía ojos...

—¡Leche! ¡Mucha leche! —me dijo mi conocida—. Que beba al menos tres litros.

—Él no toma leche.

—Pues ahora la tendrá que beber.
Muchos médicos, enfermeras y, especialmente, las auxiliares de aquel hospital, al cabo de un tiempo, se pondrían enfermas. Morirían... Pero entonces nadie lo sabía.
A las diez de la mañana murió el técnico Shishenok. Fue el primero... El primer día... Luego supimos que, bajo los escombros, se había quedado otro... Valera Jodemchuk. No lograron sacarlo. Lo emparedaron con el hormigón. Pero entonces aún no sabíamos que todos ellos serían solo los primeros...
Le pregunto:
—Vasia,* ¿qué hago?
—¡Vete de aquí! ¡Vete! Estás esperando un niño. —Estoy embarazada, es cierto. Pero ¿cómo lo voy a dejar? Él me pide—: ¡Vete! ¡Salva al crío!
—Primero te tengo que traer leche, y luego ya veremos.
Llega mi amiga Tania Kibenok. Su marido está en la misma sala. Ha venido con su padre, que tiene coche. Nos subimos al coche y vamos a la aldea más cercana a por leche. A unos tres kilómetros de la ciudad. Compramos muchas garrafas de tres litros de leche. Seis, para que hubiera para todos. Pero la leche les provocaba unos vómitos terribles. Perdían el sentido sin parar y les pusieron el gota a gota. Los médicos nos aseguraban, no sé por qué, que se habían envenenado con los gases, nadie hablaba de la radiación.
Entretanto, la ciudad se llenó de vehículos militares, se cerraron todas las carreteras... Se veían soldados por todas partes. Dejaron de circular los trenes de cercanías, los expresos... Lavaban las calles con un polvo blanco... Me alarmé: ¿cómo iba a conseguir llegar al pueblo al día siguiente para comprarle leche fresca? Nadie hablaba de la radiación... Solo los militares iban con caretas. La gente de la ciudad llevaba su pan de las tiendas, las bolsas abiertas con los bollos. En los

* Diminutivo de Vasili. *(N. del T.)*

estantes había pasteles... La vida seguía como de costumbre. Solo... lavaban las calles con un polvo...

Por la noche no me dejaron entrar en el hospital... Había un mar de gente en los alrededores. Yo estaba frente a su ventana; él se acercó a ella y me gritó algo. ¡Se le veía tan desesperado! Entre la muchedumbre, alguien entendió lo que decía: que aquella noche se los llevaban a Moscú. Todas las esposas nos arremolinamos en un corro. Y decidimos: nos vamos con ellos. ¡Dejadnos estar con nuestros maridos! ¡No tenéis derecho! Quisimos abrirnos paso a golpes, a arañazos. Los soldados..., los soldados ya habían formado un doble cordón y nos impedían pasar a empujones. Entonces salió el médico y nos confirmó que se los llevaban aquella misma noche en avión a Moscú; que debíamos traerles ropa; la que llevaban en la central se había quemado. Los autobuses ya no funcionaban, y fuimos a pie, corriendo, a casa. Cuando volvimos con las bolsas, el avión ya se había marchado... Nos engañaron a propósito. Para que no gritáramos, ni lloráramos...

Llegó la noche... A un lado de la calle, autobuses, cientos de autobuses (ya estaban preparando la evacuación de la ciudad), y al otro, centenares de coches de bomberos. Los trajeron de todas partes. Toda la calle cubierta de espuma blanca... Íbamos pisando aquella espuma... Gritando y maldiciendo...

Por la radio dijeron que evacuarían la ciudad, para tres o, a lo mejor, cinco días. «Llévense consigo ropa de invierno y de deporte, porque van a vivir en el bosque. En tiendas de campaña.» La gente hasta se alegró: «¡Nos mandan al campo!». Allí celebraremos la fiesta del Primero de Mayo. Algo inusual. La gente preparaba carne asada para el camino, y compraban vino. Se llevaban las guitarras, los magnetófonos... ¡Las maravillosas fiestas de mayo! Solo lloraban las mujeres a cuyos maridos les había pasado algo.

No recuerdo el viaje. Cuando vi a su madre, fue como si despertara:

—¡Mamá, Vasia está en Moscú! ¡Se lo llevaron en un vuelo especial!

Acabamos de sembrar el huerto: patatas, coles... *[¡Y a la semana evacuarían la aldea!]* ¿Quién lo iba a saber? Por la noche tuve un ataque de vómito. Era mi sexto mes de embarazo. Me sentía tan mal...

Esa noche soñé que me llamaba. Mientras estuvo vivo me llamaba en sueños: «¡Liusia, Liusia!». Pero, una vez que murió, ni una sola vez. No me llamó ni una sola vez. *[Llora.]* Me levanté por la mañana y me dije: «Me voy sola a Moscú. Yo que...».

—¿Adónde vas a ir en tu estado? —me dijo llorando su madre. También se vino conmigo mi padre:

—Será mejor que te acompañe. —Sacó todo el dinero de la libreta, todo el que tenían. Todo...

No recuerdo el viaje. También se me borró de la cabeza todo el camino... En Moscú preguntamos al primer miliciano que encontramos a qué hospital habían llevado a los bomberos de Chernóbil y nos lo dijo; yo hasta me sorprendí de ello porque nos habían asustado: «No os lo dirán; es un secreto de Estado, ultrasecreto...».

—A la clínica número seis. A la *Schúkinskaya*.

En el hospital, que era una clínica especial de radiología, no dejaban entrar sin pases. Le di dinero a la vigilante de guardia y me dijo: «Pasa». Me dijo a qué piso debía ir. No sé a quién más le supliqué, le imploré... Lo cierto es que ya estaba en el despacho de la jefa de la sección de radiología: Anguelina Vasílievna Guskova. Entonces aún no sabía cómo se llamaba, no se me quedaba nada en la cabeza. Lo único que sabía era que debía verlo... Encontrarlo...

Ella me preguntó enseguida:

—¡Pero, alma de Dios! ¡Criatura! ¿Tiene usted hijos?

¿Cómo iba a decirle la verdad? Estaba claro que tenía que esconderle mi embarazo. ¡No me lo dejaría ver! Menos mal que soy delgadita y no se me nota nada.

—Sí —le contesto.
—¿Cuántos?
Pienso: «He de decirle que dos. Si solo es uno, tampoco me dejará pasar».
—Un niño y una niña.
—Bueno, si son dos, no creo que vayas a tener más. Ahora escucha: su sistema nervioso central está dañado por completo; la médula está completamente dañada...
«Bueno —pensé—, se volverá algo más nervioso.»
—Y óyeme bien: si te pones a llorar, te mando al instante para casa. Está prohibido que os abracéis y que os beséis. No te acerques mucho. Te doy media hora.
Pero yo ya sabía que no me iría de allí. Si me iba, sería con él. ¡Me lo había jurado a mí misma!
Entro... Los veo sentados sobre las camas, jugando a las cartas, riendo.
—¡Vasia! —lo llaman.
Se da la vuelta.
—¡Vaya! ¡Hasta aquí me ha encontrado! ¡Estoy perdido!
Daba risa verlo, con su pijama de la talla 48, él, que usa una 52. Las mangas cortas, los pantalones... Pero ya le había bajado la hinchazón de la cara... Les inyectaban no sé qué solución...
—¿Tú, perdido? —le pregunto.
Y él que ya quiere abrazarme.
—Sentadito. —La médico no lo deja acercarse a mí—. Nada de abrazos aquí.
No sé cómo, pero nos lo tomamos a broma. Y al momento todos se acercaron a nosotros; vinieron hasta de las otras salas. Todos eran de los nuestros. De Prípiat. Porque habían sido veintiocho los que habían traído en avión. «¿Qué hay de nuevo? ¿Qué pasa en la ciudad?» Yo les cuento que han empezado a evacuar a la gente, que se llevan fuera a toda la ciudad durante unos tres o cinco días. Los chicos se callaron; pero también había allí dos mujeres; una de ellas estaba de

guardia en la entrada el día del accidente, y la mujer rompió a llorar:

—¡Dios mío! Allí están mis hijos. ¿Qué va a ser de ellos?

Yo tenía ganas de estar a solas con él; bueno, aunque solo fuera un minuto. Los muchachos se dieron cuenta de la situación y cada uno se inventó un pretexto para salir al pasillo. Entonces lo abracé y lo besé. Él se apartó.

—No te sientes cerca. Coge una silla.

—Todo eso son bobadas —le dije, quitándole importancia—. ¿Viste dónde se produjo la explosión? ¿Qué es lo que pasó? Porque vosotros fuisteis los primeros en llegar...

—Lo más seguro es que haya sido un sabotaje. Alguien lo habrá hecho a propósito. Todos los chicos piensan lo mismo.

Entonces decían eso. Y lo creían de verdad.

Al día siguiente, cuando llegué, ya los habían separado; cada uno en una sala aparte. Les habían prohibido categóricamente salir al pasillo. Hablarse. Se comunicaban golpeando la pared. Punto-raya, punto-raya. Punto... Los médicos lo justificaron diciendo que cada organismo reacciona de manera diferente a las dosis de radiación, de manera que lo que uno aguanta puede que no lo resista otro. Allí, donde estaban ellos, hasta las paredes reaccionaban al geiger. A derecha e izquierda, y en el piso de abajo. Sacaron a todo el mundo de allí; no dejaron ni a un solo paciente... Por debajo y por encima, tampoco nadie...

Viví tres días en casa de unos conocidos de Moscú. Mis conocidos me decían: coge la cazuela, coge la olla, coge todo lo que necesites, no sientas vergüenza. ¡Así resultaron ser estos amigos! ¡Así eran! Y yo hacía una sopa de pavo para seis personas. Para seis de nuestros muchachos... Los bomberos. Del mismo turno. Todos estaban de guardia aquella noche: Vaschuk, Kibenok, Titenok, Právik, Tischura...

En la tienda les compré a todos pasta de dientes, cepillos, jabón... No había nada de esto en el hospital. Les compré toallas pequeñas... Ahora me admiro de aquellos conocidos míos; tenían miedo, por supuesto; no podían dejar de tenerlo; ya corrían todo tipo de rumores; pero, de todos modos, se prestaban a ayudarme: coge todo lo que necesites. ¡Cógelo! ¿Y él cómo está? ¿Cómo se encuentran todos? ¿Saldrán con vida? Con vida... *[Calla.]*

En aquellos días me topé con mucha gente buena; no los recuerdo a todos. El mundo se redujo a un solo punto. Se achicó... A él. Solo a él... Recuerdo a una auxiliar ya mayor, que me fue preparando:

—Algunas enfermedades no se curan. Debes sentarte a su lado y acariciarle la mano.

Por la mañana temprano voy al mercado; de allí a casa de mis conocidos; y preparo el caldo. Hay que rallarlo todo, desmenuzarlo, repartirlo en porciones... Uno me pidió: «Tráeme una manzana».

Con seis botes de medio litro. ¡Siempre para seis! Y para el hospital.... Me quedo allí hasta la noche. Y luego, de nuevo a la otra punta de la ciudad. ¿Cuánto hubiera podido resistir? Pero, a los tres días, me ofrecieron quedarme en el hotel destinado al personal sanitario, en los terrenos del propio hospital. ¡Dios mío, qué felicidad!

—Pero allí no hay cocina. ¿Cómo voy a prepararles la comida?

—Ya no tiene que cocinar. Sus estómagos han dejado de asimilar alimentos.

Él empezó a cambiar. Cada día me encontraba con una persona diferente a la del día anterior. Las quemaduras le salían hacia fuera. Aparecían en la boca, en la lengua, en las mejillas... Primero eran pequeñas llagas, pero luego fueron creciendo. Las mucosas se le caían a capas..., como si fueran unas películas blancas... El color de la cara, y el del cuerpo..., azul..., rojo..., de un gris parduzco. Y, sin embargo, todo en él era tan mío, ¡tan querido! ¡Es imposible contar esto! ¡Es imposible escribirlo! ¡Ni siquiera soportarlo!...

Lo que te salvaba era el hecho de que todo sucedía de

manera instantánea, de forma que no tenías ni que pensar, no tenías tiempo ni para llorar.

¡Lo quería tanto! ¡Aún no sabía cuánto lo quería! Justo nos acabábamos de casar... Aún no nos habíamos saciado el uno del otro... Vamos por la calle. Él me coge en brazos y se pone a dar vueltas. Y me besa, me besa. Y la gente que pasa, ríe...

El curso clínico de una dolencia aguda de tipo radiactivo dura catorce días... A los catorce días, el enfermo muere...

Ya el primer día que pasé en el hotel, los dosimetristas me tomaron una medida. La ropa, la bolsa, el monedero, los zapatos, todo «ardía». Me lo quitaron todo. Hasta la ropa interior. Lo único que no tocaron fue el dinero. A cambio, me entregaron una bata de hospital de la talla 56 —a mí, que tengo una 44—, y unas zapatillas del 43 en lugar de mi 37. La ropa, me dijeron, puede que se la devolvamos, o puede que no, porque será difícil que se pueda «limpiar».

Y así, con ese aspecto, me presenté ante él. Se asustó:

—¡Madre mía! ¿Qué te ha pasado?

Aunque yo, a pesar de todo, me las arreglaba para hacerle un caldo. Colocaba el hervidor dentro del bote de vidrio. Y echaba allí los pedazos de pollo... Muy pequeños... Luego, alguien me prestó su cazuela, creo que fue la mujer de la limpieza o la vigilante del hotel. Otra persona me dejó una tabla en la que cortaba el perejil fresco. Con aquella bata no podía ir al mercado; alguien me traía la verdura. Pero todo era inútil: ni siquiera podía beber... ni tragar un huevo crudo... ¡Y yo que quería llevarle algo sabroso! Como si eso hubiera podido ayudar.

Un día, me acerqué a Correos:

—Chicas —les pedí—, tengo que llamar urgentemente a mis padres a Ivano-Frankovsk. Se me está muriendo aquí el marido.

Por alguna razón, enseguida adivinaron de dónde y quién era mi marido, y me dieron línea inmediatamente. Aquel mismo día, mi padre, mi hermana y mi hermano tomaron el avión para Moscú. Me trajeron mis cosas. Dinero.

Era el 9 de mayo... Él siempre me decía: «¡No te imaginas lo bonita que es Moscú! Sobre todo el Día de la Victoria, cuando hay fuegos artificiales. Quiero que lo veas algún día».

Estoy a su lado en la sala; él abre los ojos:

—¿Es de día o de noche?

—Son las nueve de la noche.

—¡Abre la ventana! ¡Van a empezar los fuegos artificiales!

Abrí la ventana. Era un séptimo piso; toda la ciudad ante nosotros. Y un ramo de luces encendidas se alzó en el cielo.

—Esto sí que...

—Te prometí que te enseñaría Moscú. Igual que te prometí que todos los días de fiesta te regalaría flores...

Miro hacia él y veo que saca de debajo de la almohada tres claveles. Le había dado dinero a la enfermera y ella había comprado las flores.

Me acerqué a él y lo besé.

—Amor mío. Cuánto te quiero.

Y él, que se me pone protestón, y me dice:

—¿Qué te han dicho los médicos? ¡No se me puede abrazar! ¡Ni se me puede besar!

No me dejaban abrazarlo. Pero yo... Yo lo incorporaba, lo sentaba... Le cambiaba las sábanas... Le ponía el termómetro, se lo quitaba... Le ponía y le quitaba la cuña. Lo aseaba... Me pasaba la noche a su lado... Vigilando cada uno de sus movimientos, cada suspiro.

Menos mal que fue en el pasillo y no en la sala. La cabeza me empezó a dar vueltas y me agarré a la repisa de la ventana. En aquel momento pasó por allí un médico, que me sujetó de la mano. Y de pronto:

—¿Está usted embarazada?

—¡No, no! —Me asusté tanto. Tenía miedo de que alguien nos oyera.

—No me engañe —me dijo en un suspiro.

Me sentí tan perdida que ni se me ocurrió contestarle.

Al día siguiente me dijeron que fuera a ver a la médico jefe.

—¿Por qué me ha engañado? —me preguntó en tono severo.

—No tenía otra salida. Si le hubiera dicho la verdad, ustedes me habrían mandado a casa. ¡Fue una mentira piadosa!

—Pero ¿es que no ve lo que ha hecho?

—Sí, pero a cambio estoy a su lado...

—¡Criatura! ¡Alma de Dios!

Toda mi vida le estaré agradecida a Anguelina Vasílievna Guskova. ¡Toda mi vida!

También vinieron otras esposas. Pero no las dejaron entrar. Estuvieron conmigo sus madres. A las madres sí les dejaban pasar. La de Volodia Právik no paraba de rogarle a Dios: «Llévame mejor a mí».

El profesor estadounidense, el doctor Gale —fue él quien hizo la operación de trasplante de médula—, me consolaba: hay esperanzas, pocas, pero las hay. ¡Un organismo tan fuerte, un joven tan fuerte! Llamaron a todos sus parientes. Dos hermanas vinieron de Belarús; un hermano, de Leningrado, donde hacía el servicio militar. La hermana pequeña, Natasha, de catorce años, lloraba mucho y tenía miedo. Pero su médula resultó ser la mejor... *[Se queda callada.]* Ahora puedo contarlo. Antes no podía. He callado durante diez años... Diez años. *[Calla.]*

Cuando Vasia se enteró de que le sacarían médula espinal a su hermana menor, se negó en redondo:

—Prefiero morir. No la toquéis; es pequeña.

La mayor, Liuda, tenía veintiocho y además era enfermera, sabía de qué se trataba: «Lo que haga falta para que viva», dijo. Yo vi la operación. Estaban echados el uno junto al otro en dos mesas. En el quirófano había una gran ventana... La operación duró dos horas.

Cuando acabaron, quien se sentía peor era Liuda, más que mi marido; tenía en el pecho dieciocho inyecciones, y le costó mucho salir de la anestesia. Aún sigue enferma, le han dado la invalidez... Había sido una muchacha guapa, fuerte... No se ha casado...

Yo iba corriendo de una sala a otra, de verlo a él a visitarla a ella. Él no se encontraba en una sala normal, sino en una cámara hiperbárica especial, tras una cortina transparente, donde estaba prohibido entrar. Había unos instrumentos especiales para, sin atravesar la cortina, ponerle las inyecciones, meterle los catéteres... Y todo con unas ventosas, con unas tenazas, que yo aprendí a manejar. A extraer de allí... Y llegar hasta él... Junto a su cama había una silla pequeña.

Entonces se empezó a encontrar tan mal que ya no podía separarme de él ni un momento. Me llamaba constantemente: «Liusia, ¿dónde estás? ¡Liusia!». No paraba de llamarme.

Las otras cámaras hiperbáricas en que se encontraban nuestros muchachos las cuidaban unos soldados, porque los sanitarios civiles se negaron a ello, pedían unos trajes aislantes. Los soldados sacaban las cuñas. Limpiaban el suelo; cambiaban las sábanas. Lo hacían todo. ¿De dónde salieron aquellos soldados? No lo pregunté... Solo existía él. Él... Y cada día oía: «Ha muerto...». «Ha muerto...» «Ha muerto Tischura.» «Ha muerto Titenok.» «Ha muerto...» Como martillazos en la sien.

Hacía entre veinticinco y treinta deposiciones al día. Con sangre y mucosidad. La piel se le empezó a resquebrajar por las manos, por los pies. Todo su cuerpo se cubrió de forúnculos. Cuando movía la cabeza sobre la almohada, se le quedaban mechones de pelo. Y todo eso lo sentía tan mío. Tan querido... Yo intentaba bromear:

—Hasta es más cómodo. No te hará falta peine.

Poco después les cortaron el pelo a todos. A él lo afeité yo misma. Quería hacerlo todo yo.

Si lo hubiera podido resistir físicamente, me hubiera quedado las veinticuatro horas a su lado. Me daba pena perderme cada minuto. Un minuto, y así y todo me dolía perderlo...
[Calla largo rato.]
   Vino mi hermano y se asustó:
   —No te dejaré volver allí. —Y mi padre que le dice:
   —¿A esta no la vas a dejar? ¡Si es capaz de entrar por la ventana! ¡O por la escalera de incendios!
   Un día, me voy..., regreso y sobre la mesa tiene una naranja... Grande, no amarilla, sino rosada. Él sonríe:
   —Me la han regalado. Quédatela. —Pero la enfermera me hace señas a través de la cortina de que la naranja no se puede comer. En cuanto algo permanece a su lado un tiempo, no es que no se pueda comer, es que hasta tocarlo da miedo—. Venga, cómetela —me pide—. Si a ti te gustan las naranjas. —Cojo la naranja con una mano. Y él, entretanto, cierra los ojos y se queda dormido.
   Todo el rato le ponían inyecciones para que durmiera. Narcóticos. La enfermera me mira horrorizada, como diciendo... ¿Qué será de mí? Yo estaba dispuesta a hacer lo que fuera para que él no pensara en la muerte... ni sobre lo horrible de su enfermedad, ni que yo le tenía miedo...
   Hay un fragmento de una conversación. Lo guardo en la memoria. Alguien intenta convencerme:
   —No debe usted olvidar que lo que tiene delante ya no es su marido, un ser querido, sino un elemento radiactivo con un gran poder de contaminación. No sea usted suicida. Recobre la sensatez.
   Pero yo estoy como loca: «¡Lo quiero! ¡Lo quiero!». Él dormía y yo le susurraba: «¡Te amo!». Iba por el patio del hospital: «¡Te amo!». Llevaba el orinal: «¡Te amo!». Recordaba cómo vivíamos antes. En nuestra residencia... Él se dormía por la noche solo después de cogerme de la mano. Tenía esa costumbre, mientras dormía, cogerme de la mano... toda la noche.

En el hospital también yo le cogía la mano y no la soltaba.
Es de noche. Silencio. Estamos solos. Me mira atentamente, fijo, muy fijo, y de pronto me dice:
—Qué ganas tengo de ver a nuestro hijo. Cómo es.
—¿Cómo lo llamaremos?
—Bueno, eso ya lo decidirás tú.
—¿Por qué yo sola, o es que no somos dos?
—Vale, si es niño, que sea Vasia, y si es niña, Natasha.
—¿Cómo que Vasia? Yo ya tengo un Vasia. ¡Tú! Y no quiero otro.
¡Aún no sabía cuánto lo quería! Solo existía él. Solo él... ¡Estaba ciega! Ni siquiera notaba los golpecitos de debajo del corazón. Aunque ya estaba en el sexto mes. Creía que mi pequeña, al estar dentro de mí, estaba protegida. Mi pequeña...
Ningún médico sabía que yo dormía con él en la cámara hiperbárica. No se les pasaba por la cabeza. Las enfermeras me dejaban pasar. Al principio también me querían convencer:
—Eres joven. ¿Cómo se te ocurre? ¡Si esto ya no es un hombre, es un reactor nuclear! Os quemaréis los dos. —Y yo corría tras ellas como un perrito. Me quedaba horas enteras ante la puerta. Les rogaba, les imploraba. Y entonces ellas decían: «¡Que te parta un rayo! ¡Estás loca perdida!».
Por la mañana, antes de las ocho, cuando empezaba la ronda de visitas médicas, me hacían señas desde detrás de la cortina: «¡Corre!». Y yo me iba durante una hora al hotel. Pues desde las nueve de la mañana hasta las nueve de la noche tenía pase. Las piernas se me pusieron azules hasta las rodillas, se me hincharon, de tan cansada que me encontraba. Mi alma era más fuerte que mi cuerpo... Mi amor...
Mientras yo estaba con él... No lo hacían. Pero cuando me iba, lo fotografiaban. Sin ropa alguna. Desnudo. Solo con una sábana ligera por encima. Yo cambiaba cada día esa sábana, aunque, al llegar la noche, estaba llena de sangre. Lo incor-

poraba y en las manos se me quedaban pedacitos de su piel; se me pegaban. Yo le suplicaba:

—¡Cariño! ¡Ayúdame! ¡Apóyate en el brazo, sobre el codo, todo lo que puedas, para que alise la cama, para que te quite las costuras, los pliegues! —Cualquier costurita era una herida en su piel. Me corté las uñas hasta hacerme sangre, para no herirlo.

Ninguna de las enfermeras se decidía a acercarse a él, ni a tocarlo; si hacía falta algo, me llamaban. Y ellos... Ellos, en cambio, lo fotografiaban. Decían que era para la ciencia. ¡Los hubiera echado a patadas a todos de allí! ¡Les hubiera gritado y les hubiera pegado! ¿Cómo se atrevían? Era todo mío. Lo que más quería... ¡Si hubiera podido impedirles entrar! ¡Si hubiera podido!...

Salgo de la sala al pasillo. Y me guío por la pared, por el sofá, porque no veo nada. Paro a la enfermera de guardia y le digo:

—Se está muriendo.

Y ella me dice:

—¿Y qué esperabas? Ha recibido mil seiscientos roentgen, cuando la dosis mortal es de cuatrocientos. —A ella también le daba pena, pero de otra manera. En cambio para mí, él era todo mío. Lo que más quería.

Cuando murieron todos, repararon el hospital. Quitaron el yeso de las paredes, arrancaron el parqué y lo tiraron. La madera...

Prosigo. Lo último... Lo recuerdo a fogonazos. A fragmen... Todo se desvanece...

Una noche, estoy sentada a su lado en una silla. Eran las ocho de la mañana:

—Vasia, salgo un rato. Voy a descansar un poco.

Él abre y cierra los ojos: me deja ir. En cuanto llego al hotel, a mi habitación, y me acuesto en el suelo —no podía echarme en la cama, de tanto que me dolía todo—, llega una auxiliar:

—¡Ve! ¡Corre a verlo! ¡Te llama sin parar! —Pero aquella mañana Tania Kibenok me lo había pedido con tanta insistencia, me había rogado: «Vamos juntas al cementerio. Sin ti no soy capaz». Aquella mañana enterraban a Vitia Kibenok y a Volodia Právik.

Éramos amigos de Vitia. Dos familias amigas. Un día antes de la explosión nos habíamos fotografiado juntos en la residencia. ¡Qué guapos se veía a nuestros maridos! Alegres. El último día de nuestra vida pasada... La época anterior a Chernóbil... ¡Qué felices éramos!

Vuelvo del cementerio, llamo a toda prisa a la enfermera:

—¿Cómo está?

—Ha muerto hará unos quince minutos.

¿Cómo? Si he pasado toda la noche a su lado. ¡Si solo me he ausentado tres horas! Estaba junto a la ventana y gritaba: «¿Por qué? ¿Por qué?». Miraba al cielo y gritaba... Todo el hotel me oía. Tenían miedo de acercarse a mí. Pero me recobré y me dije: «¡Lo veré por última vez! ¡Lo iré a ver!». Bajé rodando las escaleras. Él seguía en la cámara, no se lo habían llevado.

Sus últimas palabras fueron: «¡Liusia! ¡Liusia!». «Se acaba de ir. Ahora mismo vuelve», lo intentó calmar la enfermera. Él suspiró y se quedó callado...

Ya no me separé de él. Fui con él hasta la tumba. Aunque lo que recuerdo no es el ataúd, sino una bolsa de policiteno. Aquella bolsa... En la morgue me preguntaron:

—¿Quiere que le enseñemos cómo lo vamos a vestir?

—¡Sí que quiero!

Le pusieron el traje de gala, y le colocaron la visera sobre el pecho. No le pusieron calzado. No encontraron unos zapatos adecuados, porque se le habían hinchado los pies. En lugar de pies, unas bombas. También cortaron el uniforme de gala, no se lo pudieron poner.

Tenía el cuerpo entero deshecho. Todo él era una llaga sanguinolenta. En el hospital, los últimos dos días... Le levantaba la mano y el hueso se le movía, le bailaba, se le había separado la carne... Le salían por la boca pedacitos de pulmón, de hígado. Se ahogaba con sus propias vísceras. Me envolvía la mano con una gasa y la introducía en su boca para sacarle todo aquello de dentro. ¡Es imposible contar esto! ¡Es imposible escribirlo! ¡Ni siquiera soportarlo!... Todo esto tan querido... Tan mío... Tan... No le cabía ninguna talla de zapatos. Lo colocaron en el ataúd descalzo.

Ante mis ojos. Vestido de gala, lo metieron en una bolsa de plástico y la ataron. Y, ya en esa bolsa, lo colocaron dentro del ataúd. El ataúd también envuelto en otra bolsa. Un celofán transparente, pero grueso, como un mantel. Y todo eso lo metieron en un féretro de zinc. Apenas lograron meterlo dentro. Solo quedó el gorro encima...

Vinieron todos. Sus padres, los míos. Compramos pañuelos negros en Moscú... Nos recibió la comisión extraordinaria. A todos les decían lo mismo: que no podemos entregaros los cuerpos de vuestros maridos, no podemos daros a vuestros hijos, son muy radiactivos y serán enterrados en un cementerio de Moscú de una manera especial. En unos féretros de zinc soldados, bajo unas planchas de hormigón. Deben ustedes firmarnos estos documentos... Necesitamos su consentimiento. Y si alguien, indignado, quería llevarse el ataúd a casa, lo convencían de que se trataba de unos héroes, decían, y ya no pertenecen a su familia. Son personalidades. Y pertenecen al Estado.

Subimos al autobús. Los parientes y unos militares. Un coronel con una radio. Por la radio se oía: «¡Esperen órdenes! ¡Esperen!». Estuvimos dando vueltas por Moscú unas dos o tres horas, por la carretera de circunvalación. Luego regresamos de nuevo a Moscú. Y por la radio: «No se puede entrar en el cementerio. Lo han rodeado los corresponsales extranjeros. Aguarden otro poco». Los parientes callamos.

Mamá lleva el pañuelo negro... yo noto que pierdo el conocimiento.
Me da un ataque de histeria:
—¿Por qué hay que esconder a mi marido? ¿Quién es: un asesino? ¿Un criminal? ¿Un preso común? ¿A quién enterramos?
Mamá me dice:
—Calma, calma, hija mía. —Y me acaricia la cabeza, me coge de la mano...
El coronel informa por la radio:
—Solicito permiso para dirigirme al cementerio. A la esposa le ha dado un ataque de histeria.
En el cementerio nos rodearon los soldados. Marchábamos bajo escolta, hasta el ataúd. No dejaron pasar a nadie para despedirse de él. Solo los familiares... Lo cubrieron de tierra en un instante.
—¡Rápido, más deprisa! —ordenaba un oficial. Ni siquiera nos dejaron abrazar el ataúd.
Y, corriendo, a los autobuses. Todo a escondidas.
Compraron en un abrir y cerrar de ojos los billetes de vuelta y nos los trajeron. Al día siguiente, en todo momento estuvo con nosotros un hombre vestido de civil, pero con modales de militar; no me dejó salir del hotel siquiera a comprar comida para el viaje. No fuera a ocurrir que habláramos con alguien; sobre todo yo. Como si en aquel momento hubiera podido hablar, ni llorar podía.
La responsable del hotel, cuando nos íbamos, contó todas las toallas, todas las sábanas... Y allí mismo las fue metiendo en una bolsa de polietileno. Seguramente lo quemaron todo... Pagamos nosotros el hotel. Por los catorce días...
El proceso clínico de las enfermedades radiactivas dura catorce días. A los catorce días, el enfermo muere...
Al llegar a casa, me dormí. Entré en casa y me derrumbé en la cama. Estuve durmiendo tres días enteros. No me podían despertar. Vino una ambulancia.

—No —dijo el médico—, no ha fallecido. Despertará. Es una especie de sueño terrible.

Tenía veintitrés años...

Recuerdo un sueño. Viene a verme mi difunta abuela, con la misma ropa con la que la enterramos. Y adorna un abeto. «Abuela, ¿cómo es que tenemos un abeto? ¿No estamos en verano?» «Así debe ser. Pronto tu Vasia vendrá a verme. Y cómo ha crecido en el bosque...»

Recuerdo... Recuerdo otro sueño: llega Vasia vestido de blanco y llama a Natasha. A nuestra hija, la niña que aún no había dado a luz. Ya es mayor y yo me asombro: ¿cómo ha podido crecer tan rápidamente? Él la lanza por el aire hacia el techo y los dos ríen. Y yo los miro y pienso: qué sencillo es ser feliz. Tan sencillo... Luego tuve otro sueño. Paseamos los dos por el agua. Andamos mucho, mucho rato... Seguramente me pedía que no llorara. Me mandaba señales. De allá. De arriba... *[Se queda callada durante largo rato.]*

Al cabo de dos meses regresé a Moscú. De la estación al cementerio. ¡A verle! Y allí, en el cementerio, me empezaron las contracciones. En cuanto me puse a hablar con él. Llamaron a una ambulancia. Les di la dirección del hospital. Di a luz allí mismo. Con la misma doctora, con Anguelina Vasílievna Guskova. Ya en su momento me había dicho:

—Ven aquí a dar a luz.

¿Adónde iba a ir si no? Parí con dos semanas de adelanto. Me la enseñaron. Una niña...

—Natasha —la llamé—. Tu papá te llamó Natasha.

Por su aspecto, parecía un bebé sano. Con sus bracitos, sus piernas. Pero tenía cirrosis. En su hígado había 28 roentgen. Y una lesión congénita del corazón. A las cuatro horas me dijeron que la niña había muerto. ¡Y, otra vez, que no se la vamos a dar! ¿Cómo que no me la vais a dar? ¡Soy yo quien no os la voy a dar a vosotros! ¡La queréis para vuestra ciencia, pues yo odio vuestra ciencia! ¡La odio! Vuestra ciencia

fue la que se lo llevó y ahora aún quiere más. ¡No os la daré! La enterraré yo misma. Junto a su padre... *[Pasa a hablar en susurros.]*
   No hay manera de que me salga lo que quiero decir. No con palabras. Después del ataque al corazón, no puedo gritar. Tampoco me dejan llorar. Por eso no me salen las palabras. Pero le diré... Quiero que sepa... Aún no se lo he confesado a nadie. Cuando no les di a mi hija..., nuestra hija..., entonces, me trajeron una cajita de madera:
   —Aquí está.
   Lo comprobé. La habían envuelto en pañales. Toda envuelta en pañales. Y entonces me puse a llorar y les dije:
   —Colóquenla a los pies de mi marido. Y díganle que es nuestra Natasha.
   Allí, en la tumba, no está escrito «Natasha Ignatenko». Solo está el nombre de él. Ella no tuvo ni nombre, no tuvo nada. Solo alma. Y allí es donde enterré su alma...
   Siempre vengo a verlos con dos ramos: uno es para él y el segundo lo pongo en un rinconcito para ella. Me arrastro de rodillas por la tumba. Siempre de rodillas... *[De manera inconexa:]* Yo la maté. Fue mi culpa. Ella, en cambio... Ella me ha salvado. Mi niña me salvó. Recibió todo el impacto radiactivo, se convirtió, como si dijéramos, en el receptor de todo el impacto. Tan pequeñita. Una bolita. *[Pierde el aliento.]* Ella me salvó. Pero yo los quería a ambos. ¿Cómo es posible? ¿Cómo se puede matar con el amor? ¡Con un amor como este! ¿Por qué están tan juntos? El amor y la muerte. Tan juntos. ¿Quién me lo podrá explicar? Me arrastro de rodillas por la tumba. *[Calla largo rato.]*

En Kíev me dieron un piso. En una casa grande, donde ahora viven todos los que tienen que ver con la central nuclear. Todos somos conocidos. Es un piso grande, de dos habitaciones, con el que Vasia y yo siempre habíamos soñado.

¡Pero yo allí me volvía loca! En cada rincón, mirara donde mirase, allí estaba él. Sus ojos. Me puse a arreglar la casa, a hacer lo que fuera para no parar quieta, lo que fuera para no pensar. Así pasé dos años.

Un día tuve un sueño: vamos los dos juntos, pero él va descalzo. «¿Por qué vas descalzo siempre?» «Pues porque no tengo nada.» Fui a la iglesia. Y el padre me aconsejó:

—Hay que comprar unas zapatillas de talla grande y colocarlas en el féretro de algún difunto. Y escribir una nota de que son para él.

Así lo hice. Llegué a Moscú y me dirigí de inmediato a una iglesia. En Moscú estoy más cerca de él. Allí descansa, en el cementerio Mitinski. Le expliqué a un clérigo lo que me pasaba, que había de hacerle llegar unas zapatillas a mi marido. Y él me pregunta:

—¿Y tú sabes, hija mía, cómo conviene hacerlo?

Me lo explica... Justo en ese momento traen a un anciano para rezarle un responso. Y yo que me acerco al ataúd, levanto el velo y coloco allí las zapatillas.

—¿Y la nota... la has escrito?

—Sí, la he escrito, pero no digo nada de en qué cementerio está enterrado.

—Allí todos están juntos. Ya lo encontrarán.

No tenía ningunas ganas de vivir. Por la noche me quedaba junto a la ventana y miraba al cielo: «Vasia, ¿qué he de hacer? No quiero vivir sin ti». Durante el día, paso junto a un jardín infantil y me quedo ahí parada. Me pasaría la vida mirando a los niños... ¡Me estaba volviendo loca! Y por las noches le pedía: «Vasia, pariré un niño. Me da miedo estar sola. No lo aguantaré. ¡Vasia!». Y al día siguiente se lo volvía a pedir: «Vasia, no necesito un hombre. No hay nadie mejor que tú. Quiero un niño».

Tenía veinticinco años...

Encontré un hombre. Se lo conté todo. Toda la verdad. Que tuve un amor, un amor para toda la vida. Se lo confesé todo. Nos veíamos, pero nunca lo invitaba a mi casa. En casa no podía. Allí estaba Vasia.

Trabajé en una pastelería. Hacía una tarta y las lágrimas me caían a mares. No lloraba, pero las lágrimas me seguían cayendo. Solo les pedí a las chicas una cosa:

—No me tengáis lástima. En cuanto me empecéis a consolar, me marcho. —Quería ser como todos los demás. No hay que tenerme lástima. Hubo un tiempo en que fui feliz.

Me trajeron la medalla de Vasia. Una de color rojo. No podía mirarla mucho tiempo. Se me saltaban las lágrimas.

He tenido un niño. Andréi... Andréi se llama. Las amigas me querían hacer cambiar de idea:

—Tú no puedes tener hijos.

Y los médicos me asustaban:

—Su organismo no lo soportará.

Después... Después me dijeron que le faltaría una mano. Se veía por el aparato. «¿Y qué? —me dije—. Le enseñaré a escribir con la mano izquierda.» Y nació normal. Un niño guapo. Ya va a la escuela, y saca todo excelentes.

Ahora tengo a alguien. A alguien por quien respiro y vivo. Él lo comprende todo a la perfección:

—Mamá, si voy a ver a la abuela un par de días, ¿podrás respirar? —¡No podré! Me da miedo separarme de él un solo día.

Un día íbamos por la calle. Y noto que me caigo. Entonces fue cuando me dio el ataque. Allí, en la misma calle.

—Mamá, ¿quieres un poco de agua?

—No. Quédate a mi lado. No te vayas a ninguna parte.

Y lo agarré de la mano. Luego ya no recuerdo nada... Abrí los ojos en el hospital. Lo había sujetado de tal modo que los médicos se las vieron moradas para abrirme los dedos. El niño tuvo la mano azul durante varios días.

Y ahora cuando salimos de casa me pide:

—Mamá, por favor, no me agarres de la mano. No me iré a ninguna parte.

Él también está enfermo: va dos semanas a la escuela y dos las pasa en casa, con el médico. Así vivimos. Tememos el uno por el otro.

Y en cada rincón está Vasia. Sus fotos. Y por las noches no paro de hablar con él. A veces me pide en sueños: «Enséñame a nuestro niño». Y Andréi y yo vamos a verle. Él trae de la mano a nuestra hija. Siempre está con ella. Solo juega con ella.

Así es como vivo. Vivo a la vez en un mundo real y en otro irreal. Y no sé dónde estoy mejor.

Tengo de vecinos a todos los de la central; ocupamos aquí toda una calle. Así la llaman: la «calle de Chernóbil». Esta gente ha trabajado toda la vida en la central. Y hasta hoy van allí a hacer guardia; en la central solo se hacen turnos de guardia. Allí ya no vive nadie ni nunca vivirá.

Muchos sufren terribles enfermedades, son inválidos, pero no dejan la central. Tienen miedo hasta de pensar que la cerrarán. No se imaginan su vida sin el reactor; es su vida. ¿A quién le harían falta tal como están en otro trabajo?

Muchos se mueren. De repente. Sobre la marcha. Va uno por la calle y, de pronto, cae muerto. Se acuesta y ya no despierta. Le lleva unas flores a una enfermera y, de pronto, se le para el corazón.

Esta gente se está muriendo, pero nadie les ha preguntado de verdad sobre lo sucedido. Sobre lo que hemos padecido. Lo que hemos visto. La gente no quiere oír hablar de la muerte. De los horrores.

Pero yo le he hablado del amor... De cómo he amado.

LIUDMILA IGNATENKO,
esposa del bombero fallecido Vasili Ignatenko

ENTREVISTA DE LA AUTORA CONSIGO MISMA SOBRE LA HISTORIA OMITIDA Y SOBRE POR QUÉ CHERNÓBIL PONE EN TELA DE JUICIO NUESTRA VISIÓN DEL MUNDO

—Yo soy testigo de Chernóbil..., el acontecimiento más importante del siglo XX, a pesar de las terribles guerras y revoluciones que marcan esta época. Han pasado veinte años de la catástrofe, pero hasta hoy me persigue la misma pregunta: ¿de qué dar testimonio, del pasado o del futuro? Es tan fácil deslizarse a la banalidad. A la banalidad del horror... Pero yo miro a Chernóbil como al inicio de una nueva historia; Chernóbil no solo significa conocimiento, sino también preconocimiento, porque el hombre se ha puesto en cuestión con su anterior concepción de sí mismo y del mundo. Cuando hablamos del pasado o del futuro, introducimos en estas palabras nuestra concepción del tiempo, pero Chernóbil es ante todo una catástrofe del tiempo. Los radionúclidos diseminados por nuestra Tierra vivirán cincuenta, cien, doscientos mil años. Y más. Desde el punto de vista de la vida humana, son eternos. Entonces, ¿qué somos capaces de entender? ¿Está dentro de nuestras capacidades alcanzar y reconocer un sentido en este horror del que seguimos ignorándolo casi todo?

—¿De qué trata este libro? ¿Por qué lo he escrito?

—Este libro no trata sobre Chernóbil, sino sobre el mundo de Chernóbil. Sobre el suceso mismo se han escrito ya miles de páginas y se han sacado centenares de miles de metros de película. Yo, en cambio, me dedico a lo que he denominado la historia omitida, las huellas imperceptibles de nuestro paso por la tierra y por el tiempo. Escribo y recojo la cotidianidad de los sentimientos, los pensamientos y las palabras. Intento captar la vida cotidiana del alma. La vida de lo ordinario en unas gentes corrientes. Aquí, en cambio, todo es extraordinario: tanto las inhabituales circunstancias como la gente, tal como les han obligado las circunstancias, elevándolos a una nueva condición al colonizar este nuevo espacio. Chernóbil para ellos no era una metáfora ni un símbolo, era su casa. Cuántas veces el arte ha ensayado el Apocalipsis, ha probado las más diversas versiones tecnológicas del final del mundo, pero ahora sabemos positivamente que la vida es incomparablemente mucho más fantástica.

Un año después de la catástrofe, alguien me preguntó: «Todos escriben. Y usted que vive aquí, en cambio no lo hace. ¿Por qué?». Yo no sabía cómo escribir sobre esto, con qué herramientas, desde dónde enfocarlo. Si antes, cuando escribía mis libros, me fijaba en los sufrimientos de los demás, a partir de entonces mi vida y yo se convirtieron en parte del suceso. Se fundieron en una sola cosa y no había manera de mantener una distancia. El nombre de mi país, un pequeño territorio perdido en Europa, del que el mundo no había oído decir casi nada, empezó a sonar en todas las lenguas y se convirtió en el diabólico laboratorio de Chernóbil, y nosotros los bielorrusos nos convertimos en el pueblo de Chernóbil. Fuera a donde fuese, todo el mundo me observaba con curiosidad: «Ah, ¿usted es de allí? ¿Qué está pasando?».

Naturalmente, podía haber escrito un libro rápidamente, una obra más como las que luego aparecieron una tras otra: qué sucedió en la central aquella noche, quién tiene la culpa, cómo se ocultó la avería al mundo, a su propio pueblo, cuántas toneladas de arena y de hormigón fueron necesarias para construir el sarcófago sobre el mortífero reactor... Pero había algo que me detenía. Que me sujetaba la mano. ¿Qué? La sensación de misterio. Esta impresión, que se instaló como un rayo en nuestro fuero interno, lo impregnaba todo: nuestras conversaciones, nuestras acciones, nuestros temores, y marchaba tras los pasos de los acontecimientos. Era un suceso que más bien se parecía a un monstruo. En todos nosotros se instaló, explícito o no, el sentimiento de que habíamos alcanzando lo nunca visto.

Chernóbil es un enigma que aún debemos descifrar. Un signo que no sabemos leer. Tal vez el enigma del siglo XXI. Un reto para nuestro tiempo. Ha quedado claro que además de los desafíos comunista y nacionalista y de los nuevos retos religiosos entre los que vivimos y sobrevivimos, en adelante nos esperan otros, más salvajes y totales, pero que aún siguen ocultos a nuestros ojos. Y, sin embargo, después de Chernóbil algo se ha vislumbrado.

La noche del 26 de abril... Durante aquella única noche nos trasladamos a otro lugar de la historia. Realizamos un salto hacia una nueva realidad, y esta ha resultado hallarse por encima no solo de nuestro saber, sino también de nuestra imaginación. Se ha roto el hilo del tiempo. De pronto el pasado se ha visto impotente; no encontramos en él en qué apoyarnos; en el archivo omnisciente (al menos así nos lo parecía) de la humanidad no se han hallado las claves para abrir esta puerta.

Aquellos días oí en más de una ocasión: «No encuentro las palabras para transmitir lo que he visto, lo que he experimentado», «no he leído sobre algo parecido en libro alguno, ni lo he visto en el cine», «nadie antes me ha contado nada semejante».

Entre el momento en que sucedió la catástrofe y cuando se empezó a hablar de ella se produjo una pausa. Un momento para la mudez. Y lo recuerdan todos. Allá por las altas esferas se tomaban decisiones, se confeccionaban instrucciones secretas, se mandaba que levantaran el vuelo los helicópteros, o que se trasladaran por las carreteras enormes cantidades de transportes; abajo se esperaba recibir información y se pasaba miedo, se vivía a base de rumores, pero todos guardaban silencio sobre lo principal: ¿qué es lo que realmente había sucedido? No se hallaban palabras para unos sentimientos nuevos y no se encontraban los sentimientos adecuados para las nuevas palabras; la gente aún no sabía expresarse, pero, paulatinamente, se sumergía en la atmósfera de una nueva manera de pensar; así es como podemos definir hoy nuestro estado de entonces. Sencillamente, ya no bastaba con los hechos; aspirabas a asomarte a lo que había detrás de ellos, a penetrar en el significado de lo que acontecía. Estábamos ante el efecto de la conmoción. Y yo estaba buscando a esa persona conmocionada. Esa persona enunciaba nuevos textos. A veces las voces se abrían paso como llegadas desde un sueño o desde una pesadilla, desde un mundo paralelo.

Ante Chernóbil todo el mundo se ponía a filosofar. Las personas se convertían en filósofos. Los templos se llenaron de nuevo. Se llenaron de creyentes y de gente hasta el día anterior atea. Gente que buscaba respuestas que no les podían dar ni la física ni las matemáticas. El mundo tridimensional se abrió y dejé de encontrarme con valentones que se atrevieran a jurar sobre la Biblia del materialismo.

De pronto, se encendió cegadora la eternidad. Callaron los filósofos y los escritores, expulsados de sus habituales canales de la cultura y la tradición. Durante aquellos primeros días, con quien resultaba más interesante hablar no era con los científicos, los funcionarios o los militares de muchas estrellas, sino con los viejos campesinos. Gente que vivía sin Tolstói, sin Dostoyevski, sin internet, pero cuya conciencia, de algún modo, había dado cabida a un nuevo escenario del mundo. Y su conciencia no se destruyó.

Seguramente nos hubiéramos acostumbrado mejor a una

situación de guerra atómica, como lo sucedido en Hiroshima, pues justamente para esa situación nos preparábamos. Pero la catástrofe se produjo en un centro atómico no militar, y nosotros éramos gente de nuestro tiempo y creíamos, tal como nos habían enseñado, que las centrales nucleares soviéticas eran las más seguras del mundo, que se podían construir incluso en medio de la Plaza Roja. El átomo militar era Hiroshima y Nagasaki; en cambio, el átomo para la paz era una bombilla eléctrica en cada hogar. Nadie podía imaginar aún que ambos átomos, el de uso militar y el de uso pacífico, eran hermanos gemelos. Eran socios. Nos hemos hecho más sabios, todo el mundo se ha vuelto más inteligente, pero después de Chernóbil. Hoy en día, los bielorrusos, como si se trataran de «cajas negras» vivas, anotan una información destinada al futuro. Para todos.

He escrito durante muchos años este libro. Casi veinte años. Me he encontrado y he hablado con ex trabajadores de la central, con científicos, médicos, soldados, evacuados, residentes ilegales en zonas prohibidas... Con las personas para las cuales Chernóbil representa el principal contenido de su vida, cuyo interior y cuyo entorno, y no solo la tierra y el agua, están envenenados con Chernóbil. Estas personas contaban, buscaban respuestas. Reflexionábamos juntos. A menudo tenían prisa, temían no llegar a tiempo, y yo aún no sabía que el precio de su testimonio era la vida. «Apunte usted —me decían—. No hemos comprendido todo lo que hemos visto, pero que queden nuestras palabras. Alguien las leerá y entenderá. Más tarde. Después de nosotros...» Tenían razón en tener prisa; muchos de ellos ya no se encuentran entre los vivos. Pero les dio tiempo a mandar la señal...

—Todo lo que conocemos de los horrores y temores tiene más que ver con la guerra. El gulag estalinista y Auschwitz son recientes adquisiciones del mal. La historia siempre ha sido un relato de guerras y de caudillos, y la guerra constituía, digamos, la medida del horror. Por eso, la gente confunde los conceptos de guerra y catástrofe. En Chernóbil se diría que están presentes todos los rasgos de la guerra: muchos soldados, evacuación, hogares abandonados... Se ha destruido el curso de la vida. Las informaciones sobre Chernóbil están plagadas de términos bélicos: átomo, explosión, héroes... Y esta circunstancia dificulta la comprensión de que nos hallamos ante una nueva historia. Ha empezado la historia de las catástrofes... Pero el hombre no quiere pensar en esto, porque nunca se ha parado a pensar en esto; se esconde tras aquello que le resulta conocido. Tras el pasado.

Hasta los monumentos a los héroes de Chernóbil parecen militares.

—En mi primer viaje a la zona..., los huertos se cubrían de flores, brillaba alegre al sol la hierba joven. Cantaban los pájaros. Era un mundo tan familiar..., tan conocido. La primera idea que te asaltaba era que todo estaba en su lugar, como siempre. La misma tierra, el mismo agua, los mismos árboles... En ellos, tanto las formas como los colores, así como los olores, son eternos, y nadie será capaz de cambiarlos, ni siquiera un poco. Pero ya el primer día me explicaron que no hay que arrancar las flores de la tierra, que es mejor no sentarse, como tampoco hay que beber agua de los manantiales. Al atardecer, observé cómo los pastores querían dirigir hacia el río al cansado rebaño, pero las vacas se acercaban al agua y, al instante, daban media vuelta. De algún modo intuían el peligro. Y los gatos, me contaban, dejaron de comer los ratones muertos de los que estaba lleno el campo y los patios. La muerte se escondía por todas partes; pero se trataba de algo diferente. Una muerte con una nueva máscara. Con aspecto falso.

El hombre se vio sorprendido y no estaba preparado para

esto. No estaba preparado como especie biológica, pues no le funcionaba todo su instrumental natural, los sensores diseñados para ver, oír, palpar... los sentidos ya no servían para nada; los ojos, los oídos y los dedos ya no servían, no podían servir, por cuanto que la radiación no se ve y no tiene ni olor ni sonido. Es incorpórea. Nos hemos pasado la vida luchando o preparándonos para la guerra, tantas cosas que sabemos de ella, ¡y de pronto esto!

Ha cambiado la imagen del enemigo. Nos ha salido un nuevo enemigo... Enemigos. Mataba la hierba segada. Los peces pesados en el río, la caza de los boques... Las manzanas... El mundo que nos rodeaba, antes amoldable y amistoso, ahora infundía pavor. La gente mayor, cuando se marchaba evacuada y aun sin saber que era para siempre, miraba al cielo y se decía: «Brilla el sol. No se ve ni humo, ni gases. No se oyen disparos. ¿Qué tiene eso de guerra? En cambio, nos vemos obligados a convertirnos en refugiados...». Un mundo conocido..., convertido en desconocido.

¿Cómo comprender dónde nos encontramos? ¿Qué nos está pasando? Aquí... Ahora... No hay a quién preguntar.

En la zona y a su alrededor..., asombraba la enorme cantidad de maquinaria militar. Los soldados marchando en formación con sus armas recién estrenadas. Con todo el armamento reglamentario al completo. No sé por qué razón no se me quedaron grabados los helicópteros ni los blindados, sino solo esos fusiles. Las armas. Hombres armados en la zona de Chernóbil. ¿A quién podían disparar o contra qué defenderse? ¿De la física? ¿De las invisibles partículas? ¿Ametrallar la tierra contaminada o los árboles? En la propia central trabajaba el KGB. Buscaban espías y terroristas, corría el rumor de que la avería se había debido a una acción planificada de los servicios secretos occidentales, para socavar el bloque socialista. Había que mantenerse vigilantes.

Y este escenario bélico... Esta cultura de guerra se desmoronó literalmente ante mis ojos. Ingresamos en un mundo

opaco en el que el mal no da explicación alguna, no se pone al descubierto e ignora toda ley.
Asistí a cómo el hombre anterior a Chernóbil se convirtió en el hombre post Chernóbil.

—Más de una vez... —y aquí hay en qué pararse a pensar— me han llegado opiniones según las cuales el comportamiento de los bomberos que la primera noche apagaron el incendio en la central atómica, así como el de los liquidadores, recordaba al de los suicidas. Un suicidio colectivo. Los liquidadores trabajaban a menudo sin los uniformes especiales de protección, se dirigían sin protestar allí donde «morían» los robots, se les ocultaba la verdad sobre las altas dosis recibidas, y ellos se resignaban a ello, y luego se alegraban incluso al recibir los diplomas y las medallas gubernamentales que les entregaban poco antes de su muerte. Y a muchos ni siquiera llegaron a tiempo de entregárselos.

Así pues, ¿de quién estamos hablando, de héroes o de suicidas? ¿De víctimas de las ideas y la educación soviéticas? No se sabe por qué con el tiempo se olvidan de que estos hombres salvaron a su país. Han salvado a Europa. ¿Quién puede imaginarse aunque sea por un segundo el panorama si hubieran explotado los tres reactores restantes?

—Son unos héroes. Héroes de la nueva historia. Se los compara con los héroes de las batallas de Stalingrado o de Waterloo, pero ellos han salvado algo más importante que su propia patria, han salvado la vida misma. El tiempo de la vida. El tiempo vivo. Con Chernóbil, el hombre ha alzado su mano contra todo, ha atentado contra toda la creación divina, donde, además del hombre, viven miles de otros seres vivos. Animales y plantas.

Cuando fui a verlos... Y cuando escuchaba sus relatos sobre cómo se dedicaban (¡los primeros y por primera vez!) a una tarea nueva, humana e inhumana a la vez, que era la de enterrar la tierra en la tierra, es decir, la de enterrar en búnkeres de hormigón especiales las capas contaminadas junto con todos sus habitantes: escarabajos, arañas, crisálidas... Los más diversos insectos cuyos nombres incluso desconocían. O no recordaban.

Estos hombres tenían una idea completamente distinta de la muerte, y esta idea se extendía a todo: desde el ave a la mariposa, su mundo ya era otro mundo; un mundo con un nuevo derecho a la vida, con un nuevo sentido de la responsabilidad y un nuevo sentimiento de culpa.

En sus relatos estaba presente el tema constante del tiempo; esos hombres decían: «por primera vez», «nunca más», «para siempre»... Recordaban cómo recorrían las aldeas desiertas y se encontraban a veces allí a ancianos solitarios que no habían querido partir con los demás o que habían regresado más tarde de su exilio: hombres que vivían a la luz del candil, segaban con la guadaña y la hoz, cortaban leña con el hacha y se dirigían en sus oraciones a los animales y los espíritus. A Dios. Todos, como doscientos años atrás, mientras arriba surcaban el cielo las naves espaciales.

El tiempo se había mordido la cola. El principio y el fin se habían unido. Para aquellos que estuvieron allí, Chernóbil no terminaba en Chernóbil. Y estos hombres no regresaron de una guerra... Sino se diría que de otro planeta. Yo comprendí que de manera completamente consciente aquellos hombres convertían sus sufrimientos en un nuevo conocimiento. Nos lo regalaban diciéndonos: habrán de hacer alguna cosa con este conocimiento y emplearlo de algún modo.

Los héroes de Chernóbil tienen un monumento. Es el sarcófago que han construido con sus propias manos y en el que han depositado la llama nuclear. Una pirámide del siglo XX.

—En la tierra de Chernóbil uno siente lástima del hombre. Pero más pena dan los animales. Y no he dicho una cosa por otra. Ahora lo aclaro... ¿Qué es lo que quedaba en la zona muerta cuando se marchaban los hombres? Las viejas tumbas y las fosas biológicas, los así llamados «cementerios para animales». El hombre solo se salvaba a sí mismo, traicionando al resto de los seres vivos.

Después de que la población abandonara el lugar, en las aldeas entraban unidades de soldados o de cazadores que mataban a tiros a todos los animales. Y los perros acudían al reclamo de las voces humanas..., también los gatos. Y los caballos no podían entender nada. Cuando ni ellos, ni las fieras ni las aves eran culpables de nada, y morían en silencio, que es algo aún más pavoroso.

Hubo un tiempo en que los indios de México e incluso los hombres de la Rusia precristiana pedían perdón a los animales y a las aves que debían sacrificar para alimentarse. Y en el Antiguo Egipto, el animal tenía derecho a quejarse del hombre. En uno de los papiros conservados en una pirámide se puede leer: «No se ha encontrado queja alguna del toro contra N». Antes de partir hacia el reino de los muertos, los egipcios leían una oración que decía: «No he ofendido a animal alguno. Y no lo he privado ni de grano ni de hierba».

¿Qué nos ha dado la experiencia de Chernóbil? ¿Ha dirigido nuestra mirada hacia el misterioso y callado mundo de los «otros»?

—En una ocasión vi cómo los soldados entraron en una aldea de la que se habían marchado sus habitantes y se pusieron a disparar.

Gritos impotentes de los animales... Gritaban en sus diferentes lenguas. Sobre este hecho ya se ha escrito en el Nuevo Testamento. Llegó Jesús al templo de Jerusalén y vio allí a unos animales dispuestos para el sacrificio ritual: con los cuellos cortados y desangrándose. Entonces, Jesús gritó: «Habéis convertido la casa de oraciones en una cueva de ladrones». Podía haber añadido «en un matadero». Para mí, los centenares de «biofosas» abandonadas en la zona representan aquellos mismos túmulos funerarios de la Antigüedad. Pero ¿dedicados a qué dioses? ¿Al dios de la ciencia y el saber, o al dios del fuego? En este sentido, Chernóbil ha ido más allá que Auschwitz y Kolimá. Más allá que el Holocausto. Nos propone un punto final. Se apoya en la nada.

Veo el mundo de mi entorno con otros ojos. Una pequeña hormiga se arrastra por el suelo y ahora me resulta más cercana. Un ave surca el cielo y me resulta más próxima. Se ha reducido la distancia entre ellos y yo. No existe el abismo de antes. Todo es vida.

También se me grabaron cosas como esta. Me contaba un viejo apicultor (y más tarde lo escuché de otra gente):

«Salí por la mañana al jardín y noté que me faltaba algo, cierto sonido familiar. No había ni una abeja. ¡No se oía a ni una abeja! ¡Ni una! ¿Qué es esto? ¿Qué pasa? Tampoco al segundo día levantaron el vuelo. Ni al tercero. Luego nos informaron de que en la central nuclear se había producido una avería, y la central está aquí al lado. Pero durante mucho tiempo no supimos nada. Las abejas se habían dado cuenta, pero nosotros no. Ahora, si noto algo raro, me fijaré en ellas. En ellas está la vida».

Otro ejemplo. Entablé conversación junto al río con unos pescadores y estos me contaron:

«Nosotros esperábamos que nos explicaran la cosa por la televisión. Que nos dijeran cómo salvarnos. En cambio, las lombrices... Las lombrices más comunes se enterraron muy hondo en la tierra, se fueron a medio metro y hasta a un metro de profundidad. En cambio, nosotros no entendíamos nada. Cavábamos y cavábamos. Y no encontramos ni una lombriz para ir a pescar».

¿Quién es el primero, quién está más sólida y más eternamente ligado a la tierra, nosotros o ellos? Lo que tendríamos que hacer es aprender de ellos cómo sobrevivir. Y cómo vivir.

—Han confluido dos catástrofes. Una social: ante nuestros ojos se derrumbó la Unión Soviética, se sumergió bajo las aguas el gigantesco continente socialista, y otra cósmica: Chernóbil. Dos explosiones globales. Y la primera resulta más cercana, más comprensible. La gente está preocupada por el día a día y por su vida cotidiana: ¿Con qué comprar? ¿Adónde marcharse? ¿Bajo qué banderas avanzar de nuevo? ¿O hay que aprender a vivir para uno mismo, vivir cada uno su propia vida? Esto último lo ignoramos, no lo sabemos hacer, porque hasta ahora nunca hemos vivido de ese modo. Esto es algo que experimentamos todos y cada uno. En cambio, de Chernóbil querríamos olvidarnos, porque ante él nuestra conciencia capitula. Es una catástrofe de la conciencia. El mundo de nuestras convicciones y valores ha saltado por los aires.

Si hubiéramos vencido a Chernóbil, lo habríamos entendido hasta el final y habríamos escrito más sobre él. En cambio, seguimos viviendo en un mundo cuando nuestra conciencia habita en otro. La realidad resbala sobre nosotros y no tiene cabida en el hombre.

—Sí. No hay modo de atrapar la realidad...

—Un ejemplo. Hasta hoy empleamos los viejos términos: «lejos-cerca», «nuestros-extraños»... Pero ¿qué quiere decir «lejos» o «cerca» después de Chernóbil, cuando ya al cuarto día sus nubes sobrevolaban África y China? La Tierra ha resultado ser tan pequeña. Ya no es la Tierra que conoció Colón. Es ilimitada. Ahora se nos ha formado una nueva sensación de espacio. Vivimos en un espacio arruinado.

Más aun. En los últimos años, el hombre vive cada vez

más, pero, de todos modos, la vida humana sigue siendo minúscula e insignificante comparada con la de los radionúclidos instalados en nuestra Tierra. Muchos de ellos vivirán milenios. ¡Imposible asomarnos a esa lejanía! Ante este fenómeno experimentas una nueva sensación del tiempo. Y todo esto es Chernóbil. Sus huellas. Lo mismo ocurre con nuestra relación con el pasado, con la ciencia ficción, con nuestros conocimientos... El pasado se ha visto impotente ante Chernóbil; lo único que se ha salvado de nuestro saber es la sabiduría de que no sabemos. Se está produciendo una perestroika, una reestructuración de los sentimientos.

Ahora, en lugar de las frases habituales de consuelo, el médico le dice a una mujer acerca de su marido moribundo: «¡No se acerque a él! ¡No puede besarlo! ¡Prohibido acariciarlo! Su marido ya no es un ser querido, sino un elemento que hay que desactivar». ¡Ante esto, hasta Shakespeare se queda mudo! Como el gran Dante. Acercarse o no, esta es la cuestión. Besar o no besar. Una de mis heroínas (embarazada en ese mismo momento) se acercaba y besaba a su marido, y no lo abandonó hasta que le llegó la muerte. El precio que pagó por su acto fue perder la salud y la vida de su hija. Pero ¿cómo elegir entre el amor y la muerte? ¿Entre el pasado y el ignorado presente? ¿Y quién se creerá con derecho a echar en cara a otras esposas y madres que no se quedaran junto a sus maridos e hijos? Junto a esos elementos radiactivos. En su mundo se vio alterado incluso el amor. Hasta la muerte.

Ha cambiado todo. Todo menos nosotros.

—La zona... Es un mundo aparte. Otro mundo en medio del resto de la Tierra. Primero se la inventaron los escritores de ciencia ficción, pero la literatura cedió su lugar ante la realidad. Ahora ya no podemos creer, como los personajes de Chéjov, que dentro de cien años el mundo será maravilloso. ¡La vida será maravillosa! Hemos perdido este futuro. En esos cien años ha pasado el gulag de Stalin, Auschwitz... Chernóbil... El 11 de septiembre de Nueva York... Es inconcebible cómo se ha dispuesto esta sucesión de hechos, cómo ha cabido en la vida de una generación, en sus proporciones. En la vida de mi padre, por ejemplo, que tiene ahora ochenta y tres años. ¡Y el hombre ha sobrevivido!

Un destino construye la vida de un hombre, la historia está formada por la vida de todos nosotros. Yo quiero contar la historia de manera que no se pierdan los destinos de los hombres... ni de un solo hombre.

—En Chernóbil se recuerda ante todo la vida «después de todo»: los objetos sin el hombre, los paisajes sin el hombre. Un camino hacia la nada, unos cables hacia ninguna parte. Hasta te asalta la duda de si se trata del pasado o del futuro.

En más de una ocasión me ha parecido estar anotando el futuro.

PRIMERA PARTE
LA TIERRA DE LOS MUERTOS

MONÓLOGO ACERCA DE PARA QUÉ RECUERDA LA GENTE

Yo también tengo una pregunta. Una a la que yo mismo no puedo dar una respuesta.

Pero, usted se ha propuesto escribir sobre esto. ¿Sobre esto? Yo no querría que esto se supiera de mí..., que he vivido allí. Por un lado, tengo el deseo de abrirme, de soltarlo todo, pero, por otro, noto cómo me desnudo, y esto es algo que no quisiera que...

¿Recuerda usted aquello en Tolstói?... Después de la guerra, Pierre Bezújov está tan conmocionado que le parece que él y el mundo han cambiado para siempre. Pero pasa cierto tiempo y Bezújov se dice sorprendido a sí mismo: «Todo continuará igual, seguiré como antes riñendo al cochero, me pondré a refunfuñar como siempre». Entonces, ¿para qué recuerda la gente? ¿Para restablecer la verdad? ¿La justicia? ¿Para liberarse y olvidar? ¿Porque comprenden que han participado en un acontecimiento grandioso? ¿O porque buscan en el pasado alguna protección? Y todo eso, a sabiendas de que los recuerdos son algo frágil, efímero; no se trata de conocimientos precisos, sino de conjeturas sobre uno mismo. No son aún conocimientos, son solo sentimientos. Lo que siento.

Me he torturado, he rebuscado en mi memoria y al fin he recordado.

Lo más horroroso que me ha sucedido me pasó en la infancia. Era la guerra... Recuerdo cómo siendo unos chavales jugábamos a «papás y mamás», desnudábamos a los críos y los colocábamos el uno sobre el otro. Eran los primeros niños nacidos después de la guerra. Toda la aldea sabía qué palabras decían ya, cómo empezaban a andar, porque durante la guerra se olvidaron de los niños. Esperábamos la aparición de la vida. «Papás y mamás», así se llamaba el juego. Queríamos ver la aparición de la vida. Y eso que no teníamos más de ocho o diez años.

He visto cómo una mujer trataba de quitarse la vida. Entre los arbustos, junto al río. Cogía un ladrillo y se golpeaba con él en la cabeza. Estaba embarazada de un policía,* de un hombre al que toda la aldea odiaba.

Siendo aún un niño, yo había visto cómo nacían los gatitos. Ayudé a mi madre a tirar de un ternero cuando salía de la vaca y llevé a aparearse a nuestra cerda.

Recuerdo... Recuerdo cómo trajeron a mi padre muerto; llevaba un jersey, se lo había tejido mi madre. Al parecer, lo habían fusilado con una ametralladora o con un fusil automático. Algo sanguinolento salía a pedazos de aquel jersey. Allí estaba, sobre nuestra única cama; no había otro lugar donde acostarlo. Luego lo enterraron junto a la casa. Y aquella tierra era lo contrario del descanso eterno, era barro pesado, de la huerta de remolachas. Por todas partes seguían los combates. La calle sembrada de caballos caídos y hombres muertos.

Para mí son recuerdos hasta tal punto vedados que no hablo de ellos en voz alta.

Por entonces yo percibía la muerte igual que un nacimiento. Tenía más o menos el mismo sentimiento cuando el ternero aparecía desde el interior de una vaca. Cuando salían los

---

* En Bielorrusia se denominaba «policía» —a diferencia de «miliciano» que es como se llama a un agente del orden hasta hoy— a los guardias nombrados por los alemanes en la URSS durante la guerra. *(N. del T.)*

gatitos. Y cuando la mujer se intentaba quitar la vida entre los arbustos. Por alguna razón, todo eso me parecía la misma cosa, lo mismo. El nacimiento y la muerte.

Recuerdo desde la infancia cómo huele la casa cuando se sacrifica un cerdo. Y, en cuanto usted me toque, empezaré a caer, a hundirme allí. Hacia la pesadilla. Hacia el horror. Vuelo hacia allí.

También recuerdo cómo, siendo niños, las mujeres nos llevaban consigo a los baños. Y a todas las mujeres, también a mi madre, se les caía la matriz (eso ya lo comprendíamos); se la sujetaban con trapos. Esto lo he visto yo. La matriz se salía debido al trabajo duro. No había hombres, los habían matado a todos en el frente, en la guerrilla; tampoco había caballos; las mujeres tiraban de los arados con sus propias fuerzas. Labraban sus huertos y los campos del koljós.*

Cuando, al hacerme mayor, tenía trato íntimo con una mujer, me venía todo esto a la memoria. Lo que había visto en los baños.

Quería olvidar. Olvidarlo todo. Lo olvidé. Y creía que lo más horroroso ya me había sucedido en el pasado. La guerra. Que estaba protegido, que ya estaba a salvo. A salvo gracias a lo que sabía, a lo que había experimentado... allí... entonces... Pero...

Pero he viajado a la zona de Chernóbil. Ya había estado muchas veces. Y allí he comprendido que me veo impotente. Que no comprendo. Y me estoy destruyendo con esta incapacidad de comprender. Porque no reconozco este mundo, un mundo en el que todo ha cambiado. Hasta el mal es distinto. El pasado ya no me protege. No me tranquiliza. Ya no hay respuestas en el pasado. Antes siempre las había, pero hoy no las hay. A mí me destruye el futuro, no el pasado. *[Se queda pensativo.]*

* Granja colectiva, en la que trabajan todos los campesinos. *(N. del T.)*

¿Para qué recuerda la gente? Esta es mi pregunta. Pero he hablado con usted, he pronunciado unas palabras. Y he comprendido algo. Ahora no me siento tan solo. Pero ¿qué ocurre con los demás?

PIOTR S.,
psicólogo

MONÓLOGO ACERCA DE SOBRE QUÉ SE PUEDE CONVERSAR CON UN VIVO... Y CON UN MUERTO

Por la noche, un lobo entró en el patio. Miré por la ventana y allí estaba con los ojos encendidos. Como faros. Me he acostumbrado a todo. Hace siete años que vivo sola, siete años, desde que la gente se fue. Por la noche, a veces, me quedo sentada hasta que amanece, y pienso y pienso. Hoy, incluso, me he pasado la noche sentada, hecha un ovillo, en la cama, y luego he salido afuera a ver qué sol hacía.

¿Qué le voy a decir? Lo más justo en la vida es la muerte. Nadie la ha evitado. La tierra da cobijo a todos: a los buenos y a los malos, a los pecadores. Y no hay más justicia en este mundo. Me he pasado toda la vida trabajando duro, como una persona honrada. He vivido con la conciencia en paz. Pero no me ha tocado lo que es justo. Se ve que, al parecer, a Dios, cuando repartía suerte, cuando me llegó el turno, ya no le quedaba nada para darme.

Un joven *puede* morir; el viejo *debe* morirse. Nadie es inmortal: ni el rey ni el menestral.

Primero esperaba a la gente; pensaba que regresarían todos. Nadie se había ido para siempre; la gente se marchaba por un tiempo. Pero ahora solo espero la muerte. Morirse no es difícil, solo da miedo. No hay iglesia. El padre no viene por aquí. No tengo a nadie a quien confesar mis pecados.

La primera vez que nos dijeron que teníamos radiación,

pensamos que era alguna enfermedad; que quien enferma se muere enseguida. Pero nos decían que no era eso, que era algo que estaba en la tierra, que se metía en la tierra y que no se podía ver. Los animales puede que lo vieran y lo oyeran, pero el hombre no. ¡Y no es verdad! Yo lo he visto. Ese cesio estuvo tirado en mi huerto hasta que lo mojó la lluvia. Tiene un color así, como de tinta. Allí estaba brillando a trozos. Llegué del campo del koljós y me fui a mi huerta. Y había un trozo azul. Y, unos 200 metros más allá, otro. Como del tamaño del pañuelo que llevo en la cabeza. Llamé a la vecina y a otras mujeres y recorrimos todo el lugar. Todos los huertos, el campo. Unas dos hectáreas. Encontramos puede que cuatro pedazos grandes. Uno era de color rojo.

Al día siguiente llovió. Desde la mañana. Y, para la hora de comer, habían desaparecido. Vino la milicia, pero ya no había nada que enseñar. Solo se lo contamos. Unos trozos así... *[Lo demuestra con las manos.]* Como mi pañuelo. Azules y rojos.

Esta radiación no nos daba demasiado miedo. Mientras no la veíamos y no sabíamos qué era, puede que nos diera miedo, pero, en cuanto la vimos, se nos pasó el temor. La milicia y los soldados pusieron unas tablillas. A algunos les escribieron junto a la casa y también en la calle: 70 curios, 60 curios...*

Siempre hemos vivido de nuestras patatas, de nuestra cosecha, ¡y ahora nos dicen que no se puede! Ni cebollas ni zanahorias nos dejan plantar. Para unos fue un duro golpe, aunque otros se lo tomaron a risa. Nos aconsejaban que trabajáramos en la huerta con máscaras de venda y con guantes de goma. Y que enterráramos la ceniza del horno. Enterrar la ceniza. Oh, oh, oh...

Entonces vino un importante sabio y pronunció un discurso en el club diciendo que teníamos que lavar la leña.

---

* Unidad de medida de la radiactividad. *(N. del T.)*

¡Esta sí que es buena! ¡No podía creer lo que oía! Nos mandaron lavar las mantas, las sábanas, las cortinas... ¡Pero si estaban dentro de la casa! En los armarios y en los baúles. ¿Qué radiación puede haber, dígame, en las casas? ¿Tras las ventanas? ¿Tras las puertas? Si, al menos, la buscaran en el bosque, en el campo...

Nos cerraron con candado los pozos y los envolvieron en plástico. Que si el agua estaba «sucia». ¡Pero qué sucia, si estaba más limpia que...! Nos llenaron la cabeza con que si os vais a morir. Que si debíamos irnos de ahí. Evacuarnos...

La gente se asustó. Se les llenó el cuerpo de miedo. Algunos empezaron a enterrar sus pertenencias por la noche. Hasta yo recogí toda mi ropa. Los diplomas por mi trabajo honrado y las cuatro monedas que tenía y que guardaba por si pasaba algo. ¡Y qué tristeza! ¡Una tristeza que me roía el corazón! ¡Que me muera si no le digo la verdad!

Y un día oigo que los soldados habían evacuado toda una aldea, pero un viejo y su mujer se quedaron. El día antes de que sacaran a la gente y los condujeran a los autobuses como si fueran ganado, ellos agarraron a la vaca y se fueron para el bosque. Y allí esperaron a que pasara todo. Como durante la guerra. Cuando las tropas de castigo quemaron la aldea.

¿A qué tanta desgracia? *[Llora.]* Qué frágil es nuestra vida. No lloraría si pudiera, pero las lágrimas se me caen solas.

¡Oh! Mire por la ventana: ha venido una urraca. Yo no las espanto. Aunque a veces las urracas se me llevan los huevos del cobertizo. Así y todo, no las espanto. Ahora todos sufrimos la misma desgracia. ¡Yo no espanto a nadie! Ayer vino una liebre.

Si cada día viniera gente a casa. Cerca de aquí, en la aldea vecina, también vive una mujer; yo le dije que se viniera aquí. Tanto si me ayuda, como si no, al menos tendré con quien hablar. A quien llamar...

Por la noche me duele todo. Se me doblan las piernas, noto como un hormigueo, son los nervios que corren por dentro. Entonces, agarro lo que encuentro a mano. Un puñado de grano. Y jrup, jrup. Y los nervios se me calman.

¡Cuánto no habré trabajado y padecido en esta vida! Pero siempre me ha bastado con lo que tenía y no quiero nada más. Al menos, si me muero, descansaré. Lo del alma no sé, pero el cuerpo se quedará tranquilo.

Tengo hijas e hijos. Todos están en la ciudad. ¡Pero yo no me voy de aquí! Dios no me ha librado de daños, pero me ha dado años. Yo sé qué carga es una persona vieja; los hijos te aguantan, te aguantan y, al final, acaban por herirte. Los hijos te dan alegrías mientras son chicos.

Nuestras mujeres, las que se han ido a la ciudad, todas se quejan. Unas veces es la nuera, otras la hija quien te ofende. Quieren regresar. Mi hombre está aquí. Aquí está enterrado. En el cementerio. Pero si no estuviera aquí, se habría ido a vivir a otra parte. Y yo con él. *[De pronto contenta.]* ¿Aunque para qué irse? ¡Aquí se está bien! Todo crece, florece. De la fiera al mosquito, todo vive.

Ahora se lo recordaré todo...

Pasaban más y más aviones. Cada día. Iban bajos, sobre nuestras cabezas. Volaban hacia el reactor. A la central. Uno tras otro. Y, entretanto, estaban evacuando nuestro pueblo. Nos trasladaban. Tomaban al asalto las casas. La gente se había encerrado, se escondía. El ganado bramaba, los niños lloraban. ¡La guerra! Y el sol brillaba.

Yo me había metido en casa y no salía; la verdad es que no me encerré con llave. Llamaron unos soldados: «¿Qué, abuela, está lista?». Y yo les dije: «¿Qué, me vais a atar de pies y manos, vais a sacarme a la fuerza?». Los chicos se quedaron callados y, al rato, se fueron. Eran tan jovencitos. ¡Unos críos!

Las mujeres se arrastraban de rodillas ante sus casas. Rezaban. Los soldados las agarraban de un brazo, del otro y al camión. Yo, en cambio, les amenacé con que, si me tocaban un pelo, si me rozaban siquiera, si empleaban conmigo la fuerza, les daría con la azada. Y maldije. ¡Cómo maldije! Pero no lloré. Aquel día no dejé caer ni una lágrima.

De modo que me quedé en la casa. Afuera todo eran gritos. ¡Y qué gritos! Pero luego todo quedó en silencio. Sin un ruido. Y aquel día... El primer día no salí de casa.

Contaban que iba una columna de gente. Y otra de ganado. ¡La guerra!

Mi marido solía decir que el hombre dispara y Dios es quien lleva las balas. ¡A cada uno su suerte! Los jóvenes que se fueron, algunos ya han muerto. En el nuevo lugar. Y yo sigo aquí con mi bastón. En pie. ¿Que me pongo triste?, pues lloro un rato. La aldea está vacía. Pero hay todo tipo de pájaros. Volando. Hasta un alce pasea por aquí, como si nada. *[Llora.]*

Se lo recordaré todo...

La gente se fue, pero se dejó los gatos y los perros. Los primeros días, yo iba de casa en casa y les echaba leche, y a cada perro le daba un pedazo de pan. Los perros estaban ante sus casas y esperaban a sus amos. Esperaron largo tiempo. Los gatos hambrientos comían pepinos..., tomates...

Hasta el otoño le estuve segando la hierba a la vecina delante de su casa. Se le cayó una valla y también la clavé. Esperaba a la gente. En casa de la vecina vivía un perrito, lo llamaban Zhuchok. «Zhuchok —le decía—, si te encuentras primero a alguien, llámame.»

Por la noche sueño que se me llevan. Un oficial me grita: «Abuela, dentro de un momento vamos a quemarlo todo y a enterrarlo. ¡Salga!». Y se me llevan a alguna parte, a un sitio desconocido. Incomprensible. No era ni ciudad, ni aldea. Tampoco una tierra.

Me ocurrió una historia. Tenía yo un buen gatito. Vaska se llamaba. En invierno me asaltaron las ratas y no había modo de librarse de ellas. Se me metían debajo de la manta. Al tonel donde guardo el grano le hicieron un agujero. Vaska fue quien me salvó. Sin Vaska hubiera estado perdida. Con él comía y charlaba. Pero, entonces, Vaska desapareció. Puede que lo atacaran los perros hambrientos y se lo comieran. Todos andaban famélicos, hasta que se murieron; los gatos también pasaban tanta hambre que se comían a sus crías; durante el verano, no, pero sí con la llegada del invierno. ¡Válgame Dios! Las ratas hasta se comieron a una mujer. Se la zamparon. En su propia casa. Las malditas ratas pelirrojas. Si es verdad o no, no sabría decirle, pero eso es lo que contaban.

Merodeaban por aquí unos vagabundos. Los primeros años, las cosas en las casas no faltaban. Camisas, jerséis, abrigos... Toma lo que quieras y llévalo a vender. Pero se emborrachaban, les daba por cantar. La madre que los... Uno se cayó de una bicicleta y se quedó dormido en medio de la calle. Y por la mañana solo quedaron de él dos huesos y la bicicleta. ¿Será verdad o mentira? No le sabría decir. Eso es lo que cuentan.

Aquí todo vive. ¡Lo que se dice todo! Vive la lagartija, la rana croa. Y el gusano se arrastra. ¡Hasta ratones hay! Se está bien, sobre todo en primavera. Me gusta cuando florecen las lilas. Cuando huelen los cerezos.

Mientras los pies me aguantaban, yo misma iba a por el pan: a 15 kilómetros solo de ida. De joven me los hubiera hecho corriendo. La costumbre. Después de la guerra íbamos a Ucrania a por simiente. A 30 y a 50 kilómetros. La gente llevaba un *pud*;* yo, tres. Ahora sucede que ni en casa puedo andar. Las viejas incluso en verano tienen frío.

Vienen por aquí los milicianos, pasan para controlar el pueblo, y entonces me traen pan. Pero ¿qué es lo que controlan? Vivo yo y el gatito. Este ya es otro que tengo. Los milicianos hacen sonar la bocina y para nosotros es una fiesta. Corremos a verlos. Le traen huesos al gato. Y a mí me preguntan: «¿Y si aparecen los bandidos?». «¿Y qué van sacar

---

* Medida de peso rusa, equivalente a 16,3 kilogramos. *(N. del T.)*

de mí? —les digo—. ¿Qué me pueden quitar? ¿El alma? El alma es lo único que me queda.»

Son buenos muchachos. Se ríen. Me han traído pilas para la radio, y ahora la escucho. Me gusta Liudmila Zikina,* pero ahora, no sé por qué, rara vez canta. Se ve que se ha hecho vieja, como yo. A mi hombre le gustaba decir..., solía decir: «¡Se acabó el baile, el violín al estuche!».

Le contaré cómo me encontré con el gatito. Mi pobre Vaska había desaparecido. Lo espero un día, lo espero otro... Así un mes. En fin, que me había quedado como quien dice más sola que la una. Sin nadie con quien hablar. De modo que un día decido recorrer la aldea, y por los huertos vecinos voy llamando: Vaska, Murka... ¡Vaska! ¡Murka! Al principio había muchos gatos, luego desaparecieron todos Dios sabe dónde. Se exterminaron. La muerte no perdona. La tierra da cobijo a todos...

De modo que iba yo por ahí... Dos días me pasé llamando. Y al tercer día lo veo, sentado junto a la tienda. Nos miramos el uno al otro. Él contento y yo también. Lo único, que no dice palabra. «Bueno, vamos —lo llamo—, para casa.» Pero él que no se mueve. De modo que le pido que se venga conmigo: «¿Qué vas a hacer aquí solo? Se te comerán los lobos. Te harán pedazos. Ven. Que tengo huevos y tocino». ¿Cómo se lo explicaría? Dicen que los gatos no entienden a los humanos. ¿Y, entonces..., cómo es entonces que este me entendió? Yo delante y él corriendo detrás. «¡Miau!» «Te daré tocino.» «¡Miau!» «Viviremos juntos...» «¡Miau!» «Te llamaré Vaska.» «¡Miau!»... Y, ya ve, dos inviernos que llevamos juntos.

Por la noche sueño a veces que alguien me llama. La voz de la vecina: «¡Zina!» Calla un rato, y otra vez: «¡Zina!».

Si me pongo triste, lloro un rato...

Voy a ver las tumbas. Allí descansa mi madre. Mi hijita

* Célebre intérprete de canciones populares. (*N. del T.*)

pequeña... La consumió el tifus durante la guerra... Justo después de llevarla al cementerio, después de darle sepultura, de pronto entre las nubes salió el sol. Brillaba que daba gusto. Hasta me dieron ganas de regresar y desenterrarla.

También mi hombre está ahí... Fedia. Me quedo sentada junto a todos los míos. Suspiro un rato. Y hasta puedo hablar con ellos, tanto con los vivos como con los muertos. Para mí no hay diferencia. Los oigo tanto a unos como a los otros. Cuando estás sola... Y cuando estás triste. Muy triste...

Justo al lado de las tumbas vivía el maestro Iván Prójorovich Gavrilenko. Se ha marchado a Crimea con su hijo.

Algo más allá, Piotr Ivánovich Miusski... El tractorista. Era estajanovista,* hubo un tiempo en que todos se hacían estajanovistas. Tenía unas manos de oro. Se hizo él mismo los artesonados de madera. Y ¡qué casa! La mejor del pueblo. ¡Una joya! ¡Lialka! ¡Oh, qué lástima me dio, hasta se me subió la sangre cuando la destruyeron! La enterraron. El oficial gritaba: «No padezcas, mujer. La casa ha caído dentro de la "mancha"». Aunque parecía borracho. Me acerqué a él y vi que estaba llorando. «¡Vete, mujer, vete!», me dijo y me echó de allí.

Y luego ya Misha Mijaliov, que cuidaba de las calderas de la granja. Misha murió pronto. Se fue y al poco se murió.

Tras él está la casa del zootécnico Stepán Bíjov. ¡La casa se quemó! Por la noche, unos granujas le prendieron fuego. Eran forasteros. Stepán no vivió mucho. Lo enterraron en alguna parte de la región de Moguiliov, donde vivían sus hijos.

Una segunda guerra... ¡Cuánta gente hemos perdido! Kovaliov Vasili Makárovich, Anna Kotsura, Maxim Nikiforenko...

En un tiempo vivimos contentos. Durante las fiestas cantábamos y bailábamos. Con el acordeón. Y ahora esto parece

* Trabajadores que, según la propaganda soviética, siguiendo el ejemplo del minero soviético Alexéi Stajánov, superaban con creces la norma de producción. *(N. del T.)*

una prisión. A veces cierro los ojos y recorro la aldea. Qué radiación ni qué cuentos, si las mariposas vuelan y los abejorros zumban. Y mi Vaska cazando ratones. *[Llora.]*

Dime, hija mía, ¿has comprendido mi tristeza? Se la llevarás a la gente, pero puede que yo ya no esté. Me encontrarán en la tierra. Bajo las raíces.

Zinaída Yevdokímovna Kovalenka,
residente en la zona prohibida

MONÓLOGO ACERCA DE TODA UNA VIDA ESCRITA EN LAS PUERTAS

Quiero dejar testimonio...
Eso era entonces, diez años atrás, y ahora eso se repite conmigo cada día. Ahora... Eso va siempre conmigo.
Vivíamos en la ciudad de Prípiat. En la misma ciudad que ahora conoce todo el mundo.
No soy escritor. No sabría contarlo. No soy lo bastante inteligente para entenderlo. Ni siquiera con mi formación superior.
De modo que vas haciendo tu vida. Soy una persona corriente. Poca cosa. Igual que los que te rodean; vas a tu trabajo y vuelves a casa. Recibes un sueldo medio. Viajas una vez al año de vacaciones. Tienes mujer. Hijos. ¡Una persona normal!
Y un día, de pronto, te conviertes en un hombre de Chernóbil. ¡En un bicho raro! En algo que le interesa a todo el mundo y de lo que no se sabe nada. Quieres ser como los demás, pero ya es imposible. No puedes, ya es imposible regresar al mundo de antes. Te miran con otros ojos. Te preguntan: «¿Pasaste miedo ahí? ¿Cómo ardía la central? ¿Qué has visto?». O, por ejemplo, «¿Puedes tener hijos? ¿No te ha dejado tu mujer?». En los primeros tiempos, todos nos convertimos en bichos raros. La propia palabra «Chernóbil» es como una señal acústica. Todos giran la cabeza hacia ti. «¡Es de allí!»

Estos eran los sentimientos de los primeros días. No perdimos una ciudad, sino toda una vida. Dejamos la casa al tercer día. El reactor ardía. Se me ha quedado grabado que un conocido dijo: «Huele a reactor». Un olor indescriptible. Pero sobre esto todos leímos en los periódicos. Han convertido Chernóbil en una fábrica de horrores, aunque, en realidad, parece más bien un cómic. Esto, en cambio, hay que llegar a entenderlo, porque hemos de convivir con ello.

Le contaré solo lo mío. Mi verdad.

Ocurrió así. Por la radio habían dicho: «¡No se pueden llevar los gatos!». Mi hija se puso a llorar, y del miedo a quedarse sin su querido gato empezó a tartamudear. ¡Y decidimos meter el gato en la maleta! Pero el animal no quería meterse en la maleta, se escabullía. Nos arañó a todos. «¡Prohibido llevarse las cosas!» No me llevaré todas las cosas, pero sí una. ¡Una sola cosa! Tengo que quitar la puerta del piso y llevármela; no puedo dejar la puerta. Cerraré la entrada con tablones.

Nuestra puerta... ¡Aquella puerta era nuestro talismán! Una reliquia familiar. Sobre esta puerta velamos a mi padre. No sé según qué costumbre, no en todas partes lo hacen, pero entre nosotros, como me dijo mi madre, hay que acostar al difunto sobre la puerta de su casa. Lo velan sobre ella, hasta que traen el ataúd. Yo me pasé toda la noche junto a mi padre, que yacía sobre esta puerta. La casa estaba abierta. Toda la noche. Y sobre esta misma puerta, hasta lo alto, están las muescas. De cómo iba creciendo yo. Se ven anotadas: la primera clase,* la segunda. La séptima. Antes del ejército...

* En la escuela soviética la enseñanza se impartía en diez cursos anuales, desde la primera «clase», que se iniciaba a los siete años, hasta la décima. El mismo orden sigue rigiendo en los países de la antigua URSS. Para distinguirlas de nuestros «cursos» aquí las seguiremos llamando «clases». *(N. del T.)*

Y al lado ya: cómo fue creciendo mi hijo. Y mi hija. En esta puerta está escrita toda nuestra vida, como en los antiguos papiros. ¿Cómo voy a dejarla?

Le pedí a un vecino que tenía coche: «¡Ayúdame!». Y el tipo me señaló a la cabeza, como diciendo tú estás mal de la chaveta. Pero saqué aquella puerta de allí. Mi puerta. Por la noche... en una moto. Por el bosque. La saqué al cabo de dos años, cuando ya habían saqueado nuestro piso. Limpio quedó. Hasta me persiguió la milicia: «¡Alto o disparo! ¡Alto o disparo!». Me tomaron por un ladrón, claro. De manera que, como quien dice, robé la puerta de mi propia casa.

Mandé a mi hija con la mujer al hospital. Se les había cubierto todo el cuerpo de manchas negras. Las manchas salían, desaparecían y volvían a salir. Del tamaño de una moneda. Sin ningún dolor. Las examinaron a las dos. Y yo pregunté: «Dígame, ¿cuál es el resultado?». «No es cosa suya.» «¿De quién, entonces?»

A nuestro alrededor todos decían: vamos a morir. Para el año 2000 los bielorrusos habrán desaparecido. Mi hija cumplió seis años. Los cumplió justo el día del accidente. La acostaba y ella me susurraba al oído: «Papá, quiero vivir, aún soy muy pequeña». Y yo que pensaba que no entendía nada. En cambio, veía a una maestra en el jardín infantil con bata blanca o a la cocinera en el comedor y le daba un ataque de histeria: «¡No quiero ir al hospital! ¡No me quiero morir!». No soportaba el color blanco. En la casa nueva cambiamos incluso las cortinas blancas.

¿Usted es capaz de imaginarse a siete niñas calvas juntas? Eran siete en la sala. ¡No, basta! ¡Acabo! Mientras se lo cuento tengo la sensación, mire, mi corazón me dice que estoy cometiendo una traición. Porque tengo que describirla como si no fuera mi hija. Sus sufrimientos.

Mi mujer llegaba del hospital. Y no podía más: «Más valdría que se muriera, antes que sufrir de este modo. O que me

muera yo; no quiero seguir viendo esto». ¡No, basta! ¡Acabo! No estoy en condiciones. ¡No!
La acostamos sobre la puerta. Encima de la puerta sobre la que un día reposó mi padre. Hasta que trajeron un pequeño ataúd. Pequeño, como la caja de una muñeca grande. Como una caja...
Quiero dejar testimonio: mi hija murió por culpa de Chernóbil. Y aún quieren de nosotros que callemos. La ciencia, nos dicen, no lo ha demostrado, no tenemos bancos de datos. Hay que esperar cientos de años. Pero mi vida humana... Es mucho más breve. No puedo esperar. Apunte usted. Apunte al menos que mi hija se llamaba Katia... Katiusha. Y que murió a los siete años.

Nikolái Fómich Kaluguin,
padre

MONÓLOGO DE UNA ALDEA ACERCA DE CÓMO SE CONVOCA A LAS ALMAS DEL CIELO PARA LLORAR Y COMER CON ELLAS

Aldea Béli Béreg, del distrito Narovlianski, de la región de Gómel.

Hablan: Anna Pávlovna Artiushenko, Eva Adámovna Artiushenko, Vasili Nikoláyevich Artiushenko, Sofia Nikoláyevna Moroz, Nadezhda Borísovna Nikolayenko, Alexandr Fiódorovich Nikolayenko, Mijaíl Martínovich Lis.

—A visitarnos vienes. Buena chica. Pues no se anunciaba ninguna visita. Ni una señal. Sucede que a veces te pica la palma de la mano, y alguien te da los buenos días. Pero lo que es hoy, ni una señal. Solo un ruiseñor se ha pasado toda la noche trinando: señal de día soleado. ¡Huy! Nuestras mujeres acudirán al momento. Allí viene volando Nadia.

—Todo lo hemos vivido y padecido.

—¡Oh, no quiero recordar! ¡Miedo me da! Nos vinieron a echar de aquí los soldados. Con todo su arsenal militar. Con los blindados. Un anciano, muy mayor. Ya no se levantaba. Muriéndose estaba. ¿Adónde ir? «Ahora me levanto (decía llorando) y me voy directo a la tumba. Por mi propio pie.»

¿Y qué nos han pagado por las casas? ¿Cuánto? ¡Mire usted qué hermosura! ¿Quién nos va a pagar por toda esta belleza? ¡Era una zona de reposo!

—Aviones, helicópteros; un ruido del infierno. Camiones con remolques. Soldados. Vaya, pensé, ha empezado la guerra. Con los chinos, o con los estadounidenses.

—Mi hombre que llega de la reunión y dice: «Mañana nos van a evacuar». Y yo: «¿Y qué hacemos con la patata? No la hemos recogido. No ha habido tiempo». En eso que llama a la puerta un vecino y se ponen él y el mío a beber. Y después de beber, la emprenden con el presidente del koljós: «No nos moveremos y punto. Hemos pasado la guerra, y ahora nos vienen con eso de la radiación. Te podrías meter dentro de esta tierra. ¡No nos iremos!».

—Al principio pensábamos que nos moriríamos todos en dos o tres meses. Eso es lo que nos decían. Así nos querían asustar. Y nos animaban a que nos fuéramos. ¡Pero, gracias a Dios, seguimos vivos!

—¡Vivos, gracias a Dios, gracias a Dios!

—Nadie sabe qué hay en el otro mundo. Aquí se está mejor. Lo conocemos más. Como solía decir mi madre: te plantas, te diviertes y haces lo que quieres.

—Vamos a la iglesia, a rezar.

—Otros se marchaban. Recogí tierra de la tumba de mi madre. Y de rodillas le decía: «Perdónanos por abandonarte». Fui de noche a visitarla y no tenía miedo. La gente escribía sus nombres en las casas. En las vigas. En las cercas. En el asfalto.

—Los soldados mataban a los perros. A tiros. ¡Pam!, ¡pam! Después de aquello no puedo escuchar cómo chilla un animal.

—He trabajado aquí de jefe de brigada. Cuarenta y cinco años. He cuidado de la gente. Hemos llevado nuestro lino a Moscú, a la Exposición; me había mandado el koljós. Volví de allí con una insignia y un diploma. Aquí todo el mundo me trataba con respeto: «Vasili Nikoláyevich, nuestro Vasili Nikoláyevich». En cambio allí, en el nuevo lugar, ¿quién soy? Un viejo inútil. De modo que aquí me moriré. Las mujeres me traerán agua, me calentarán la casa. He tenido piedad con la gente. Las mujeres regresaban por la tarde del campo, cantando; yo, sin embargo, sabía que no iban a recibir nada. Solo una marca más por la jornada trabajada. Y en cambio, cantaban.

—En nuestras aldeas la gente vive junta. En comunidad.

—Sueño a veces que estoy en la ciudad, viviendo con mi hijo. Un sueño. Que espero la muerte, la aguardo. Y a mis hijos les digo: «Llevadme allí donde están nuestras tumbas, quedaos siquiera cinco minutos conmigo junto a nuestra casa». Y desde arriba veo cómo mis hijos me llevan allí.

—Por envenenada que esté, con toda esta radiación, es mi tierra. Ya no hacemos falta en ninguna otra parte. Hasta los pájaros prefieren sus nidos.

—Pues le acabo de contar. Vivía en casa de mi hijo, en un séptimo piso. Me acercaba a la ventana, miraba y, ¡válgame Dios!, me santiguaba. Me parecía oír un relincho. El canto del gallo. Y me entraba una tristeza... Y otras soñaba con mi casa: ato a la vaca y la ordeño largo, largo rato. Me despertaba y no quería levantarme. Aún estaba allá. Unos días en casa del hijo y otros allá.

—Durante el día vivíamos en el lugar nuevo, pero por la noche en casa. En sueños.

—En invierno, las noches son largas; a veces nos quedamos pensando y nos preguntamos: ¿Quién más se habrá muerto?

—El mío se pasó dos meses en la cama. Callado, sin contestarme. Como si se hubiera enfadado. Salgo afuera, vuelvo al rato: «¿Cómo estás?». Veo que levanta los ojos al oír la voz, y ya me siento más tranquila. Que esté en la cama, callado incluso; mientras siga en casa. Cuando una persona fallece, no se puede llorar. Le dañarás la muerte; le costará mucho esfuerzo morirse. Saqué del armario una vela y se la coloqué entre las manos. Él la cogió; aún respiraba. Veo que los ojos se le enturbian. Pero yo no lloraba. Solo le pedí una cosa: «Saluda allí a nuestra hijita y a mi madre». Recé para reunirme con ellos. De algunos, Dios se apiada, pero a mí aún no me ha dado muerte. Sigo viva.

—Pues a mí no me da miedo morirme. Nadie vive dos veces. ¿No caen las hojas? ¿O los árboles?

—¡Amigas! No lloréis. Todos los años íbamos las primeras. Éramos estajanovistas. Hemos sobrevivido a Stalin. ¡A la guerra! Si no nos hubiéramos reído, si no nos hubiéramos divertido, hace tiempo que nos habríamos colgado de una soga.

—De modo que hablan dos mujeres de Chernóbil. Y una le dice a otra: «¿Has oído que todos tenemos muchos glóbulos blancos?». Y la otra le responde: «¡Tonterías! Ayer me corté un dedo y tenía la sangre roja».

—En casa estás como en el cielo. Pero, en otras tierras, hasta el sol brilla de otra manera.

—Pues mi madre me enseñó que hay que tomar el icono y darle la vuelta para que esté así tres días seguidos. Entonces, estés donde estés, seguro que regresas a casa. Yo tenía dos vacas y dos terneras, cinco cerdos, gansos y gallinas. Un perro. Me agarro la cabeza con las manos y ando por el huerto. ¡Y manzanas, cuántas manzanas! ¡Todo se ha echado a perder, maldita sea!

—Limpio la casa, blanqueo el horno. Hay que poner el pan en la mesa, la sal, un plato y tres cucharas. Tantas cucharas como gente en casa. Cubiertos para todos, para que así regresen.

—Y las crestas de las gallinas eran negras y no rojas. Cosa de la radiación. Tampoco nos salía el queso. Nos pasamos un mes sin nata ni queso. La leche no se cortaba, sino que se hacía polvo, un polvo blanco. De la radiación.

—La radiación esa anduvo por mi huerto. El huerto se quedó todo blanco, blanco, blanco, como si lo hubieran espolvoreado con algo. A pedacitos. Primero pensé que sería algo que había llegado del bosque. Que el viento nos lo había traído.

—No queríamos irnos. ¡Y hasta qué punto no queríamos! Los hombres, borrachos. Se tiraban bajo las ruedas. Las autoridades iban de casa en casa y trataban de convencer a la gente. La orden era: «¡No se lleven nada!».

—El ganado se pasó tres días sin beber. Y sin comer. ¡Al matadero! Llegó un corresponsal de un periódico: «¿Qué tal los ánimos? ¿Cómo les van las cosas?». Las mujeres borrachas casi lo matan.

—El presidente [del koljós] y los soldados daban vueltas alrededor de mi casa. Querían asustarme: «¡Sal, que vamos a prender fuego! ¡A ver, trae la garrafa de gasolina!». Y yo que corría de un lado a otro, agarrando que si las toallas, que si la almohada...

—Pero, dígame, según la ciencia, ¿cómo actúa esta radiación? Dígame la verdad; de todos modos pronto nos hemos de morir.

—¿Y qué se cree, que porque sea invisible, se piensa que no la hay en Minsk?

—Mi nieto me trajo un perrito. Lo llamaron Radio, porque vivíamos bajo la radiación. ¿Dónde se habrá metido Radio, si lo tengo siempre a mi lado? Tengo miedo de que salga del pueblo y que se lo coman los lobos. Y que me quede sola.

—Pues durante la guerra, toda la noche los cañones dale que te pego, sin parar. De manera que nos hicimos un refugio en el bosque. Las bombas caían sin parar. Lo quemaron todo; no solo las casas, sino el huerto, hasta los guindos se quemaron todos.

—Lo único que pido es que no haya guerra. ¡Le tengo un miedo!

—En Radio Armenia* preguntan: «¿Las manzanas de

---

* Enunciado de un tipo de chistes, preguntas y respuestas muy populares en la ex URSS. *(N. del T.)*

Chernóbil se pueden comer?». Respuesta: «Sí, pero los restos hay que enterrarlos bien hondo en la tierra». Otra pregunta: «¿Cuánto es siete por siete?». Respuesta: «Pregúnteselo a cualquiera en Chernóbil, que le hará la cuenta con sus dedos». Ja, ja, ja.

—Nos dieron una casita nueva. De piedra era. Pues mire, en siete años no clavamos en ella ni un solo clavo. ¡Tierra extraña! Todo era ajeno. Mi marido no paraba de llorar. Durante la semana trabajaba en el tractor, esperando a que llegara el domingo, y el domingo se metía en la cama de cara a la pared y a llorar.

—Nadie más nos engañará; no nos moveremos de aquí. No hay tienda, tampoco hospital. No hay luz. Nos alumbramos con lámparas de queroseno y con teas. Pero no nos quejamos. ¡Estamos en casa!

—En la ciudad, la cuñada iba por el piso con un trapo tras mis pasos y lo limpiaba todo: las manecillas de las puertas, la silla. Todo comprado con mi dinero, todos los muebles, el coche. Se acabó el dinero y se acabó la madre.

—Nuestro dinero se lo quedaron los hijos. Y el resto se lo comió la inflación. Todo lo que nos dieron por las propiedades, por las casas. Por las manzanas.

—Pues nosotras seguimos tan contentas. Preguntan en Radio Armenia: «¿Qué es una radioniñera?». «Pues una abuela de Chernóbil.» Ja, ja, ja...

—Dos semanas estuve andando. Llevando mi vaca. La gente no te dejaba entrar en su casa. Pasaba la noche en el bosque.

—Nos tienen miedo. Somos contagiosos, dicen. ¿Por qué Dios nos ha castigado? ¿Por qué se ha enojado con nosotros? No vivimos como los hombres, según la ley de Dios. Nos matamos los unos a los otros. Por eso.

—En verano vinieron mis nietos. Los primeros años no venían. También tenían miedo. Pero ahora nos visitan, y se llevan las cosas; todo lo que les des lo envuelven. «Abuela

—me preguntaban—, ¿has leído el libro de Robinson?». Era uno que vivía igual que nosotros. Sin gente. Yo me he traído medio saco de cerillas. Un hacha y una pala. Pero ahora ya tengo tocino, huevos, leche. Y todo mío. Solo hay una cosa, que el azúcar no se siembra. ¡Aunque tierra hay la que quieras! Como si quieres sembrar cien hectáreas. Y nadie que te mande. Aquí no hay nada que moleste al hombre. Ni jefes, ni nada. Somos libres.

—Con nosotros han vuelto también los gatos. Y los perros. Hemos regresado juntos. Los soldados no nos dejaban pasar. Tropas de asalto. De modo que por la noche... Por los senderos del bosque... Por los viejos caminos de los guerrilleros...

—No necesitamos nada del Estado. Nosotros mismos lo producimos todo. No les pedimos nada. ¡Únicamente que nos dejen en paz! Ni tiendas, ni autobuses. A por el pan y la sal, vamos andando. Veinte kilómetros. Ya nos las arreglaremos solos.

—Regresamos como los gitanos. Tres familias. Y nos encontramos todo esto saqueado: la estufa rota, las puertas y las ventanas arrancadas. Los suelos. Las bombillas, los interruptores, los portalámparas; todo fuera. Nada vivo. Con estas manos lo hemos levantado todo de nuevo, con estas manos. ¡Cómo, si no!

—Gritan los gansos salvajes: llega la primavera. Es hora de sembrar. Nosotros, en cambio, nos quedamos con las casas vacías. Solo los tejados están enteros.

—La milicia nos chillaba. Unas veces venían en coche, pero nosotros nos íbamos corriendo al bosque. Como si fueran los alemanes. Una vez nos atraparon, y un fiscal nos amenazó con meternos en la cárcel. Y yo le digo: «Que me echen un año; lo cumpliré, pero volveré aquí». Lo suyo es chillarnos; lo nuestro, tener la boca cerrada. Yo tengo una medalla, como tractorista de primera, y aquel me amenaza con la cárcel. Criminal me llama.

—Cada día me venía en sueños mi casa. Regreso a casa y ahora labro en el huerto, ahora recojo la cama. Y siempre encuentro algo: un zapato, unos polluelos. Todo anunciaba algo bueno, venturoso. Se ve que estaba escrito que había de volver.

—Por la noche rogamos a Dios, y durante el día a los milicianos. Si usted me pregunta: «¿Por qué lloras?». Pues le diré que lloro y no sé por qué. Estoy contenta de vivir en mi casa.

—Todo lo hemos vivido, lo hemos padecido todo.

—Le contaré un chiste... Orden de gobierno sobre las ventajas para la gente de Chernóbil: A los que viven en un radio de veinte kilómetros de la central, a su apellido se le añade el prefijo «von». Quienes viven a diez kilómetros, estos ya son «Su Ilustrísima».* Y los que han sobrevivido junto a la central, estos ya son «Su Alteza». Pues ya ve; así vivimos, ilustrísimos. Ja, ja...

—Un día fui al médico: «Buen hombre, no me andan los pies. Me duelen las junturas». «Has de entregar la vaca. La leche está envenenada.» «De ninguna manera —le digo—, que me duelan las piernas, que me duelan las rodillas, pero la vaca no la entregaré. Es mi sustento.»

—Tengo siete hijos. Todos viven en la ciudad. Yo estoy aquí sola. Y si me da la tristeza, me pongo a ver las fotografías. Hablo con ellas. Charlo. Conmigo misma. Y sigo sola. Hasta la casa la he pintado sola, seis botes me he gastado. Así es como vivo. He criado a cuatro hijos y tres hijas. El marido se me murió joven. Y sigo sola.

—Pues yo un día me encontré con un lobo: él que se planta ahí y yo que no me muevo. Nos miramos el uno al otro. Y él que da un bote hacia un lado. Y echa a correr. Hasta el gorro se me levantó del miedo.

* En el texto original, juego de palabras con diversos sinónimos relacionados con la luz y su resplandor. *(N. del T.)*

—Cualquier animal le tiene miedo al hombre. Tú no lo toques, que él te dejará en paz. Antes ibas por el bosque, oías unas voces y corrías a su encuentro; pero ahora el hombre huye del hombre. ¡Dios no quiera que te encuentres a nadie en el bosque!

—¡Todo lo escrito en la Biblia, todo se está cumpliendo! Hasta sobre nuestro koljós está ahí escrito. Y de Gorbachov. Que llegará un gran jefe con una mancha en la frente y que la gran potencia se desmoronará. Y luego llegará el Juicio Final. Los que vivan en las ciudades todos sucumbirán, y en las aldeas quedará una sola persona. Y el hombre se alegrará de ver la huella de otro hombre. No a otro hombre, sino su huella.

—Y la luz, ya ve, un quinqué. Una lámpara de queroseno. Vaya. Las mujeres ya la han informado. Cuando matamos un cerdo, lo llevamos a la bodega o lo enterramos. La carne está tres días bajo tierra. Hasta el vodka es de nuestro grano. De nuestro destilado.

—Yo tengo dos sacos de sal. ¡No nos moriremos sin el Estado! Leña no falta: el bosque. La casa, caliente. El quinqué da luz. ¡Estamos bien! Tengo una cabra, un cabrito, tres cerdos, catorce gallinas. Tierra, la que quiera; hierba, la que cortes. Agua, en el pozo. ¡Y libres! ¡Estamos bien! Esto no es un koljós, sino una comuna. ¡El comunismo! Vamos a comprar otro potro. Y entonces ya no necesitaremos de nadie. Un caballo.

—No es que hayamos vuelto a casa, sino, como decía asombrado un periodista, cien años atrás. Segamos con la hoz y la guadaña. Trillamos el grano con cadenas sobre el asfalto mismo. Mi hombre trenza cestas. Yo, durante el invierno, coso. Y tejo.

—Durante la guerra, de toda la familia, nos mataron a diecisiete personas. A dos hermanos me mataron. Mi madre no paraba de llorar. Una vieja iba de aldea en aldea pidiendo limosna. «¿Sufres? —le decía a mi madre—. No sufras. Quien

ha dado su vida por el prójimo es un hombre santo.» Yo lo puedo dar todo por mi patria. Lo único que no puedo es matar. Soy maestra y he enseñado a amar a los hombres. El bien siempre triunfa. Los niños son pequeños, de alma pura.
—Chernóbil. Es la peor guerra de todas las guerras. El hombre no tiene salvación en parte alguna. Ni en la tierra, ni en el agua, ni en el cielo.
—No tenemos televisor ni radio. La radio la desconectaron enseguida. No nos enteramos de ninguna noticia, en cambio vivimos más tranquilos. Sin disgustos. Viene a vernos gente y nos cuentan: guerra en todas partes. Y hasta parece que se ha acabado el socialismo. Vivimos en el capitalismo. Volverán los zares. ¿Será cierto?
—A veces nos llega un jabalí del bosque que se mete en el huerto, o un alce. Gente, rara vez. Solo los milicianos.
—Pero, entre usted en mi casa.
—Y en la mía. Hace tanto que en mi casa no entra ni un invitado.
—Me santiguo y rezo. ¡Dios santo! Dos veces me ha destrozado el horno la milicia. Me han sacado de aquí en tractor. ¡Pues yo, nada, de vuelta a casa! Si dejaran regresar a la gente, hasta de rodillas volverían a sus casas. Han esparcido por el mundo nuestra desgracia. Solo vienen de vuelta los muertos. A los muertos les dejan regresar. Pero los vivos, de noche. Bosque a través.
—Por la *Radunitsa** todos no piensan más que en venir aquí. Todos sin falta. Todos quieren saludar a sus difuntos. Y la milicia deja pasar a los que tienen permiso; pero a los pequeños, hasta los dieciocho, se lo tienen prohibido. Vienen y no caben de contento por encontrarse con sus casas. En el huerto, junto a los manzanos. Primero se van a llorar ante sus tumbas y luego cada uno a su casa. Y allí también lloran, y rezan. Ponen velas. Y se abrazan a sus cercas. Como a las

* Festividad de los difuntos, de raíces paganas. *(N. del T.)*

cercas de las tumbas. A veces hasta dejan un ramo junto a sus casas. Cuelgan una toalla blanca sobre la portezuela. Y el padre reza una oración: «Hermanos y hermanas. ¡Tened resignación!».

—Llevan al cementerio huevos y bollos. Muchas tortas en lugar del pan. Cada cual lo que tiene. Cada uno se sienta junto a los suyos. Y claman: «Hermana, he venido a verte. Ven a comer con nosotros». O: «Madre mía. Padre querido. Hermanita». Los llaman del cielo. Aquellos a los que se les han muerto este año, lloran, y los que hace más tiempo, no lloran. Hablan con ellos, los recuerdan. Todos rezan. Y hasta quien no sabe, reza.

—Solo dejo de llorar de noche. Por la noche no se puede llorar a los difuntos. En cuanto se pone el sol, dejo de llorar. Protege sus almas, Dios santo. ¡Que de ellos sea el reino de los cielos!

—Quien no labora, llora. Mire, una ucraniana vende en el mercado unas manzanas rojas, grandes. Y grita: «¡Compren mis manzanas! ¡Manzanitas de Chernóbil!». Y alguien le recomienda: «Mujer, no digas que son de Chernóbil. Que nadie te las comprará». «¡Pero qué dices! ¡Las compran y cómo! ¡Unos, para la suegra; otros, para su jefe!»

—Anda por aquí uno que ha salido de la cárcel. Con la amnistía. Vivía en la aldea vecina. Se le ha muerto la madre; la han enterrado en la casa. De manera que se ha venido aquí. «Mujer, deme un pedazo de pan y un poco de tocino, que le cortaré leña.» Así vive, de lo que le den.

—El país está hecho un burdel y la gente se viene hasta aquí. Huyendo de los hombres. Y de la ley. Y viven solos. Gente extraña. De rostro serio, no hay bondad en sus ojos. Y cuando se emborrachan, te pueden prender la casa. Por la noche, nos vamos a dormir, pero debajo de la cama, guardamos horcas y hachas. En la cocina, junto a la puerta, el martillo.

—En primavera corría por aquí una zorra con la rabia; cuando cogen la rabia, se vuelven cariñosas, dulces. Pero el agua, ni verla. Pones en la calle un balde con agua y no temas. Que ya se irá.

—Viene gente. Nos hacen películas, cintas que nosotros nunca veremos. No tenemos ni televisor, ni electricidad. Te queda solo mirar por la ventana. Y rezar, claro. Un tiempo, en lugar de Dios, tuvimos a los comunistas, ahora, en cambio, solo tenemos a Dios.

—Somos gentes de mérito. Yo fui guerrillero. Un año estuve en los bosques. Y cuando los nuestros echaron a los alemanes, me fui al frente. En el Reichstag tengo mi nombre escrito: Artiushenko. Y cuando me quité la guerrera, me puse a construir el comunismo. Y dígame, ¿dónde está hoy ese comunismo?

—Esto es el comunismo. Todos hermanos y hermanas.

—En cuanto empezó la guerra, aquel año no hubo ni setas ni bayas. ¿Me creerá? La tierra presentía la desgracia. Era el año cuarenta y uno. ¡Cómo lo recuerdo! No he olvidado la guerra. Corrió la voz de que habían traído a nuestros prisioneros: quien reconociera a uno suyo, se lo podía llevar a casa. Y nuestras mujeres echaron a correr a buscar a los hombres. Por la noche regresaron unos con el suyo, otros con otro distinto. Pero hubo un mal bicho. Un hombre como los demás, que estaba casado, con dos hijos. Pero se chivó a la «komendatura» de que habíamos dado cobijo a unos ucranianos. Vaskó, Sashkó... Al día siguiente se presentaron los alemanes en sus motocicletas. Nosotras les imploramos, de rodillas les pedimos. Pero se llevaron fuera del pueblo a los muchachos y los mataron con sus metralletas. Nueve hombres eran. ¡Jóvenes, jóvenes, buenos muchachos! Vaskó, Sashkó.

—Las autoridades vienen, gritan un rato, pero nosotros como quien no oye ni ve. Todo lo hemos sufrido, soportado.

—Pues yo no paro de pensar en lo mío. Siempre en lo mío. En las tumbas. Algunos hablan con los suyos a gritos, otros en voz baja. Algunos hasta dicen cosas así como: «Ábrete, arena amarilla. Ábrete, noche oscura». Del bosque aún puedes esperar, pero de la arena, de la tierra, nadie sale. Por cariñosa que me ponga: «Iván. Iván, dime, ¿cómo he de vivir?». Él no me dice nada, ni bueno, ni malo.

—Como no tengo a ninguno de los míos por quien llorar, rezo por todos. Por los de los demás. Voy a las tumbas y hablo con ellas.

—Pues yo, yo no le tengo miedo a nada, ni a los difuntos, ni a las alimañas, a nadie. Viene mi hijo de la ciudad y me riñe: «¿Qué haces aquí sola? ¿Y si alguien te corta el cuello?». «¿Y qué se llevaría de mi casa? Si solo quedan las almohadas.» En una casa sencilla lo más valioso son las almohadas. Y en cuanto el ladrón se me meta en casa, porque si entra lo hará por la ventana, le doy con el hacha en la cabeza y... y le sacudo como es debido, con el hacha. Puede que Dios no exista, que sea otro; pero allí arriba, en lo alto, hay alguien. De manera que sigo viva.

—Durante el invierno, el abuelo colgó en el patio un ternero despedazado. Justo entonces trajeron a unos extranjeros: «Abuelo, ¿qué haces?». «Echo afuera la radiación.»

—Qué no habrá sucedido. Cuentan que un hombre enterró a su mujer, de la que le quedó un crío pequeño. El hombre se quedó solo. Entonces, de la pena, un día se puso a beber. Le quitó toda la ropa mojada al niño y la metió debajo de la almohada. Y en eso se presentó por la noche la mujer, o ella misma o solo su alma, lavó la ropa, la secó y la puso en su sitio. Una vez la vio. Y en cuanto la llamó, ella fue y se desvaneció. Se convirtió en aire. Entonces, los vecinos le aconsejaron: en cuanto se te aparezca la sombra, cierra la puerta con llave y puede que tarde en marcharse. Pero la mujer ya no volvió. ¿Qué fue aquello? ¿Quién era eso que vino? ¿No me cree? Entonces contésteme a una cosa: ¿De dónde han salido los cuentos? Puede que lo que se cuenta, en otro tiempo, fuera cierto. Usted que tiene estudios...

—¿Y por qué el Chernóbil ese saltó por los aires? Unos dicen que tienen la culpa los científicos. Que le tiran a Dios de las barbas y que el Señor se ríe de ellos. ¡Y nosotros a sufrir las consecuencias!

—Nunca hemos vivido bien. Ni tranquilos. Antes de la guerra se llevaban a la gente. A tres de nuestros hombres los vinieron a buscar en coches negros, se los llevaron directamente del campo y hasta hoy no han regresado. Siempre hemos vivido con miedo.

—No me gusta llorar. Prefiero que me cuenten chistes nuevos. En la zona de Chernóbil han plantado tabaco. En la fábrica de este tabaco han hecho cigarrillos. Y en cada paquete han puesto: «El Ministerio de Sanidad le previene ¡por última vez!: el tabaco es peligroso para la salud». Ja, ja, ja. En cambio, nuestros abuelos lo fuman.

—Lo único que me queda es la vaca. Pues mire, cogería y la daría con tal de que no hubiera guerra. ¡Cómo la temo!

—El cuco canta, las garzas rascan. Los venados corren. Pero si los habrá en el futuro, nadie sabe decirlo. Por la mañana miro a la huerta y veo que la han revuelto los jabalíes. A la gente la puedes cambiar de lugar, pero al alce o al jabalí, no. Tampoco el agua conoce fronteras, pues corre por la tierra y por debajo de ella.

—Una casa no puede estar sin habitar. Hasta las fieras necesitan del hombre. Todos buscan al hombre. Hoy ha venido una cigüeña. Y el escarabajo sale de su rincón. Y todo me llena de alegría.

—¡Oh, cómo duele, vecinas! ¡Qué dolor! Hay que hablar en voz baja. Hay que llevar el ataúd en silencio. Con cuidado. No vaya a ser que le des un golpe con la puerta o la cama; no se debe tocar ni golpear nada. Porque si no, habrá una nueva desgracia, ya puedes esperar otro difunto. Dios mío, protege sus almas. ¡Que de ellos sea el reino de los cielos! Y allí donde los entierran, allí mismo los lloran. Aquí todo son tumbas. Todo esto está lleno de tumbas. Los volquetes que zumban. Las excavadoras. Las casas se derrumban. Y los enterradores que no paran de trabajar. Han enterrado la escuela, la administración, los baños. El mundo es el mismo, pero las gentes ya no. Y sin embargo no sé si el hombre tiene un alma o no. El padre nos dice y nos promete que somos inmortales. Pero ¿cómo es el alma? ¿Y dónde caben todas en el otro mundo?

—El abuelo se estuvo muriendo durante dos días, yo me quedaba calladito junto a la estufa y vigilaba: a ver cuándo empezaría a salirle el alma. Fui a ordeñar a la vaca. Entro corriendo en la casa. Lo llamo. Y él, que está con los ojos abiertos. Y el alma que se le ha ido. ¿O no pasó nada? Y entonces, ¿cómo nos volveremos a ver?

—El padre dice y nos promete que somos inmortales. De modo que rezamos. Señor, dadnos fuerzas para sobrellevar las fatigas de nuestra vida.

MONÓLOGO ACERCA DE LAS LOMBRICES, EL MANJAR DE LAS GALLINAS Y DE QUE LO QUE HIERVE EN LA OLLA TAMPOCO ES ETERNO

El primer miedo...
El primer miedo cayó del cielo. Vino flotando con el agua. En cambio, alguna gente, y fue mucha, estaba tranquila como una roca. ¡Se lo juro por la Cruz! Los hombres mayores se ponían a beber y decían: «Llegamos a Berlín y vencimos». Y lo decían como quien lo graba en la pared. ¡Vencedores! ¡Con sus medallas!
El primer miedo fue... Por la mañana en el huerto encontramos los topos asfixiados. ¿Quién los asfixió? Por lo común no salen a la luz de debajo de la tierra. Alguien los echó de allí. ¡Se lo juro por la Cruz!
El hijo me llama de Gómel:
—¿Los escarabajos vuelan?
—No hay escarabajos. Ni se ven por parte alguna larvas. Se han escondido.
—¿Y lombrices?
—Cualquier lombriz que encuentres es un manjar para las gallinas. Pero tampoco las hay.
—Esa es la primera señal: donde no se ven ni escarabajos ni lombrices, es que allí es alta la radiación.
—¿Qué es eso de la radiación?

—Mamá, es una especie de muerte. Convenza a papá para que se vayan. Vivirán con nosotros.
—Pero si no hemos plantado la huerta.
Si todos fueran listos, ¿quién haría de tonto? Que arde, pues que arda. Los incendios son algo temporal; nadie los temía entonces. No conocían el átomo. ¡Se lo juro por la Cruz! Y eso que vivíamos pegados a la central nuclear; a 30 kilómetros en línea recta y 40 si vas por carretera. Y contentos que estábamos. Te compras un billete y te vas para allá. Pues se abastecían allí como en Moscú. Salchichas baratas y carne siempre en las tiendas. La que quieras. ¡Buenos tiempos aquellos!
Pero ahora solo queda el miedo. Cuentan que las ranas y las moscas se quedarán, pero los hombres, no. La vida se quedará sin los hombres. Cuentan cuentos y más cuentos. ¡Y al que le gusten es un bobo! Pero no hay cuento sin parte de verdad. Es una vieja canción.
Pongo la radio. Y no paran de asustarnos con lo de la radiación. En cambio, nosotros vivimos mejor con la radiación. ¡Se lo juro por la Cruz! Mira tú misma: nos han traído naranjas, tres tipos de salchichas, lo que quieras. ¡Y eso en el pueblo! Mis nietos han recorrido medio mundo. La nieta menor regresó de Francia; eso es ese sitio desde donde nos vino a invadir Napoleón. ¡Abuela, he visto piñas americanas! Al segundo nieto, hermano de la otra, se lo llevaron a Berlín para curarlo. Allí, de donde Hitler nos vino a invadir. En tanques.
Ahora es un nuevo mundo. Todo es distinto. ¿Será culpa de la radiación o de qué? ¿Y cómo es? Puede que se la hayan enseñado en el cine. ¿Usted la ha visto? ¿Es blanca o cómo? ¿De qué color? Unos dicen que no tiene ni color ni olor; otros, en cambio, que es negra. ¡Como la tierra! Aunque si no tiene color, es como Dios: Dios está en todas partes y nadie lo ve. ¡Nos quieren asustar! Y, en cambio, las manzanas cuelgan del árbol y las hojas también, igual que la patata crece en el campo.

Yo creo que no ha habido ningún Chernóbil; que se lo han inventado. Engañan a la gente. Mi hermana y su marido se marcharon. No lejos de aquí, a unos veinte kilómetros. Vivieron allí dos meses y, un día, viene corriendo una vecina y les dice:

—La radiación de vuestra vaca se ha pasado a la mía. La vaca se cae.

—¿Y cómo es que se ha pasado?

—Pues porque vuela por el aire, como el polvo. Y se pasa volando.

¡Cuentos! Cuentos y más cuentos.

En cambio esto que le cuento yo es verdad. Mi abuelo tenía abejas; cinco colmenas tenía. Pues bien, las abejas se pasaron tres días sin salir; ni una. Allí se quedaron, dentro de la colmena. Aguardando. El abuelo que va de aquí para allá por el patio: ¿qué peste será ésta? ¿Qué peste negra? Algo ha pasado en la naturaleza. Porque resulta que su sistema, como nos explicó al cabo de un tiempo un vecino que es maestro, es mejor que el nuestro; son más listas, porque enseguida se lo olieron. La radio y los periódicos aún no decían nada, y en cambio las abejas ya lo sabían. Solo al cuarto día salieron a volar.

Y las avispas. Había unas avispas, un avispero junto al zaguán, nadie las molestaba, y aquel día por la mañana desaparecieron. No se las vio ni vivas ni muertas. Y regresaron a los seis días. Eso es cosa de la radiación.

La radiación espanta a los hombres y también a los animales del bosque. Y a los pájaros. Hasta el árbol la teme, lo que pasa es que está callado. No te dirá nada. En cambio, los escarabajos de Colorado siguen como estaban, comiéndose la patata, zampándose hasta la última hoja, pues están hechos al veneno. Como nosotros.

Pero a veces pienso: en cada casa hay algún muerto. Allí en otra calle, al otro lado del río. Todas las mujeres se han quedado ahora sin hombres; los hombres han muerto. En nuestra calle vive mi abuelo, y por allá hay otro. Dios se lleva antes a los hombres. ¿Por qué razón?, me pregunto. Nadie nos lo traduce en palabras. Aunque, también, si una se pone a pensar: de quedarse solo los hombres, tampoco sería bueno.

Y beben, hija mía, beben. De tristeza, beben. Porque, ¿quién quiere morir? Cuando alguien muere, ¡sientes una tristeza! Y no encuentras consuelo. Ni nadie ni nada te pueden consolar. Beben y charlan. Se devanan los sesos. Beben, ríen y ¡zas!, otro que se ha ido.

Todos sueñan con una muerte llevadera. Pero ¿cómo merecerla?

Solo el alma vive, hija mía.

Nuestras mujeres, cariño, están todas vacías; cuente usted que a una de cada tres le han cortado lo que tiene de mujer. Tanto si es joven como si es vieja. No todas han llegado a parir. En cuanto lo pienso... Y todo ha pasado en un suspiro.

¿Y qué más le puedo añadir? Hay que vivir. Y no hay más.

Porque, mire usted... Antes, nosotros mismos batíamos la mantequilla, la flor de la leche; hacíamos el requesón y el queso. Cocíamos nuestro engrudo de leche. ¿Comen de eso en la ciudad? Cubres con agua la harina y la mezclas y te salen unos pedazos sueltos de masa; entonces, los echas en la cazuela con agua hirviendo. Lo pones todo al fuego lento y lo blanqueas con la leche. Así nos lo enseñó nuestra madre: «Aprendedlo también vosotros, hijos míos. Porque yo también lo aprendí de mi madre». Bebíamos jugo de abedul y de arce: *beriózovik* y *klenóvik*. Las judías verdes sin desgranar las cocíamos en la olla en el gran horno. Hacíamos jalea de bayas rojas. Y durante la guerra, recogíamos ortiga, armuelle y otras hierbas. Del hambre, se nos hinchaba el cuerpo, pero no nos moríamos. Recogíamos bayas en el bosque..., setas...

Y ahora, ya ve qué vida; todo aquello se ha ido al traste. Y nosotros que nos creíamos que todo aquello era indestructible, que sería así para siempre. Que lo que hierve en la olla es eterno. Nunca me hubiera creído que todo cambiaría. Pero así son las cosas... La leche, prohibida; las legumbres, prohibidas. Nos prohíben las setas, las bayas... Nos han mandado que la carne hay que tenerla tres horas a remojo... Y a la patata, cambiarle el agua dos veces cuando la cueces... Pero medirte con Dios es inútil. Hay que vivir.

Nos meten el miedo en el cuerpo de que nuestra agua no se puede beber. Pero ¿cómo se puede estar sin agua? Cada persona necesita su agua. No hay nada sin agua. El agua la encuentras hasta en las piedras. Y bien, ¿puede ser que el agua sea eterna? Toda la vida está hecha de ella. ¿Y a quién le vas a preguntar? Nadie te dice nada. Hasta a Dios le rezan, pero a él no le preguntan. ¡Porque hay que vivir!

Ya ve, el grano ha crecido. Buena cosecha...

ANNA PETROVNA BADÁYEVA,
residente en la zona contaminada

MONÓLOGO ACERCA DE UNA CANCIÓN SIN PALABRAS

Le besaría a usted los pies. Se lo suplico. Encuéntrenos a Anna Sushkó. Vivía en nuestra aldea. En Kozhushkí. Anna, de apellido Sushkó. Le daré todos los detalles y usted publíquelo. Es jorobada. Y muda desde niña. Vivía sola. De sesenta años. Durante la evacuación, la metieron en una ambulancia y se la llevaron en dirección desconocida. No sabe ni leer ni escribir, por eso no hemos recibido ninguna carta de ella. A la gente sola y enferma la ingresaban en asilos. La escondían. Pero nadie sabe las direcciones.
 Publíquelo.
 Toda la aldea le tenía lástima. La cuidábamos como si fuera una criatura. Uno le cortaba la leña; el otro le llevaba la leche. Un tercero le hacía compañía por las tardes. Le encendía la estufa...
 Durante dos años, después de padecer en diferentes lugares, hemos regresado a nuestras casas. Dígale que la suya está entera. Tiene techo y ventanas... Y lo que esté roto o lo hayan robado, lo arreglaremos entre todos. Denos solo una dirección, dónde vive la pobre, que iremos a buscarla y la traeremos. La traeremos de vuelta. Para que no se muera de la tristeza. Le besaría a usted los pies. Un alma inocente sufre en algún rincón extraño.
 Y otro detalle... Me había olvidado... Cuando le duele

algo, se pone a cantar una canción. Sin palabras. Solo con la voz. Porque hablar no puede. Cuando le duele algo, tararea una canción: «ta-ra-rá»... Así se queja.
Ta-ra-rá...

María Volchok,
vecina

TRES MONÓLOGOS ACERCA DE UN TERROR ANTIGUO Y DE POR QUÉ UN HOMBRE CALLABA MIENTRAS HABLABAN LAS MUJERES

Hablan: Familia K-v. Madre e hija. Y un hombre, que no abrió la boca (el marido de la hija).

La hija:
Al principio lloraba día y noche. Quería llorar y hablar... Somos de Tayikistán, de Dushanbé.* Allí hay guerra...
No puedo hablar de eso... Espero un niño, estoy embarazada. Pero le contaré...
Entran un día unos en el autobús para comprobar los pasaportes. Gente corriente, solo que con metralletas. Miran los pasaportes y van echando del autobús a los hombres. Y allí mismo, junto a las portezuelas... Disparan... Ni siquiera se los llevan de allí... Nunca lo hubiera creído. Pero lo he visto. Vi cómo sacaron a dos hombres, uno joven aún, guapo, que les gritaba algo. En tayiko, en ruso. Les gritaba que su mujer había parido hacía poco, que tenía tres críos pequeños en casa. Y ellos no hacían otra cosa que reírse; eran también jóvenes, muy jóvenes. Gente corriente, solo que con ametralladoras. El joven cayó. Les besaba las zapatillas. To-

* Capital de Tayikistán. *(N. del T.)*

dos callaban. Todo el autobús. En cuanto nos pusimos en marcha, ta-ta-ta... Me dio miedo mirar atrás. *[Llora.]*
No debo hablar de esto. Espero un niño. Pero le contaré... Solo le pido una cosa: no diga mi apellido; el nombre, sí: Svetlana. Hemos dejado parientes allí. Los matarían.
Antes pensaba que nunca más tendríamos guerra. Era un gran país, nuestro querido país. ¡El más poderoso del mundo! Antes nos decían que en la Unión Soviética vivíamos pobremente, con escasos medios, porque habíamos pasado una gran guerra, el pueblo había sufrido; en cambio, ahora teníamos un ejército poderoso y nadie se metería con nosotros. ¡Nadie nos podría vencer!
Así que nos empezamos a matar los unos a los otros. Ahora no es una guerra como la de antes. El abuelo recordaba aquella guerra; él llegó hasta Alemania. Hasta Berlín. Ahora, el vecino dispara contra el vecino; chicos que han estudiado juntos en la escuela se matan entre ellos, violan a las chicas con las que se habían sentado en la misma clase. Todos se han vuelto locos.
Nuestros maridos callan. Los hombres callan. Y no le dirán nada.
Mientras escapaban, les gritaban que huían como mujeres, ¡cobardes! Traidores a la patria. Pero ellos, ¿qué culpa tienen? ¿Qué culpa tienen si no pueden disparar? ¿Si no quieren?
Mi marido es tayiko; tenía que ir a la guerra y matar. Él, en cambio, me decía: «Vayámonos de aquí. No quiero ir a la guerra. No necesito para nada un arma». Le gusta trabajar de carpintero, cuidar los caballos. No quiere disparar. Tiene un corazón así... Tampoco le gusta la caza. Allí está su tierra, pero se ha marchado, porque no quiere matar a otro tayiko, a otro como él. A una persona a la que conoce y que no lo ha ofendido en nada. Allí, ni siquiera escuchaba la tele. Se tapaba los oídos.
Pero aquí se siente solo; allá están sus hermanos, que lu-

chan; a uno ya lo han matado. Allí vive su madre. Las hermanas. Llegamos aquí en el tren de Dushanbé, en un vagón sin cristales, con un frío terrible, sin calefacción. No disparaban contra nosotros, pero por el camino nos tiraban piedras contra las ventanillas; se rompieron los cristales. «¡Rusos, largo de aquí! Invasores. Basta de robarnos.» Y él, un tayiko, tenía que oír todo eso.

Nuestros hijos también lo oían. Nuestra hija estudiaba en la primera clase,* estaba enamorada de un niño. Un tayiko. Un día, viene de la escuela y me pregunta: «Mamá, ¿yo qué soy, tayika o rusa?». Y no hay modo de podérselo explicar.

No debo hablar de eso. Pero le contaré...

Allí, los tayikos del Pamir luchan contra los tayikos de Kuliab. Todos son tayikos; tienen un solo Corán, la misma fe, pero los de Kuliab matan a los del Pamir, y los del Pamir matan a los de Kuliab. Primero se reunían en la plaza; gritaban y rezaban. Yo quería comprender y también fui allí. Y pregunté a los viejos: «¿Contra quién estáis?». Y me contestaron: «Contra el Parlamento. Nos han dicho que este Parlamento es mala gente».

Luego, la plaza se quedó vacía y empezaron a disparar. Y al instante el país se convirtió en algo distinto, desconocido. ¡Oriente! En cambio, hasta entonces creíamos que vivíamos en nuestra tierra. Según las leyes soviéticas. Han quedado allí tantas tumbas rusas, y nadie para llorar a los muertos. En los cementerios rusos sueltan a pacer el ganado. Las cabras. Los ancianos rusos recorren los basureros en busca de alguna cosa.

Yo trabajaba en la maternidad, de enfermera. Una noche que estaba de guardia, una mujer que estaba dando a luz paría con dificultad, gritaba. En eso entra corriendo una auxiliar. Con guantes sin esterilizar, la bata tampoco. ¿Qué ha

* La escuela, en la que se estudia de primero a décimo curso, se empieza a los siete años. *(N. del T.)*

pasado? ¿Qué había sucedido para que alguien entre así en una sala de partos?
—¡Chicas, bandidos! —grita.
En eso, entran unos con máscaras negras, armados. Y se lanzan contra nosotras:
—¡Dadnos las drogas! ¡Queremos alcohol!
—¡No tenemos drogas, y tampoco hay alcohol!
El médico, a punta de fusil, contra la pared.
—¡A ver!
Y en eso, que la mujer que estaba de parto lanzó un grito de alivio. Un grito de alegría. Y la criatura rompió a llorar: justo acababa de aparecer. Me incliné sobre el recién nacido, ni siquiera hoy recuerdo si era niño o niña. Aún no tenía ni nombre ni nada. Y estos bandidos que se vienen contra nosotros y nos preguntan que quién era, si de Kuliab o del Pamir. No si era niño o niña, sino si era de Kuliab o de Pamir. Nos quedamos calladas. Y aquéllos que gritan:
—¡Que de quién es!
Seguimos calladas. Entonces, agarraron a aquella criatura, que llevaría unos cinco o diez minutos en este mundo, y lo tiraron por la ventana... Soy enfermera y he visto más de una vez la muerte de un niño. Pero eso... El corazón casi se me escapa del pecho... No debo recordar aquello... *[Llora de nuevo.]*
Después de aquel suceso, se me cubrieron las manos de eccema. Se me hincharon las venas. Y me entró una apatía hacia todo que... Ni quería levantarme de la cama. Me encaminaba hacia el hospital y daba media vuelta. Yo misma esperaba un bebé. ¿Cómo vivir? ¿Cómo podía parir allí? Nos vinimos aquí. A Belarús. A Narovlia, una ciudad tranquila, pequeña. Y ya no me pregunte más. Se lo he contado todo, que no me toquen. *[Calla.]*
Espere... Quiero que sepa una cosa... Yo no temo a Dios. A mí lo que me da miedo son los hombres.
Al principio, preguntábamos a la gente de aquí: «¿Dónde

está esa radiación?». «Allí donde estéis, allí habrá radiación.» ¿Entonces qué, es por todo el país? *[Se seca las lágrimas.]* La gente se ha marchado. Por miedo.

A mí, en cambio, no me da tanto miedo como me daba allí. Nos hemos quedado sin patria, no somos de ninguna parte. Todos los «alemanes* se han marchado a Alemania; los tártaros,** cuando les dejaron, se marcharon a Crimea; a los rusos, en cambio, nadie los quiere.

¿En qué confiar? ¿Qué esperar? Rusia nunca ha protegido a los suyos, porque es un país grande, infinito. Si he de serle sincera, yo no siento que mi patria sea Rusia; nos hemos educado de otro modo: nuestra patria era la Unión Soviética.

Y ahora, ya lo ve, ya ni sabes cómo salvar tu alma. Al menos aquí no hay tiros; menos mal. Nos han dado casa, mi marido tiene trabajo.

Hasta escribí a unos conocidos. Ayer llegaron. A quedarse para siempre. Llegaron de noche y tenían miedo de salir del edificio de la estación. Con los niños agarrados, se pasaron la noche sobre las maletas. Esperando la mañana. Y luego, miran y ven que la gente anda por la calle, ríe y fuma. Les indicaron la calle donde vivimos y los acompañaron hasta la misma puerta.

No había modo de que recobraran la calma, porque allí se desacostumbra uno a la vida normal, a la vida en paz. A que por las noches puedes andar por las calles. A que te puedas reír... Luego se dirigieron por la mañana a una tienda y vieron que había mantequilla, crema de leche y allí mismo, sin salir de la tienda —me lo han contado ellos—, compraron

---

* Alemanes del Volga, colonos llegados a Rusia en los tiempos de Catalina la Grande, represaliados durante la invasión nazi. La mayoría ha emigrado tras la perestroika. *(N. del T.)*

** Deportados en masa de Crimea a Asia Central por Stalin, en 1944, acusados, como otros pueblos, de colaborar con los nazis. *(N. del T.)*

cinco botellas de crema y se la bebieron al momento. La gente los miraba como si se hubieran vuelto locos. Cuando la verdad es que no habían visto la mantequilla ni la crema de leche en dos años. Allí no compras ni el pan... Allí hay guerra. Es algo que no se puede explicar a una persona que no ha visto hoy lo que es una guerra. Que la ha visto solo en el cine.

Allí tenía el alma muerta. ¿A quién hubiera dado a luz allí, con el alma muerta? Aquí hay poca gente. Las casas están vacías. Vivimos junto al bosque. Tengo miedo cuando hay mucha gente. Como en la estación. Durante la guerra. *[Rompe a llorar entre sollozos y se queda callada.]*

La madre:
Yo solo le hablaré de la guerra. Solo le puedo hablar de la guerra. ¿Por qué hemos venido aquí? ¿A las tierras de Chernóbil? Porque de aquí ya no nos echarán. De esta tierra, no. Porque ya no es de nadie. Solo es de Dios. Los hombres la han abandonado.

En Dushanbé trabajaba de segundo jefe de estación; también había otro segundo, un tayiko. Nuestros hijos crecieron y estudiaron juntos, nos sentábamos en la misma mesa durante las fiestas: en Año Nuevo, el Primero de Mayo. En el Día de la Victoria... Juntos bebíamos vino y comíamos *plov.** Él se dirigía a mí diciéndome: «Eres mi hermana. Mi hermana rusa». Y en esto que llega un día —trabajábamos en el mismo despacho—, se para delante de mi mesa y me grita:

—¡Cuándo te largarás a tu Rusia! ¡Esta es nuestra tierra!

En aquel momento pensé que iba a perder la razón. Pero me levanté de un salto y le dije:

—¿La chaqueta que llevas de dónde es?

---

* Plato de arroz con diversos ingredientes de carne y verduras según la religión, parecido a la paella incluso en su forma de preparación. *(N. del T.)*

—De Leningrado —me contestó sin pensar, por la sorpresa.

—¡Quítate esta chaqueta rusa, miserable! —Y le arranqué la chaqueta—. ¿Y esta gorra? ¿No decías que te la habían traído de Siberia? Bien orgulloso que estabas de ella. ¡Pues ahora quítatela, maldito! ¡A ver, tu camisa! ¡Los pantalones! ¿O no es de una fábrica de Moscú? ¡Pues también son rusos!

Lo hubiera dejado en calzoncillos. Era un tipo enorme; yo le llegaba a los hombros. Lo cierto es que, en aquel instante, no sé cómo, pero me sentí con fuerzas suficientes para quitárselo todo. La gente se arremolinó a nuestro alrededor. Y el hombre se puso a chillar:

—¡Déjame en paz, te has vuelto loca!

—¡Nada de eso, dame todo lo mío, todo lo que es ruso! ¡Me llevaré todo lo mío! —Creí que perdía la chaveta—. ¡Quítate los calcetines! ¡Los zapatos!

Trabajábamos día y noche. Los convoyes iban repletos. La gente huía. Muchos rusos dejaban sus casas. ¡Miles de personas! ¡Decenas de miles! ¡Centenares de miles! Era otra Rusia más. Un día, a las dos de la madrugada, después de dar la salida al expreso de Moscú, vi que en la sala se habían quedado dos niños de Kurgán-Tiubé, que perdieron el tren. Los encerré en la sala, los escondí. En eso que se me acercan dos. Con fusiles.

—Chicos, pero ¿qué hacéis aquí? —Y mientras tanto, el corazón en un puño.

—Tú tienes la culpa, has dejado las puertas abiertas.

—He ido a dar la salida al tren. No he tenido tiempo de cerrarlas.

—¿Qué niños son estos?

—Son de aquí, de Dushanbé.

—¿No serán de Kurgán? ¿O de Kuliab?

—No, no. Son de los nuestros.

Los tipos se fueron. Pero ¿y si hubieran entrado en la sala?

¡Los hubieran matado a todos, y a mí, de propina, una bala en la frente! Allí solo reina un poder: el del hombre armado. A la mañana, los subí al tren de Ástrajan; les dije a las chicas que los metieran en el vagón de las sandías, y con las puertas bien cerradas. *[Primero calla. Luego llora durante largo rato.]*
¿Hay algo más pavoroso que el hombre? *[Calla de nuevo.]*
Incluso aquí, cuando iba por la calle, a cada momento miraba para los lados; me parecía que a mis espaldas alguien ya estaba a punto de... Que me estaba esperando. Porque allí no había día en que no pensara en la muerte. Cada día salía de casa con toda la ropa limpia, con la blusa y la falda, la ropa interior, recién lavadas. ¿Y si de pronto me matan?
Ahora, en cambio, ando sola por el bosque y no le tengo miedo a nadie. En el bosque no hay gente, ni un ser vivo. Voy paseando y me pregunto: ¿Será cierto o no lo que me ha sucedido? A veces, das con algún cazador: con su escopeta, el perro y el dosímetro. También son gente armada, pero es otra cosa, no persiguen a los hombres. Si oigo algún tiro, sé que están cazando cornejas o alguna liebre. *[Calla.]*
Por eso aquí no tengo miedo. No puedo tenerle miedo a la tierra, al agua. A quien temo es al hombre. Allí, en el mercado, por cien dólares te puedes comprar una ametralladora.
Recuerdo a un muchacho. Era tayiko. Perseguía a otro chico. ¡Quería dar caza a otro hombre! Por la manera de correr, de respirar, enseguida comprendí que quería matarlo. Pero el otro se escabulló. Huyó. En eso que el primero regresa, pasa a mi lado y me pregunta:

—Oiga, ¿dónde puedo beber agua por aquí? —Y me lo pregunta como si tal cosa, con toda normalidad. En la estación teníamos un bidón con agua, y le indiqué dónde estaba. Entonces lo miro a los ojos y le digo..., le digo:

—¿Por qué os perseguís los unos a los otros? ¿Por qué os matáis?

El muchacho hasta sintió vergüenza:

—No hable tan alto.

Pero cuando van juntos, son otros. De haber sido tres y hasta dos, me hubieran puesto contra el paredón. Con una sola persona aún se puede hablar.

De Dushanbé llegamos a Tashkent, y de ahí debíamos dirigirnos a Minsk. No había billetes. No hay billetes y punto. Lo tienen bien montado; hasta que no los untas no subes al avión; se meten con todo: que si el peso, que si el tamaño; esto está prohibido, esto no se puede llevar. Dos veces me mandaron a la báscula, por poco no caigo en la cuenta, le di a uno dinero bajo mano. Entonces me dice:

—A buenas horas te despiertas, a qué tanto discutir.

Y todo arreglado en un santiamén. Pero antes de eso, llevábamos un contenedor, dos toneladas, y nos lo hicieron descargar.

—Vienen ustedes de una zona caliente; a lo mejor llevan armas. Hachís...

Dos días nos estuvieron mareando. De modo que fui a ver al jefe y allí, en la recepción, di con una buena mujer; ella fue la primera en aclararme las cosas:

—No va usted a conseguir nada, y si se pone a reclamar un trato justo lo único que conseguirá es que tiren su contenedor al campo y que allí le desvalijen hasta el último trapo.

¿Qué hacer? Nos pasamos una noche en vela, sacaron para ver todo lo que llevábamos: ropa, colchones, nuestros viejos muebles, la vieja nevera, dos sacos de libros.

—¿No serán libros de valor?...

Miraron: *Qué hacer*, de Chernishevki, *Tierras roturadas*, de Shólojov,* y se nos rieron en la cara.

—¿Cuántas neveras llevan?

—Una, y además nos la han roto.

—¿Por qué no pidieron una declaración de carga?

—¿Y quién nos la iba a dar? Es la primera vez que huimos de una guerra.

---

* Obras clásicas de la época soviética. *(N. del T.)*

Hemos perdido dos patrias a la vez: nuestro Tayikistán y la Unión Soviética.

Me voy a andar por el bosque y pienso en mis cosas. Los demás, todos están delante de la tele, a ver qué pasa por allí. ¿Qué sucede? Pero yo no quiero saberlo.

Hubo una vida... Otra vida. Se me consideraba una persona importante; hasta tengo un grado militar: teniente coronel de las tropas de ferrocarriles. Aquí he estado, parada, hasta que encontré un trabajo de mujer de la limpieza en el ayuntamiento. Friego suelos.

Una vida ha quedado atrás. Y para otra ya no me quedan fuerzas.

Aquí unos se compadecen de nosotros, otros están descontentos: «Los refugiados roban las patatas. Las desentierran por la noche».

En la otra guerra, como recordaba mi madre, la gente se compadecía más de los demás.

Hace poco encontraron en el bosque un caballo salvaje. Estaba muerto. En otro lugar, una liebre. No los habían matado, sino que estaban muertos. Y ha cundido el temor. Pero un día se encontraron a un vagabundo muerto y el hecho pasó casi desapercibido.

En todas partes, la gente se ha acostumbrado a ver personas muertas...

Lena M., de Kirguistán. En el umbral de la puerta, como para una fotografía; junto a ella se sentaban sus cinco hijos y el gato Metelitsa, que se trajeron consigo:

Nos fuimos como si huyéramos de una guerra. Agarramos las cosas, el gato nos siguió los pasos hasta la estación, de modo que nos lo llevamos también. Viajamos en tren doce días; durante los últimos dos, solo nos quedaron unos botes de col agria y agua hervida. Unos con una estaca, otros con un martillo, hicimos guardia junto a la puerta. Y le diré lo siguiente.

Una noche nos asaltaron unos bandidos. Casi nos matan. Hoy te pueden matar por un televisor o por una nevera.

Viajamos como quien huye de la guerra, aunque en Kirguistán, allí donde estábamos, entonces aún no había tiros. Hubo matanzas en la ciudad de Osh. Entre kirguises y uzbekos. Pero la cosa se calmó enseguida. En apariencia. Aunque en el ambiente había un no sé qué por las calles... Le diré la verdad, había miedo. Nosotros éramos rusos y hasta aquí todo está claro, pero es que hasta los propios kirguises tenían miedo de eso. Eso sí, en sus colas por el pan, nos gritaban: «¡Rusos, largaos a vuestra casa! ¡Kirguistán para los kirguises!». Y nos echaban de la cola. Y algo más en kirguís, bueno algo así como que con el poco pan que tienen y aún tenían que repartirlo con nosotros. Entiendo mal su lengua, he aprendido unas palabras, para regatear en el mercado y comprar algo.

Antes teníamos una patria, ahora ya no la tenemos. ¿Quién soy yo? Mi madre era ucraniana; mi padre, ruso. Nací y me crié en Kirguistán, me he casado con un tártaro. Entonces, mis hijos, ¿qué son? ¿Qué nacionalidad tienen?

Nos hemos mezclado todos, llevamos muchas sangres mezcladas. En el pasaporte tengo a los hijos inscritos como rusos; pero nosotros no somos rusos. ¡Somos soviéticos! Aunque el país en el que yo nací ya no existe.

No existe ni el lugar que nosotros llamábamos nuestra patria. Ahora somos como los murciélagos.

Tengo cinco hijos: el mayor va a la octava clase; la pequeña, al jardín de infancia. Los he traído aquí. Nuestro país no existe, pero nosotros sí.

Yo he nacido allí; allí he crecido. Construí una fábrica, trabajé en ella. «Vete a tu tierra, porque aquí todo esto es nuestro.» No dejaban que me llevara nada, salvo los hijos. «Aquí todo es nuestro.» ¿Y lo mío dónde está? La gente huye. Se pone en marcha. Todo gente rusa. Soviética. Pero sobran en todas partes. En ninguna parte les espera nadie.

Yo en otro tiempo fui feliz. Todos mis hijos son fruto del amor. Así los fui pariendo: un niño, otro, luego un tercero, después una niña, y otra niña. No voy a seguir hablando. Me voy a poner a llorar. *[Pero añade unas palabras más:]*
Vamos a vivir en Chernóbil. Ahora esto es nuestra casa. Chernóbil es nuestra casa, nuestra patria. *[De pronto sonríe.]* Aquí los pájaros son iguales que en todas partes. Hasta hay un monumento a Lenin.

[Y ya junto a la valla, despidiéndose:] Por la mañana temprano oigo en la casa vecina unos martillazos y veo que alguien quita las tablas de las ventanas. Me encuentro a una mujer:

—¿De dónde son?

—De Chechenia.

Y no dice nada. Lleva un pañuelo negro.

La gente que me encuentro... se asombra. No entiende. ¿Qué haces con tus hijos —me repiten—; es que los quieres matar? ¡Eres una suicida! Yo no los mato, yo los estoy salvando. Mírame, con cuarenta años y con el pelo completamente blanco. ¡Cuarenta años! En una ocasión me vino a ver un periodista alemán y me preguntó: «¿Habría llevado usted a sus hijos donde hubiera peste y cólera?». Qué peste ni qué cólera. Este miedo de aquí yo no lo conozco. No lo veo. Y no lo tengo en mi memoria.

A quien temo es a los hombres. A la gente armada.

MONÓLOGO ACERCA DE QUE EL HOMBRE SOLO SE ESMERA EN LA MALDAD Y DE QUÉ SENCILLO Y ABIERTO ESTÁ A LAS PALABRAS SIMPLES DEL AMOR

He huido... He huido del mundo. Durante un tiempo vagabundeé por las estaciones; las estaciones me gustan, porque hay mucha gente y uno está solo. Luego me vine aquí. Aquí estoy a mis anchas.

Mi propia vida la he olvidado. No me pregunte por ella. Lo que he leído en los libros lo recuerdo, también lo que me ha contado otra gente; pero mi vida la he olvidado. Era muy joven. Y llevo un gran pecado... No hay pecado que el Señor no llegue a perdonar si es sincero el arrepentimiento que uno muestra.

Así son las cosas. La gente es injusta, solo el Señor es infinitamente paciente y caritativo.

Pero... ¿Por qué? No hay respuesta. El hombre no puede ser feliz. No debe serlo. Vio el Señor que Adán estaba solo y le dio a Eva. Para que fuera feliz y no para que pecara.

El hombre, en cambio, no consigue eso de ser feliz. Yo, por ejemplo, no puedo con los atardeceres. La oscuridad. Este tránsito... Como el de ahora mismo. El paso del día a la noche. Me paro a pensar y no logro comprender dónde he estado antes. ¿Dónde está mi vida? Ya ve...

Y me da igual: puedo vivir y puedo no vivir. La vida del hombre es como la hierba, que crece, se seca y se arroja al fuego.

Me ha entrado el gusto de pensar. Aquí puedes morir igual de una fiera que por culpa del frío. Y de tus pensamientos. En decenas de kilómetros no hay ni un alma.

Los demonios se expulsan con el ayuno y la oración. El ayuno es para la carne y la oración para el alma. Pero nunca estoy solo, el creyente nunca puede estar solo. Así son las cosas. Voy de aldea en aldea.

Antes encontraba macarrones, harina... Aceite... Conservas... Ahora consigo algo junto a las tumbas. Lo que les dejan a los difuntos: comida, bebida. A ellos no les hace falta. Y no se enfadan conmigo.

En el campo recojo algún cereal silvestre. En el bosque, setas, bayas. Aquí estoy a mis anchas. Leo mucho.

Abramos las páginas sagradas. El Apocalipsis de San Juan: «Y cayó del cielo una estrella que ardía como una antorcha, y cayó sobre la tercera parte de los ríos y de las fuentes del agua. Y el nombre de esta estrella es "ajenjo". Y la tercera parte de las aguas se convirtió en ajenjo y un sinnúmero de hombres perecieron por las aguas, porque estas se tornaron amargas».

Y descubro la verdad de esta profecía. Todo está escrito, anunciado en los libros sagrados, pero no sabemos leer. Nos cuesta entender. El ajenjo en ucraniano se llama «chernóbil». Y en las palabras se nos manda una señal. Pero el hombres es vanidoso, ruin... y pequeño.

En el padre Serguéi Bulgákov he leído lo siguiente: «Dios, sin duda, ha creado el mundo, o sea que el mundo en modo alguno puede no salir bien», y es necesario «soportar con valor y hasta el final la historia». Ya ve.

Y otro dice... No recuerdo el nombre... Me acuerdo de la idea: «El mal no es en esencia una sustancia, sino la ausencia del bien; del mismo modo que las tinieblas no son más que la ausencia de luz».

Aquí es sencillo dar con libros; es fácil encontrarlos. Un botijo de barro vacío no lo encuentras, como tampoco darás con cucharas o tenedores, pero los libros siguen ahí. No hace mucho me encontré un librito de Pushkin... «La idea de la muerte, mi alma acaricia.» Esto recuerdo. Ya ve qué cosas... «La idea de la muerte...»

Aquí estoy solo. Pensando en la muerte.

Me he aficionado a pensar. El silencio ayuda a prepararte. El hombre vive entre la muerte, pero no comprende qué es.

Estoy solo... Ayer eché a una loba y sus lobeznos de la escuela; allí se habían instalado.

¿Es verdadero el mundo grabado en la palabra? Esta es la pregunta. La palabra se halla en medio entre el hombre y el alma. Ya ve...

Y le diré más: las aves, los árboles, las hormigas... ahora me resultan más cercanos que antes. Antes no me conocía sentimientos parecidos. Ni me los suponía. También he leído en alguien: «Un universo sobre nuestras cabezas y un universo a nuestros pies». Pienso en todos ellos. El hombre da pavor. Y es extraño... Pero aquí uno no tiene ganas de matar a nadie. Pesco, tengo una caña. Ya ve. Pero a los animales no les disparo. Ni pongo trampas.

Mi personaje preferido, el príncipe Mishkin,* decía: «¿Acaso puede alguien ver un árbol y no ser feliz?». Pues eso... Me gusta pensar. En cambio, el hombre acostumbra más a quejarse, pero no piensa.

¿Para qué observar el mal? Que te solivianta, está claro... El pecado tampoco es algo físico. Es necesario reconocer lo no existente. Ya lo dice la Biblia: «Para el iniciado será otra cosa, para los demás es parábola». Tomemos un ave... U otro ser vivo... No podemos entenderlos, porque ellos viven para sí y no para los demás. Ya ve. Dicho en una palabra, a nuestro alrededor todo es pasajero.

Todo lo vivo anda sobre cuatro patas, mira a la tierra y a la tierra tiende. Solo el hombre se yergue sobre el suelo y

---

* El personaje central de *El idiota* de F. Dostoyevski. *(N. del T.)*

alza manos y cabeza hacia el cielo. Hacia la oración. Hacia Dios. La anciana reza en la iglesia: «Señor, perdona nuestros pecados». Pero ni el científico, ni el ingeniero ni el militar se reconocen pecadores. Pues piensan: «No tengo nada de que arrepentirme. ¿Por qué debo arrepentirme?». Ya ve...

Mis oraciones son sencillas. Rezo en silencio. ¡Señor, llévame a tu lado! ¡Escúchame! ¡El hombre solo se esmera en la maldad. Pero qué sencillo y abierto se muestra a las palabras sencillas del amor.

Hasta en los filósofos la palabra es algo aproximado respecto a la idea que han captado. La palabra solo responde de modo absoluto a lo que llevamos en el alma en la oración, en la idea hecha plegaria. Es algo que noto físicamente. Señor, llévame a tu lado. ¡Escúchame!

Y el hombre también...

Yo temo al hombre. Y, a la vez, siempre quiero encontrarlo. A un buen hombre. Ya ve...

Pero aquí viven solo o bandidos o gentes como yo. Mártires.

¿El apellido? No tengo papeles. Se los quedó la milicia. Me pegaron:

—¿Qué andas dando tumbos por ahí?

—Yo no voy dando tumbos, sino que purgo mi pena.

A lo que ellos me respondían con más golpes. Golpes en la cabeza...

De manera que escriba usted: Nikolái, siervo de Dios. Ahora ya un hombre libre.

CORO DE SOLDADOS

Artiom Bajtiárov, soldado; Oleg Leóntievich Vorobéi, liquidador; Vasili Iósifovich Gusinóvich, conductor-explorador; Guenadi Víktorovich Demeniov, miliciano; Vitali Borísovich Karbalévich, liquidador; Valentín Komkov, soldado y conductor; Eduard Borísovich Korotkov, piloto de helicóptero; Ígor Litvín, liquidador; Iván Alexándrovich Lukashuk, soldado; Alexandr Ivánovich Mijalévich, dosimetrista; Oleg Leonídovich Pávlov, capitán, piloto de helicóptero; Anatoli Borísovich Rybak, jefe de unidad de guardia; Víktor Sankó, soldado; Grigori Nikoláyevich Jvórost, liquidador; Alexandr Vasílevich Shinkévich, miliciano; Vladímir Petróvich Shved, capitán, y Alexandr Mijáilovich Yasinski, miliciano.

Nuestro regimiento se puso en marcha a la primera señal de alarma. Viajamos mucho tiempo. Nadie nos decía nada concreto. Solo en Moscú, en la estación de Bielorrusia, nos informaron de adónde nos llevaban. Un muchacho, creo que de Leningrado, protestó: «Quiero vivir». Lo amenazaron con llevarlo ante el tribunal militar. Así lo dijo el capitán ante la formación: «O a prisión o al paredón».

Yo experimentaba otros sentimientos. Completamente al revés. Quería hacer algo heroico. Poner a prueba mi carác-

ter. ¿Puede que fuera una reacción infantil? Pero gente como yo resultamos ser la mayoría, y en nuestra unidad servían chicos de toda la Unión Soviética. Rusos, ucranianos, kazajos, armenios... Nos sentíamos alarmados y, por alguna razón, alegres.
De modo que nos trajeron aquí. Llegamos a la central misma. Nos dieron una bata blanca y un gorrito blanco. Una mascarilla de gasa. Limpiamos el territorio. Un día trabajábamos abajo escarbando y arrancando restos, y otro arriba, sobre el techo del reactor. En todas partes con una pala. A los que se subían al techo, los llamaban «cigüeñas». Los robots no lo aguantaban; las máquinas se volvían locas. Nosotros, en cambio, trabajábamos. Sucedía que te brotaba sangre de los oídos, de la nariz. Te picaba la garganta. Te lloraban los ojos. Te llegaba un ruido constante y monótono a los oídos. Tenías ganas de beber, pero no tenías apetito. Se había prohibido la gimnasia matutina, para no respirar radiactividad en vano. Y marchábamos al trabajo en camiones descubiertos.
Pero trabajábamos bien. Y nos sentíamos muy orgullosos de ello.

Llegamos al lugar. Había una señal de ZONA PROHIBIDA. Yo no he estado en la guerra, pero tenía la sensación de vivir algo parecido. Algo que te brotaba de alguna parte de la memoria. ¿De dónde? Algo relacionado con la muerte.
Por los caminos nos encontrábamos perros asilvestrados y gatos. A veces se comportaban de manera extraña, no reconocían a los hombres, huían de nosotros. Yo no llegaba a comprender qué les pasaba, hasta que nos ordenaron que disparáramos contra ellos. Las casas selladas; la maquinaria abandonada... Era curioso ver aquello. No había nadie, solo nosotros, los milicianos, de patrulla.
Entras en una casa, ves las fotos que cuelgan, pero ni un alma. Los documentos tirados por el suelo: carnés del *kom-*

somol, carnés de identidad, diplomas de honor... De una casa nos llevamos prestado el televisor por un tiempo, en alquiler; pero no he notado que nadie se llevara nada a casa.

En primer lugar, tenías la impresión de que la gente iba a regresar de un momento a otro. Y en segundo lugar, era algo que tenía que ver con la muerte.

Algunos se acercaban hasta el bloque, al lado mismo del reactor. Para fotografiarnos. Queríamos fanfarronear en casa. Había miedo y a la vez una curiosidad insuperable: ¿Qué será eso? Yo, por ejemplo, no quise ir, tengo la mujer joven, no me arriesgué; en cambio otros se echaban dentro 200 gramos de vodka y se iban para allá. Ya ve... *[Tras un silencio.]* Regresamos con vida. O sea que todo en orden.

Empezaba una nueva guardia. Patrullábamos la zona. Una luna clara. Se diría que un enorme farol colgado.

La calle de un pueblo. Ni un alma. Al principio, aún se veía luz en las casas, luego cortaron la corriente.

Pasamos con el coche por un pueblo y delante de la puerta de una escuela se nos cruza corriendo un jabalí. O ves un zorro. En las escuelas, en los clubes de los pueblos, vivían animales salvajes. Los carteles aún colgados: NUESTRA META ES LA FELICIDAD DE TODA LA HUMANIDAD, EL PROLETARIADO MUNDIAL VENCERÁ, LAS IDEAS DE LENIN VIVIRÁN ETERNAMENTE... En las oficinas de los koljoses veías las banderas rojas, banderines que parecían recién estrenados, montones de diplomas con los perfiles de los líderes. En las paredes, imágenes de los líderes; sobre las mesas, los líderes en estatuas de yeso. En todas partes monumentos militares. No me encontré con otros monumentos. Un cementerio en el campo. Casas levantadas de cualquier manera, establos grises de hormigón, talleres para tractores. Y, de nuevo, pequeños y grandes «Túmulos de la gloria». «¿Y esto es nuestra vida? —me preguntaba yo mirando todo con nuevos ojos—. ¿Esto había sido nuestra vida?» Como si una tribu guerrera hubiera levantado su campamento provisional... Y se hubiera marchado no sé adónde.

CORO DE SOLDADOS

Chernóbil hizo que me explotara la sesera. Y empecé a pensar.

Una casa abandonada. Cerrada. Un gatito en la ventana. Pensé que era de barro. Me acerco y está vivo. Se había comido todas las flores de los tiestos. Los geranios. ¿Cómo llegó hasta allí? ¿O se lo olvidaron?
En la puerta, una nota: «Querido buen hombre de paso: no busques objetos de valor. No los hay ni los hemos tenido. Haz uso de todo, pero no lo destroces. Regresaremos». En otras casas he visto inscripciones con pintura de diferentes colores: «Perdónanos, querida casa nuestra». Se despedían de la casa como de una persona. Escribían: «Nos vamos por la mañana», o «Nos vamos por la tarde», anotaban la fecha, incluso la hora y los minutos. Notas con letra infantil sobre hojas de cuadernos escolares. «No maltrates al gato. Las ratas se lo comerán todo.» O: «No mates a nuestra Zhulka. Es buena». *[Cierra los ojos.]*
Lo he olvidado todo. Solo recuerdo que estuve allí, pero no me acuerdo de nada más. Lo he olvidado todo. A los tres años de haberme licenciado, no sé qué me pasó con la memoria. Ni los médicos se lo explicaban. No puedo contar el dinero, pierdo la cuenta. Voy de un hospital a otro.
¿Se lo he contado ya o no? Te acercas a una casa y piensas: está vacía. Abres la puerta y ves sentado un gato... Bueno, y esas notas de los niños...

Nos alistaron. Y las órdenes eran las siguientes: no permitir el paso a las aldeas desalojadas a los habitantes locales. Nos apostábamos en barreras cerca de los caminos, construíamos refugios, torres de vigilancia. Nos llamaban, Dios sabe por qué, «guerrilleros». Eran tiempos de paz. Y nosotros, en cambio, de guardia. Con uniforme militar. Los campesinos no comprendían por qué, por ejemplo, no se podían llevar de su casa un balde, un jarro, la sierra o el hacha. Labrar las huertas. ¿Cómo poder explicárselo? Y lo cierto es que, a un lado del camino, se encontraban los soldados, sin dejar pasar a nadie, y al otro pacían las vacas, rugían las cosechadoras, trillando grano.

Ves a unas mujeres en corro que lloran: «Chicos, dejadnos pasar. ¿No veis que es nuestra tierra. Nuestras casas». Y nos traen huevos, tocino, «samogón»...* Lloraban por su tierra envenenada. Por sus muebles. Sus cosas.

Ese era nuestro cometido: no dejarlas pasar. Una mujer con un cesto de huevos: a confiscarlos y a enterrarlos. Ha ordeñado una vaca y lleva la leche en el cubo, y a su lado va un soldado para enterrar la leche. Que habían sacado a escondidas unas patatas, pues a quitárselas. Lo mismo con la remolacha, la cebolla, la calabaza. A enterrarlo todo.

Lo bueno es que todo había crecido como nunca, de manera asombrosa. ¡Qué hermosura alrededor! El otoño dorado.

Todos tenían caras de locos. Ellos y nosotros.

En cambio, en los periódicos se lanzaban vivas a nuestro heroísmo. Qué muchachos más valientes que éramos. Komsomoles, ¡voluntarios!

Pero ¿quiénes éramos en realidad? ¿Qué hacíamos? Me gustaría saberlo. Leerlo en alguna parte. Y eso que yo mismo estuve allí.

Yo soy hombre de armas; a mí me dan una orden y yo la cumplo. He prestado juramento. Pero esto no es todo. También hubo actos heroicos. Se nos educaba con ese fin. Y se animaba a ello ya desde la escuela. También los padres. Intervenían a propósito consejeros políticos. La radio, la televisión. Cada uno reaccionaba de manera diferente: unos querían que les

---

* Vodka casero, destilado clandestinamente en casa. *(N. del T.)*

hicieran entrevistas, salir en los periódicos. Para otros se trataba de un trabajo más, y unos terceros... Yo me vi con unos y con otros, y puedo decir que estos hombres vivían con el sentimiento de que estaban realizando un acto heroico. Estaban escribiendo la historia. Nos pagaban bien, pero el tema del dinero parecía no plantearse. Mi sueldo es de 400 rublos, y allí cobraba 1.000 (rublos soviéticos, de los de entonces). Para aquellos tiempos era mucho dinero. Luego nos lo echaron en cara: «Allí, recogiendo el dinero a espuertas, y ahora que habéis vuelto, que si coches, que si muebles sin hacer cola». Duele, está claro. Porque aquello también fue algo heroico.

Antes de viajar allí me invadió el miedo. Por poco tiempo. Pero allí el miedo se esfumaba. Si hubiera podido ver ese miedo... Órdenes. Trabajo. Tareas. Yo tenía ganas de ver el reactor desde arriba, desde un helicóptero: ¿qué es lo que había pasado allí en realidad? ¿Cómo se veía aquello? Pero estaba prohibido.

En la tarjeta me han apuntado 21 roentgen, pero no estoy convencido de que esto sea así. El principio era de lo más simple: llegas de un vuelo al centro del distrito de Chernóbil (por cierto, es una ciudad pequeñita, nada que ver con algo grandioso, como me lo imaginaba yo), y allí está el dosimetrista; el hombre realizaba las medidas del umbral a diez o quince kilómetros de la central. Estas mediciones se multiplicaban luego por la cantidad de horas que volábamos al día. Pero yo de allí me dirigía con el helicóptero al reactor: ida y vuelta, el pasillo en las dos direcciones, y un día allí subía a 80 roentgen, y al siguiente alcanzaba los 120. Por la noche me pasaba dos horas dando vueltas por encima del reactor. Realizábamos filmaciones de rayos infrarrojos: se decía que así se detectaban los trozos del grafito diseminado. Durante el día no se los podía ver.

He hablado con científicos. Uno decía: «Podría hasta lamer este helicóptero suyo y no me pasaría nada». Y otro: «Pero, chavales, ¿qué hacéis sin trajes de protección? ¿O es que queréis dejaros aquí la vida? ¡Cubríos el cuerpo! ¡El helicóptero! La salvación del náufrago está en manos del náufrago».

Nos cubrieron los asientos con planchas de plomo; nos recortaron unos chalecos de plomo, pero resulta que el plomo protege de unos rayos pero de otros no. A todos se nos pusieron las caras rojas, quemadas, no podíamos afeitarnos.

Volábamos de la mañana a la noche. No había en esto nada de fantástico. Era un trabajo. Un trabajo muy duro.

Por las noches veíamos la televisión, justamente por entonces se celebraba el campeonato mundial de fútbol. Y hablábamos, por supuesto, también de fútbol.

Empezamos a pararnos a pensar en aquello. Cómo se lo diría para no mentirle. Seguramente, pasados unos tres o cuatro años. Cuando te cuentan que si uno se ha puesto enfermo, que si otro... Te enteras de que aquel se ha muerto. De que otro se ha vuelto loco. Un tercero se ha suicidado. Entonces empezamos a preocuparnos. Pero creo que entenderemos algo de todo esto dentro de unos veinte o treinta años.

Y, sin embargo, el «Afgán»* (estuve allí dos años) y Chernóbil (aquí tres meses) son los períodos más importantes de mi vida.

A los padres no les dije nada de que me habían mandado a Chernóbil. Mi hermano compró por casualidad el periódico *Izvestia* y se encontró allí con mi retrato. Se lo llevó a mi madre y: «¡Aquí lo tienes, todo un héroe!». Mi madre se echó a llorar.

Marchábamos hacia la central. Y a nuestro encuentro avanzaban columnas de gente evacuada. Sacaban la maquinaria. El ganado. Día y noche. Eso en una situación de paz.

De modo que avanzábamos. Y durante el viaje, ¿sabe us-

---

* Forma popular de llamar a la guerra de Afganistán. *(N. del T.)*

ted lo que yo veía? En los arcenes de la carretera... Bajo los rayos del sol... Un finísimo brillo. Brillaba algo cristalino. Unas partículas finísimas. Nos dirigíamos hacia Kalínkovichi, pasando por Mózir. Y había algo que reverberaba. Lo comentamos entre nosotros. Estábamos perplejos. En el campo, donde la gente estaba trabajando, enseguida descubrimos unos agujeros quemados en las hojas, sobre todo en las de los guindos. Recogíamos pepinos, tomates y en sus hojas descubríamos los agujeros. Lanzábamos maldiciones, pero nos los comíamos. Era otoño. Los arbustos de grosella estaban a reventar; las ramas de los manzanos se doblaban hasta el suelo. No había modo de vencer la tentación, está claro. Te comías una manzana..., aunque nos habían dicho que no se podía..., entre maldiciones, pero te las comías.

De modo que me fui para allá. Aunque podía no haber ido. Me presenté voluntario. Durante los primeros días no me encontré con nadie que se mostrara indiferente; eso fue luego, cuando apareció el vacío en los ojos, cuando la gente se empezó a acostumbrar. ¿Colgarte una medalla más? ¿Alguna ventaja? ¡Bobadas! Yo personalmente no necesitaba nada. Un piso, coche. ¿Qué más? Ah, una dacha... todo lo tenía ya.

Lo que funcionaba era la pasión por el riesgo. Allí van los hombres de verdad, a hacer algo de verdad. ¿Y el resto? Que se queden en sus casas, bajo las faldas de sus mujeres. Uno traía un certificado de que la mujer estaba a punto de parir, otro que si tenía un niño pequeño. El tercero, que le había salido una llaga. Era arriesgado, es verdad. Y peligrosa, la radiación, pero alguien lo tenía que hacer. ¿O no fueron nuestros padres a la guerra?

Luego regresamos a casa. Me quité de encima todo aquello, toda la ropa que llevaba, y la tiré a la basura. Pero la gorra se la regalé a mi hijo pequeño. Tanto me la pidió que... No se la quitaba para nada.

Al cabo de dos años, el diagnóstico fue tumor en el cerebro...

El resto lo acabará de escribir usted. No quiero seguir hablando.

Justo acababa de regresar de Afganistán. Quería hacer mi vida. Casarme. Me quería casar cuanto antes. Y, en eso, que me llega la orden de alistarme, era una nota con una franja roja: SERVICIO ESPECIAL. En el transcurso de una hora preséntese en la dirección señalada. Mi madre se puso a llorar al momento. Creyó que me llamaban de nuevo a la guerra.
¿Adónde nos llevaban? ¿Para qué? Había poca información. Que si había explotado un reactor. Bueno, ¿y qué? En Slutsk nos cambiaron la ropa; nuevo uniforme. Y allí descubrimos que nos mandaban al centro del distrito Jóiniki. Llegamos a Jóiniki; allí la gente aún no sabía nada. Ellos, como nosotros, era la primera vez que veían un dosímetro. Nos llevaron más lejos, a un pueblo, y allí se celebraba una boda: los jóvenes se besan, suena la música, beben samogón... Una boda normal y corriente. Y, en eso, que nos dan la orden de arrancar el suelo a la altura de la bayoneta. De talar los árboles.
Primero nos dieron armamento. Fusiles automáticos. En caso de que nos atacaran los estadounidenses... En las clases de formación política nos daban conferencias sobre los actos de sabotaje organizados por los servicios secretos occidentales. Sobre sus operaciones de distracción. Por la noche dejábamos nuestras armas en una tienda aparte. En una tienda en medio del campamento. Al mes se las llevaron. Nada de un comando terrorista. Sino roentgen... curios.
El 9 de mayo, el día de la Victoria, vino a visitarnos un general. Nos formaron, nos felicitaron con motivo de la fiesta. Y uno de la formación se atrevió a preguntar: «¿Por qué nos ocultan cuál es el grado de radiación? ¿Qué dosis recibimos?». Ya ve, hubo uno que se decidió a preguntar. Pues bien, cuando se fue el general, lo llamó el capitán de la unidad y le soltó una buena: «¡Eres un provocador! ¡Un alarmis-

ta!». Al cabo de un par de días, nos dieron una especie de máscaras antigás, pero nadie las usaba. Nos mostraron dos veces los dosímetros, pero no nos dejaron usarlos.

Cada tres meses nos dejaban ir a casa un par de días. Con un solo encargo: comprar vodka. Yo llegué a cargar dos mochilas llenas de botellas. Me recibieron llevándome en volandas.

Antes de volver a casa, nos llamaba a todos el tipo de la KGB, quien nos aconsejaba muy persuasivamente que no le contáramos a nadie lo que habíamos visto.

Al regresar del «Afgán» sabía que había sobrevivido. Pero en Chernóbil era del todo al revés: eso te mataría justo cuando ya hubieras regresado a casa.

He regresado. Pero resulta que todo acaba justo de comenzar.

¿De qué me acuerdo? ¿Qué se me ha grabado en la memoria?

Me pasaba el día yendo en coche de una aldea a otra. Con los dosímetros. Y ni una sola mujer me ofreció una manzana siquiera.

Los hombres pasaban menos miedo; te traían samogón, tocino... Y te invitaban: «Vamos a comer». Por un lado, te resultaba incómodo negarte, pero, por otro, comer cesio puro tampoco daba mucha alegría. De modo que tomabas un trago y dejabas la comida.

En una aldea, a pesar de todo, lograron sentarme a la mesa. Había cordero asado. El dueño, cuando ya estaba borracho, me confesó: «Era un cordero joven. Pero lo tuve que matar porque no podía ni mirarlo. ¡Valiente monstruo! Hasta me da no sé qué comerlo». Después de aquellas palabras, me eché un latigazo de samogón que ni le cuento.

Han pasado diez años. Hasta parecería que aquello no había sucedido; si no fuera por la enfermedad, me habría olvidado.

¡Servir a la Patria! ¡Servir a la Patria es un deber sagrado! Me entregaron una muda, calcetines, botas, galones, una gorra, pantalones, chaqueta, cinto, mochila y ¡en marcha! Me dieron un volquete. Llevaba hormigón. Estoy sentado en la cabina y me creo que el hierro y el cristal me protegen. Y me lanzo a por todas. Saldremos de esta.

Éramos jóvenes. Solteros. No nos llevábamos las mascarillas. No, recuerdo a uno. Un conductor mayor. Siempre llevaba la máscara. Nosotros, en cambio, no. Los guardias de circulación no las llevaban. Nosotros, al menos, estábamos dentro de la cabina; pero ellos se pasaban ocho horas en medio de aquel polvo radiactivo.

A todos nos pagaban bien: tres pagas, más la comisión de servicio. Le dábamos... Sabíamos que el vodka ayudaba. Era el mejor medio para restablecer las defensas del organismo después de recibir una radiación. Y te quitaba el estrés. No era casualidad que durante la guerra te dieran la famosa ración oficial de 100 gramos. De manera que el cuadro normal era ver a un guardia borracho multando a un chófer tan borracho como él.

No escriba usted sobre las maravillas del heroísmo soviético. Lo hubo, es verdad. ¡Y qué maravillas! Pero primero hay que hablar de la chapuza general y del caos, y luego de las proezas. ¡Eliminar esta tronera! ¡Hacer callar una ametralladora a pecho descubierto!* Pero sobre que una orden así nadie la puede dar, sobre esto nadie escribe nada.

Nos mandaban allí como quien lanza arena al reactor. Como sacos llenos de arena. Cada día colgaban un nuevo «parte de combate»: «Han trabajado con valor y entrega». «Resistiremos, venceremos.» Se referían a nosotros con la bonita expresión de «soldados del fuego».

Por aquella hazaña me dieron un diploma y 1.000 rublos.

* Referencia a célebres y heroicas hazañas bélicas durante la Gran Guerra Patria. *(N. del T.)*

Al principio fue el asombro. La sensación de que se trataba de unas maniobras militares. Un juego. Pero era una guerra de verdad. Una guerra atómica. Algo desconocido para nosotros: ¿Qué temer y qué no temer, de qué protegerse y de qué no? Nadie sabía nada. Y no había a nadie a quien preguntar.

Era una auténtica evacuación.

Las estaciones... ¡Lo que sucedía en las estaciones! Ayudábamos a meter a los niños por las ventanillas de los vagones. Poníamos orden en las colas. Colas para los billetes en las cajas, para yodo en las farmacias. En las colas, la gente se ofendía con los peores insultos, se peleaba... Reventaban las puertas de los quioscos y de las tiendas de bebidas. Rompían los cristales, arrancaban las rejas. Millares de evacuados.

La gente vivía en los clubes, en las escuelas, en las guarderías. La gente andaba medio hambrienta. El dinero se acababa en un santiamén. Las tiendas vacías.

No olvidaré a las mujeres que nos lavaban la ropa. No había lavadoras, no se les ocurrió, no las trajeron. Se lavaba a mano. Eran todas mujeres mayores. Con las manos llenas de ampollas, de llagas. La ropa no solo estaba sucia, habría allí decenas de roentgen. «Muchachos, comed algo.» «Dormid un rato.» «Muchachos, ¿no veis que aún sois jóvenes?» «Cuidaos.» Les dábamos pena y lloraban.

¿Estarán aún vivas?

Cada 26 de abril, los que estuvimos allí, nos reunimos. Los que aún quedamos. Recordamos aquel tiempo. Habías sido un soldado en la guerra, te necesitaban.

Lo malo se olvidó, pero esto quedó en la memoria. Quedó el hecho de que sin ti no podían hacer nada. Has sido útil.

Nuestro sistema es por lo general militar, funciona a la perfección en situaciones límite.

Allí, por fin, eres libre e imprescindible. ¡La libertad! ¡Y el ruso, en momentos así, muestra lo grande que es! ¡No hay otro igual! Nunca seremos como los holandeses o como los alemanes. No tendremos asfalto irrompible ni céspedes cuidados. ¡Pero héroes siempre los habrá!

Mi historia... Me llamaron y fui. ¡Hay que hacerlo! Era miembro del Partido. ¡Comunistas, un paso adelante! Esta era la situación. Trabajaba en la milicia. Sargento mayor. Me prometieron una estrella más. Eso ocurría en abril del 87. Había que pasar sin falta un control médico; pero a mí me mandaron sin más. Alguien se rajó, como se suele decir, trajo un certificado de que tenía una úlcera de estómago y a mí me mandaron en su lugar. Con sello de urgente. Esta era la situación.

Ya entonces empezaron a correr los chistes. Al momento... Llega el marido a casa del trabajo y se queja a su mujer:

—Me han dicho que o mañana me voy a Chernóbil o entrego el carné del Partido.

—Pero si tú no eres miembro del Partido —le dice su mujer.

—Pues por eso, a ver dónde encuentro yo un carné.

Nos dirigimos allí como si fuéramos militares; al principio, de nuestro grupo se organizó una brigada de picapedreros. Construimos una farmacia. Enseguida me sentí débil, algo somnoliento. Tos por las noches. Y me fui a ver al médico. «Todo normal. Es el calor.» Al comedor nos traían del koljós carne, leche y requesón, y de eso comíamos. El médico esa comida ni la tocaba. Nos preparaban la comida y él apuntaba en el registro que todo estaba en orden, pero él no analizaba las muestras. Nosotros nos dábamos cuenta de eso. Esta era la situación. Y no le dábamos ninguna importancia. Llegó la época de la fresa. Las colmenas llenas de miel...

Comenzaron a aparecer los merodeadores. Se lo llevaban todo. Nosotros tapiábamos ventanas y puertas. Luego desconectábamos todas las comunicaciones, la corriente de los edificios para evitar incendios.

Las tiendas aparecían asaltadas; las rejas de las ventanas, rotas; harina, azúcar y caramelos pisoteados por el suelo. Latas rotas, tiradas aquí y allá... De una aldea desalojaron a los habitantes, en cambio a cinco o a diez kilómetros no, allí los dejaron. Las cosas de la aldea abandonada fueron a parar a la suya.

Esta era la situación. Estamos un día de guardia y en eso que llega el presidente del koljós con la gente del lugar; ya los habían instalado en otro pueblo, les dieron casas, pero regresaban a sus tierras para recoger el cereal, para sembrar. Se llevaban el heno en pacas. En las pacas encontrábamos máquinas de coser, motos, televisores. Y la radiación había sido tan fuerte que los televisores no funcionaban.

Economía de trueque: ellos te daban una botella de samogón y tú les dejabas llevarse un cochecito de niño. Vendían y cambiaban tractores, sembradoras. Una botella... diez botellas... El dinero no lo quería nadie. *[Se ríe.]* Como en el comunismo.

Para todo había una tarifa: un bidón de gasolina, medio litro de samogón; un abrigo de piel de astracán, dos botellas; una moto, depende del regateo...

Al medio año acabé el servicio; de acuerdo con los períodos establecidos, aquel era de medio año. Luego mandaban un relevo. Nos retuvieron un tiempo, porque de las repúblicas bálticas se negaron a venir.

Esta era la situación. Pero yo sé muy bien que se lo robaron todo; se llevaron todo lo que se podía levantar y llevar. Se llevaban hasta los tubos de ensayo de los laboratorios químicos escolares. Toda la zona la han trasladado aquí. Busque usted en el mercado, en las tiendas de segunda mano, en las dachas.

Tras los alambres de espino, solo quedó la tierra. Y las tumbas. Nuestro pasado. Nuestro gran país.

Llegamos al lugar. Nos cambiamos de uniforme. La pregunta es: ¿Dónde hemos ido a parar? «La avería se ha producido hace tiempo —nos tranquiliza el capitán—. Hace tres meses. Ya no hay peligro.» Y el sargento: «Todo en orden; lo único, que lavaos las manos antes de comer».

Trabajé de dosimetrista. En cuanto oscurecía, a nuestro vagón-barracón de guardia se acercaban los muchachos con sus camiones. Dinero, cigarrillos, vodka... Con tal de que les dejases meter mano en los trastos confiscados. Empaquetaban los fardos. ¿Adónde los mandaban? Seguramente a Kíev..., a Minsk..., a los mercadillos. Lo que quedaba lo enterrábamos. Ropa, botas, sillas, acordeones, máquinas de coser. Lo enterrábamos en hoyos que llamábamos «fosas comunes».

Regreso a casa. Voy al baile. Me gusta una chica.

Me presento. Soy tal. ¿Cómo te llamas?

—Para qué. Si ahora eres de los de Chernóbil. ¡Cualquiera se casa contigo!

Conocí a otra muchacha. Llegamos a los besos, a los abrazos. Y la cosa ya iba para boda.

—¿Por qué no nos casamos? —le propuse.

Y el sentido de su pregunta es: Pero ¿tú puedes? ¿Estás en condiciones?

Me marcharía. Y seguramente lo haré. Pero, me da pena por los padres.

Yo tengo mis propios recuerdos. El cargo oficial que me dieron allí fue el de jefe de unidad de guardia. Algo así como director de la zona del Apocalipsis. *[Se ríe.]* Escríbalo así.

Paramos un coche de Prípiat. La ciudad ya había sido evacuada, no quedaba gente. «Los documentos.» No hay documentos. La caja estaba cubierta con una lona. Levantamos la lona: veinte juegos de té, lo recuerdo como si fuera hoy, muebles, televisores, alfombras, bicicletas...

Redacto un parte.
Traían carne para enterrarla en las fosas. En las canales faltaban los lomos. Los habían cortado.
Redacto otro parte.
Me llega una denuncia: en una aldea abandonada están desmontando una casa. Numeran y colocan los troncos sobre el remolque de un tractor. Nos dirigimos a la dirección señalada. Los «delincuentes» son detenidos: querían sacar la casa de la zona y venderla para hacer una dacha. Hasta habían recibido un anticipo de los futuros dueños.
Redacto otro parte.
Por las aldeas vacías corrían cerdos asilvestrados. Y los perros y los gatos esperaban a la gente junto a las puertas. Vigilaban las casas vacías.
Te quedas un rato junto a una fosa común abandonada. Una losa agrietada con los apellidos: capitán Borodín, teniente mayor... Largas columnas, como los versos: los apellidos de los soldados rasos. Maleza, ortigas y cardos.
De pronto, una huerta cuidada. Tras el arado, su dueño, y en cuanto nos ve:

—Muchachos, no me digáis nada. Ya hemos firmado: en primavera nos vamos.

—Entonces, ¿para qué está usted arando la huerta?

—Es para el otoño.

Comprendo al hombre, pero he de levantar acta.

Que os den a todos por... Mi mujer cogió el niño y se marchó. ¡La muy perra! Pero yo no me voy a colgar como Vanka Kótov. ¡Tampoco me tiraré desde un séptimo piso! ¡La muy perra! Cuando llegué de allí con una maleta de dinero compramos un coche, un abrigo de visón. Y ella, la muy perra, vivía conmigo. No tenía miedo. *[De pronto se pone a cantar:]*

*Ni mil roentgen han de lograr
un miembro ruso arrugar.*

Una buena copla. Es de allí. ¿Quiere un chiste? *[Y se pone a contarlo al instante.]*
El marido regresa a casa. Vuelve del reactor. La mujer le pregunta al médico:
—¿Qué debo hacer con mi marido?
—Lavarlo, abrazarlo y desactivarlo.
¡La muy perra! Me tiene miedo. Se ha llevado al crío. *[Inesperadamente en tono serio.]* Los soldados trabajaban. Junto al reactor. Yo los trasladaba al empezar y al acabar el turno: «Muchachos, cuento hasta cien. ¡Ya! ¡Adelante!». Yo llevaba, como los demás, un contador-acumulador. Al acabar el turno, los recogía y los entregaba en la primera sección. La secreta. Allí apuntaban los datos, los apuntaban se diría que en nuestras cartillas, pero los roentgen que nos tocaban a cada uno era un secreto militar. ¡Los muy perros! Hijos de... Pasado un tiempo, te decían: «¡Alto! ¡No puedes seguir trabajando!». Y esta era toda la información médica. ¡Ni siquiera al partir nos dijeron cuánto! ¡Los muy perros! ¡Hijos de...!
Ahora andan a la greña por el poder. Por las carteras. Están de elecciones.
¿Quiere otro chiste? Después de Chernóbil se puede comer de todo; pero has de enterrar tu mierda en una caja de plomo. La vida es maravillosa, pero, joder, qué corta.

¿Cómo nos iban a curar? No nos hemos traído ningún documento. Los he buscado. Me he dirigido a diversas instancias. He recibido y guardo tres respuestas. La primera: los documentos han sido destruidos debido a que su plazo de conservación es de tres años; la segunda: los documentos han sido destruidos durante la reestructuración del ejército anterior a la perestroika y la disolución de las unidades; la tercera:

los documentos han sido destruidos porque eran radiactivos. ¿O tal vez fueron destruidos para que nadie sepa la verdad? Nosotros somos los testigos. Pero pronto moriremos. ¿Cómo ayudar a nuestros médicos? Qué bien me vendría ahora un informe médico: ¿Cuánto?... Tanto. ¿Cuánto me habrán metido? Se lo hubiera enseñado a mi... La muy perra.

Pero todavía le demostraré que nosotros podemos sobrevivir en cualquier situación. Nos casaremos y tendremos hijos.

Mire, esta es la oración del liquidador: «Dios mío, si has hecho que no pueda hacerlo, haz entonces que no quiera». «¡Que se vayan todos a tomar por el c...!»

Todo empezó... Todo empezó como en una novela policíaca. Durante la comida, llaman a la fábrica: «Al soldado en la reserva tal, que se presente en el centro de reclutamiento para aclarar ciertos detalles de su documentación». Y además, urgentemente. Y en el centro. Como yo, éramos muchos. Nos recibía un capitán, que nos decía a cada uno: «Mañana se dirigirá a la aldea Krásnoye, donde tendrá que asistir a unas maniobras militares». A la mañana siguiente nos reunimos todos junto al edificio del centro de reclutamiento. Nos retiraron los documentos civiles, las cartillas militares y nos subieron a unos autobuses. Y nos llevaron en dirección desconocida. Ya nadie decía nada de las maniobras militares. Los oficiales que nos acompañaban respondían a nuestras preguntas con su silencio. «¡Amigos! ¿Y si nos llevan a Chernóbil?», se le ocurrió a alguien. Y sonó la orden: «¡A callar! Las expresiones de pánico serán juzgadas por un tribunal militar como en tiempo de guerra». Al cabo de cierto tiempo, nos llegó esta explicación: «Nos encontramos en estado de guerra. ¡Las bocas bien cerradas! Y quien no salga en defensa de la Patria será declarado traidor».

El primer día vimos la central nuclear desde lejos; al segundo ya recogíamos los residuos a su alrededor. Los llevábamos en cubos. Usábamos palas comunes, barríamos con las escobas que usan los barrenderos. Rastrillos. Y lo que está claro es que las palas son apropiadas para la arena y la grava. Pero para residuos como aquellos, donde había de todo: trozos de película, de hierro, de madera y de hormigón... Era como quien lucha contra el átomo con la pala. El siglo xx... Los tractores y excavadoras que se empleaban allí no llevaban conductor, eran teledirigidos; nosotros, en cambio, marchábamos tras ellos para recoger los restos. Y respirábamos aquel polvo. Por cada turno cambiábamos hasta treinta «pétalos de Istriakov»; entre la gente los llamaban «bozales». Un artilugio incómodo e imperfecto. A menudo nos los arrancábamos. Era imposible respirar con ellos, sobre todo cuando hacía calor. Bajo el sol.

Después de todo. Aún nos dieron tres meses de maniobras. Disparamos contra blancos. Estudiamos el nuevo fusil automático. Por si empezaba una guerra atómica. *[Con ironía.]* Así lo entendí yo. Ni siquiera nos cambiaron la ropa. Íbamos con las mismas chaquetas, con las botas que usamos en el reactor.

Nos hicieron firmar que mantendríamos el secreto. He callado.

Y si me hubieran dejado hablar, ¿a quién se lo podría haber contado? Inmediatamente después del ejército me convertí en inválido de segundo grado. Trabajaba en la fábrica. El jefe del taller me decía: «Para de estar enfermo, porque te voy a echar». Me echaron. Fui a ver al director.

—No tiene usted derecho. He estado en Chernóbil. Os he salvado. Si no fuera por mí...

—Nosotros no te mandamos.

Por las noches me despierta la voz de mi madre: «Hijo, ¿por qué callas? Si no duermes, estás en la cama con los ojos abiertos. Hasta la luz te has dejado encendida». Pero he seguido callado. ¿Quién está dispuesto a escucharme? ¿A hablar conmigo de manera que yo le pudiera contar, a mi manera?

Estoy solo.

Ya no temo a la muerte. A mi propia muerte. Pero no tengo claro cómo voy a morir. Vi morir a un amigo. Se hizo grande, se hinchó. Como un tonel. Y mi vecino. También estuvo allí. Un operador de grúa. Se volvió negro, como el carbón, y se secó hasta el tamaño de un niño. No tengo claro cómo voy a morir. Si pudiera elegir mi muerte, pediría que fuera común y corriente. No como las de Chernóbil. Y, sin embargo, lo que sí sé seguro es que con mi diagnóstico no se dura mucho. Al menos sentir que llega el momento... Y una bala en la frente... He estado en el «Afgán». Allí la cosa era más fácil. Una bala y...

A Afganistán me fui de voluntario. Y a Chernóbil también. Yo mismo lo pedí. Trabajaba en la ciudad de Prípiat. La ciudad estaba rodeada con dos filas de alambres de espino, como en una frontera. Casas limpias y de varios pisos y calles cubiertas por una gruesa capa de arena, con árboles talados. Como los cuadros de una película de ciencia ficción. Cumplíamos órdenes: «lavar» la ciudad y sustituir en ella la tierra contaminada hasta la profundidad de veinte centímetros con una capa igual de arena. No había días de fiesta. Como en la guerra.

Conservo un recorte de periódico... Sobre el operador Leonid Toptunov. Era quien estaba de guardia aquella noche en la central y apretó el botón rojo de emergencia unos minutos antes de la explosión. El botón no funcionó. Lo trataron en Moscú. «Para salvarlo, necesitamos un cuerpo», decían impotentes los médicos. Le quedó solamente un único punto limpio, no irradiado, en la espalda.

Lo enterraron en el cementerio Mítinski. Envolvieron el ataúd por dentro con papel de estaño. Y encima de él colocaron un metro y medio de planchas de hormigón, con capas de plomo. Su padre iba a verlo allí. Se quedaba allí y lloraba. Y la gente que pasaba le decía: «¡Tu hijo de perra fue quien hizo volar la central!». Cuando no era más que un operador. Y lo enterraron como a un extraterrestre.

¡Mejor hubiera sido morir en el «Afgán»! Lo digo sinceramente; a veces me vienen esas ideas. Allí, la muerte era algo normal. Y comprensible.

Desde arriba..., desde el helicóptero..., cuando volaba bajo junto al reactor, observaba... Gamos, jabalíes salvajes... Se los veía escuálidos, somnolientos. Se movían como a cámara lenta. Se alimentaban de la hierba que crecía allí y bebían aquella agua. No entendían que también ellos tenían que largarse de allí. Irse con la gente.

¿Ir o no ir? ¿Volar o no volar? Soy comunista, ¿cómo podía no volar? Dos pilotos se negaron; que si las esposas eran jóvenes, que si no tenían aún hijos... Les echaron en cara su gesto. ¡Se les acabó la carrera! Hubo hasta un juicio de camaradas. Un juicio de honor. Era, a ver si me entiende, como una apuesta: él no ha podido, en cambio yo sí que iré. ¡Aquello era cosa de hombres!

Desde lo alto..., desde arriba, sorprendía la cantidad de maquinaria: helicópteros pesados, de tamaño medio. El MI-24 es un helicóptero de combate. ¿Qué se podía hacer con un helicóptero de combate en Chernóbil? ¿O con un caza MI-2? Los pilotos..., todos eran jóvenes. Y allí estaban, en el bosque junto al reactor, cargándose de roentgen. Esas eran las órdenes. ¡Órdenes militares!

¿Para qué haber enviado toda aquella gente, para que se irradiara? ¿Para qué? Lo que hacían falta eran especialistas y no material humano. *[Pasa al grito.]* ¡Hacían falta especialistas y no material humano!

Desde arriba... se veía... un edificio destruido, montones de cascotes caídos. Y una cantidad gigantesca de pequeñas figuras humanas. Había una grúa de Alemania Federal, pero muerta; anduvo un rato por el techo y se murió. Los robots se morían. Nuestros robots, creados por el académico Lukachev, se hicieron para explorar Marte. Y estaban los robots japoneses, que tenían apariencia humana. Pero decían que se les quemaban todas las entrañas por la alta radiación. En cambio, los soldaditos, corriendo con sus trajes y sus guantes de goma, estos funcionaban. Tan pequeñitos que se les veía desde el cielo.

Lo recordaba todo. Creía que se lo iba a contar todo a mi hijo. Pero cuando regresé:

—Papá, ¿qué ha pasado allí?

—Una guerra.

No supe encontrar las palabras.

SEGUNDA PARTE
LA CORONA DE LA CREACIÓN

MONÓLOGO ACERCA DE VIEJAS PROFECÍAS

Mi niña... Mi niña no es como los demás. Y cuando crezca me preguntará: «¿Por qué no soy como el resto?».

Cuando nació... No era un bebé, sino un saquito vivo, cosido por todos lados, sin una rendija, sólo con los ojos abiertos. En la cartilla médica hay escrito: «Niña, nacida con una patología compleja múltiple: aplasia del ano, aplasia de la vulva, aplasia del riñón izquierdo». Así suena en lenguaje médico, pero en palabras normales es: sin pipí, sin culito y con un solo riñón.

La llevé a operar al día siguiente, al segundo día de haber nacido. Abrió los ojos, hasta pareció sonreír, aunque al principio pensé que quería llorar. ¡Dios bendito, había sonreído! Los niños como ella no viven, se mueren enseguida. Ella no murió, porque la quiero.

En cuatro años, cuatro operaciones. Es el único niño en Belarús que ha sobrevivido con una patología tan compleja. La quiero mucho. *[Se queda callada.]*

Ya no puedo parir a nadie más. No me atrevo. Al salir de la maternidad, mi marido por la noche me besa, pero yo tiemblo toda: no debemos... Es pecado. El miedo...

Oí cómo los médicos comentaban entre ellos: «Esta niña, más que con buena estrella, ha nacido estrellada. Si algo así se mostrara por la televisión, ni una madre daría a luz». Eso decían de nuestra niña. ¿Cómo podemos amarnos después de esto?

Fui a la iglesia. Se lo conté todo al padre. Y él me dijo que debíamos rezar por nuestros pecados. Si en nuestra familia nadie ha matado a nadie. ¿De qué soy culpable?

Primero quisieron evacuar nuestro poblado, pero luego lo borraron de las listas: al Estado se le acabó el dinero. Fue entonces cuando me enamoré. Me casé. Yo no sabía que aquí no podíamos amarnos.

Hace muchos años, mi abuela me había leído en la Biblia que llegaría un tiempo en que en la Tierra habría de todo en abundancia, todo florecería y fructificaría, los ríos se llenarían de peces, y de fieras, los bosques; pero que el hombre no podría sacar provecho de ello. Como tampoco podría dar a luz a sus semejantes y prolongar su inmortalidad. Y yo escuchaba aquellas viejas profecías como un cuento de terror. No lo creía.

Cuente a todo el mundo lo de mi niña. Escríbalo. A los cuatro años canta, baila y recita versos de memoria. Tiene un desarrollo intelectual normal, no se distingue en nada de los demás niños, solo que juega a otros juegos. No juega a las «compras», ni a la «escuela», sino que juega con sus muñecas al «hospital», les pone inyecciones, les coloca el termómetro, les prescribe un gota a gota; la muñeca se le muere y ella la cubre con una sábana blanca.

Ya van para cuatro años que vivimos con ella en el hospital; no se la puede dejar allí sola, tampoco sabe que lo normal es vivir en casa. Cuando me la llevo por un mes o dos a casa, la niña me pregunta: «¿Volveremos pronto al hospital?». Allí están sus amigos, allí viven y crecen.

Le han hecho un culito. Le están formando una vulva. Después de la última operación, se le detuvo del todo la emisión de orina, no consiguieron colocarle el catéter; para eso aún le hacen falta varias operaciones. Pero nos aconsejan que, en adelante, la intervengan en el extranjero. ¿De dónde vamos a sacar las decenas de miles de dólares, dígame, si mi marido gana 120 dólares al mes?

Un profesor nos aconsejó en secreto: «Con una patología como esta, su niña presenta un gran interés para la ciencia. Escriban a las clínicas extranjeras. Esto les ha de interesar». De manera que escribo. *[Se esfuerza por no llorar.]* Escribo que cada media hora he de exprimir la orina con las manos; la orina sale a través de unos orificios puntuales en la zona de la vulva. Si no le hago esto, se le parará su único riñón. ¿Dónde hay en el mundo otro niño al cual cada media hora se le ha de expulsar la orina con las manos? ¿Y cuánto tiempo se puede resistir algo así? *[Llora.]*
Yo no me permito llorar. Yo no puedo llorar. Llamo a todas las puertas. Escribo. Tomen a mi niña, aunque sea para sus experimentos. Para hacer experimentos científicos. Estoy dispuesta a que se convierta en una rana de laboratorio, en un conejito de Indias, con tal de que viva. *[Llora.]* He escrito decenas de cartas. ¡Oh, Dios mío!
Ella, de momento, aún no comprende, pero un día querrá saber y me preguntará: ¿Por qué no es como los demás? ¿Por que no la puede amar un hombre? ¿Por qué no podrá tener hijos? ¿Por qué a ella no le pasará lo mismo que le ocurre a una mariposa..., a un pájaro..., a todos, menos a ella?
Yo quería... Tenía que demostrar... que... Quería recibir unos documentos... Para que cuando creciera supiera que ni mi marido ni yo tenemos la culpa. Que no es por nuestro amor. *[De nuevo se esfuerza por no llorar.]*
He luchado cuatro años. Con los médicos, con los funcionarios. He llamado a las puertas de los despachos más importantes. Y solo, al cabo de cuatro años, me han entregado un certificado médico confirmando la relación entre las radiaciones ionizantes (en pequeñas dosis) y su terrible patología. Cuatro años me lo estuvieron negando: «Su niña es un inválido infantil». ¿Cómo que un inválido infantil? Es un inválido de Chernóbil. He estudiado mi árbol genealógico: nunca hubo nada igual entre mis antepasados, todos vivían ochenta y noventa años; mi abuelo vivió hasta los noventa y cuatro.

Los médicos se justificaban: «Nos han dado instrucciones. Casos como este hemos de diagnosticarlo como una dolencia común. Dentro de veinte o treinta años, cuando se complete el banco de datos, empezaremos a relacionar las enfermedades con la radiación ionizante. Con las pequeñas dosis. Con lo que comemos y bebemos en nuestra tierra. Pero, de momento, la ciencia y la medicina saben poco del fenómeno». Pero yo no puedo esperar veinte o treinta años. ¡Eso es media vida!

Quería denunciarlos. Llevar a juicio al Estado. Me llamaban loca, se reían de mí, diciéndome que niños así ya nacían en la Grecia antigua. Y en la China imperial. Un funcionario me soltó a gritos: «Mírala: quiere las prebendas de Chernóbil. ¡El dinero de Chernóbil!». No sé cómo no perdí el conocimiento en aquel despacho. ¡Cómo no me morí de un ataque al corazón!... Pero no me está permitido.

Había algo que no podían comprender. No querían entender. Yo tenía que saber que mi marido y yo no teníamos la culpa. Que no era por nuestro amor. *[Se da la vuelta hacia la ventana y llora en silencio.]*

La niña crece. Es una niña. No quiero que ponga su apellido. Ni siquiera nuestros vecinos..., los de nuestra escalera, lo saben todo. Le pongo un vestidito, le hago la trenza: «Su Katia es tan guapa», me dicen.

Pues lo que es yo, miro tan raro a las embarazadas. Como de lejos. De reojo. No las miro, sino que las observo a hurtadillas. Se mezclan en mí diversos sentimientos: el asombro y el horror, la envidia y la alegría, y hasta un deseo de venganza. Un día me descubrí pensando que las miro con el mismo sentimiento con que observo la perra preñada de los vecinos. A una cigüeña en su nido.

Mi niña...

LARISA Z.,
madre

MONÓLOGO ACERCA DEL PAISAJE LUNAR

De pronto empecé a dudar, ¿qué es mejor, recordar u olvidar? Pregunté a los amigos. Unos lo han olvidado, otros no quieren recordar, porque nosotros no podemos cambiar nada, ni siquiera podemos marcharnos de aquí. Ni siquiera eso.

¿Qué es lo que recuerdo? Durante los primeros días después del accidente, desaparecieron de las bibliotecas los libros sobre radiaciones, sobre Hiroshima y Nagasaki, hasta los que trataban de los rayos X. Corrió el rumor de que había sido una orden de arriba, para no sembrar el pánico. Para nuestra tranquilidad. Hasta contaban una broma así: Si Chernóbil hubiera saltado por los aires en tierras de los papúas, todo el mundo se habría dado un gran susto, menos los propios papúas. Ni una sola recomendación médica, ninguna información. Quien pudo se consiguió pastillas de yoduro sódico (en las farmacias de nuestra ciudad no estaban a la venta, era imposible conseguirlas si no era bajo mano y por una fortuna). Sucedía que alguna gente se tragaba un puñado de estas pastillas y luego se bebía un vaso de alcohol. Para acabar en una ambulancia camino de urgencias.

Llegaron los primeros periodistas extranjeros. El primer grupo de filmación. Llevaban unos monos de plástico, con cascos y con botas y guantes de goma; hasta la cámara iba en una funda especial. Los acompañaba una de nuestras muchachas, la traductora. Ella iba con traje de verano y zapatillas. La gente se creía cualquier texto impreso, aunque nadie escribía la verdad. Ni la decía. Por un lado, la escondían; por otro, no todos comprendían. Desde el secretario general hasta el barrendero. Luego empezaron a aparecer ciertos indicios claros; todos estaban atentos a aquellas señales: mientras en la ciudad o en el pueblo hubiera gorriones o palomas, en aquel lugar se podía vivir. Si las abejas volaban es que el aire estaba limpio. Un día, un taxista me comentaba perplejo: ¿Por qué los pájaros caían como ciegos contra el cristal delantero? ¿O es que se habían vuelto locos? Aquello era lo más parecido a un suicidio. Acabado su turno de trabajo, para olvidarse de aquello, se fue de copas con sus compañeros.

Recuerdo un día que regresaba de un viaje de trabajo. Era la visión de un auténtico paisaje lunar. A ambos lados de la carretera, hasta tocar el horizonte, se extendían los campos cubiertos de dolomita blanca. Habían arrancado y enterrado la capa superior contaminada de la tierra, y en su lugar lo habían cubierto todo con arena de dolomita. No parecía la Tierra. No era la Tierra. Esta visión me persiguió durante largo tiempo. Quise incluso escribir un relato. Me imaginé lo que pasaría aquí, qué habría dentro de cien años: algo parecido a un hombre o a alguna cosa que avanzaba a saltos con sus cuatro patas, lanzando hacia atrás sus largos cuartos traseros y levantando las rodillas; una criatura que por la noche lo veía todo con su tercer ojo, y que, con su única oreja, clavada en la cresta de la cabeza, oía incluso el correr de una hormiga. Solo habían quedado las hormigas, todos los demás habitantes del cielo y de la tierra habían muerto.

Mandé el relato a una revista. Me respondieron que no se trataba de una obra literaria, sino de la descripción de una pesadilla. Me había faltado talento, por supuesto. Pero en aquella respuesta tengo la impresión de que había otra razón. Se me ocurrió pensar: ¿Por qué no se escribe nada sobre Chernóbil? ¿Por qué nuestros escritores tratan tan poco el tema de Chernóbil?; siguen escribiendo sobre la guerra, sobre los campos de trabajo, pero de esto nada. Habrá uno o dos libros y se acabó. ¿Cree usted que es una casualidad? El acontecimiento aún se encuentra al margen de la cultura. Es un trauma de la cultura. Y nuestra única respuesta es el silencio. Cerramos los ojos como niños pequeños y creemos habernos escondido y que el horror no nos encontrará. Hay algo que se asoma del futuro, pero es algo que no sintoniza con nuestros sentimientos. Ni con nuestra capacidad de experimentar. Pegas la hebra con una persona, esta se te pone a contar y luego te agradece que lo hayas escuchado. No te habrá entendido, pero al menos te ha escuchado. Porque tampoco él lo ha entendido. Como tampoco tú... Ya no me gusta leer ciencia ficción.

Así pues, ¿qué es mejor? ¿Recordar u olvidar?

YEVGUENI ALEXÁNDROVICH BROVKIN,
profesor de la Universidad Estatal de Gómel

MONÓLOGO DE UN TESTIGO AL QUE LE DOLÍA UNA MUELA CUANDO VIO A CRISTO CAER Y GRITAR DE DOLOR

Entonces yo pensaba en otra cosa. Le parecerá extraño. Justamente por entonces me estaba separando de mi mujer.

De pronto me vienen a ver, me entregan una citación y me dicen que abajo me espera un coche. Un «cuervo» cerrado de aquellos. Como en el 37.* Se te llevaban por la noche. Recién salido de la cama, aún calentito. Luego, este esquema dejó de funcionar. Las esposas no abrían la puerta, mentían, que si el marido estaba de viaje de trabajo, o de vacaciones, o en el pueblo de sus padres. Les intentaban hacer entrega de la citación, pero ellas no la cogían. Empezaron a detener a la gente en el trabajo, en la calle, durante la hora de la comida en los comedores de las fábricas. Fue como en el 37.

Entones yo estaba como loco. Me había engañado mi mujer; todo lo demás me parecía una nimiedad. Me dirigí a aquel «cuervo». Me acompañaban dos tipos de civil, pero con modales militares, uno a cada lado; se notaba que tenían miedo de que me escapara.

Cuando me subí al coche, no sé por qué me acordé de los cosmonautas estadounidenses que volaron a la Luna; uno de ellos después se hizo sacerdote y otro, según dicen, se volvió

---

* Alusión a las purgas estalinistas. *(N. del T.)*

loco, ¿no? Había leído que les pareció que allí había restos de ciudades, alguna huella humana.
Me pasaron por la cabeza algunos recortes de periódico. Que nuestras centrales atómicas eran completamente seguras, que se podrían construir en la Plaza Roja. Junto al Kremlin. Más seguras que un samovar. Que se parecían a las estrellas y que «sembraríamos» toda la tierra de estas centrales.
Pero a mí me había dejado mi mujer. Solo era capaz de pensar en eso. He intentado varias veces acabar con mi vida; me tomaba unas pastillas con la intención de no despertarme. Los dos fuimos a la misma guardería, estudiamos juntos en la escuela. En el mismo instituto. *[Calla. Enciende un cigarrillo.]*
Ya le he avisado. No oirá nada heroico, nada digno de la pluma de un escritor. Se me ocurrió pensar que, como no estábamos en tiempo de guerra, entonces ¿por qué tenía que arriesgar mi vida? ¡Y más aun si alguien se acuesta con mi mujer! ¿Por qué me tiene que tocar a mí de nuevo, y no a «él»?
Si he de serle sincero, yo no vi héroes allí. Locos sí que vi, gente a la que le importaba un rábano su vida. Temeridad, toda la que usted quiera, y sin que hiciera ninguna falta.
Yo también tengo diplomas y cartas de agradecimiento. Pero eso era porque yo no tenía miedo a morir. ¡Me importaba un comino! Hasta era una salida. Me hubieran enterrado con todos los honores. Y a cuenta del Estado.
Allí te sumergías al instante en un mundo fantástico, una realidad donde se unían el fin del mundo y la edad de piedra. En mi fuero interno todo esto estaba a flor de piel. En carne viva.
Vivíamos en el bosque. En tiendas. A veinte kilómetros del reactor. Haciendo de guerrilleros. «Guerrilleros» llamaban a los que se enrolaban en los ejercicios militares. De edades comprendidas entre los veinticinco y los cuarenta; muchos con estudios superiores, técnicos. Yo, por cierto, soy profesor de historia.

En lugar de fusiles, nos dieron palas. Cavábamos los basureros, las huertas. Las mujeres de los pueblos nos miraban y se santiguaban. Llevábamos guantes, mascarillas, trajes de protección. El sol caía a plomo. Y aparecíamos en sus huertos como demonios. Como unos extraterrestres. La gente no comprendía por qué les cavábamos todas las huertas, les arrancábamos los ajos, las coles, cuando los ajos parecían normales, como también las coles. Las viejas se santiguaban y preguntaban a gritos: «Soldados, ¿qué es esto? ¿El fin del mundo?».

En una casa, con el horno encendido, freían tocino. Acercabas el dosímetro y aquello no era un horno, sino un reactor en miniatura. «Sentaos, muchachos, a la mesa», nos invitan. Nos llaman. Nos negamos. Nos imploran: «Ahora os daremos vodka. Sentaos. Explicadnos qué pasa». ¿Qué les vas a explicar? Si encima mismo del reactor, los bomberos pisoteaban el combustible aún blando; hasta emitía luz, y ellos sin saber qué era aquello. ¿Y de dónde narices lo íbamos a saber?

Vamos una unidad. Con un solo dosímetro para todos. Cuando en cada lugar hay distintos niveles de radiación: uno de nosotros trabaja donde hay dos roentgen y otro donde hay diez. Por un lado, la más elemental falta de derechos, como en un penal de presos, y por otro, el miedo. Un enigma. Pero yo no tenía miedo. Todo aquello lo miraba como si no fuera conmigo.

Un día vino en helicóptero un grupo de científicos. Con trajes de goma, botas altas, gafas de protección... Cosmonautas. Una abuela se acerca a uno de ellos y le suelta:

—¿Tú quién eres?

—Soy un científico.

—¿Conque un científico, eh? Mirad cómo se ha disfrazado. Todo enmascarado. ¿Y nosotros qué?

Y se lanzó sobre él con un palo.

Más de una vez me ha pasado por la cabeza la idea de que llegaría un día en que se abriría la caza del científico, como en la Edad Media con los médicos, a los que se daba caza y se ahogaba. Y se quemaban en las hogueras. He visto a un hombre ante cuyos ojos enterraron su propia casa. *[Se levanta y se aleja hacia la ventana.]* Quedó solo una tumba recién cavada. Un gran cuadrado. Enterraron su pozo, el huerto... *[Calla.]* Enterrábamos la tierra. La cortábamos y la enrollábamos en grandes capas. Ya le he avisado. En eso no hay nada heroico.

Un día regresábamos tarde por la noche, porque hacíamos jornadas de hasta doce horas. Sin días de descanso. Para descansar teníamos la noche. O sea que íbamos en un blindado. Y en una aldea vacía vemos a un hombre. Nos acercamos y era un muchacho con una alfombra al hombro. No lejos, había un coche. Frenamos. El portaequipajes, lleno de televisores y teléfonos cortados. El blindado se da la vuelta y a toda velocidad hace papilla el coche. Se quedó como un acordeón. Nadie pronunció ni una palabra.

Enterrábamos el bosque. Serrábamos los árboles a metro y medio, los envolvíamos en plástico y los arrojábamos a una fosa. Por la noche no me podía dormir. Cierro los ojos y algo negro se menea y da vueltas. Como si estuviera vivo. Capas vivas de tierra. Con sus escarabajos, arañas, lombrices. No sabía el nombre de nada de eso, cómo se llamaban. Eran solo escarabajos, arañas. Y hormigas. Las había grandes y pequeñas, amarillas y negras. De todos los colores. No sé en qué poeta he leído que los animales son otros pueblos. Y yo los exterminaba a decenas, a centenares, a miles, sin saber siquiera cómo se llamaban. Destruía sus hogares, sus secretos. Enterraba..., enterraba...

Leonid Andréyev, un autor que me gusta mucho, tiene una leyenda sobre Lázaro. Se trata de un hombre que ha franqueado el límite de lo prohibido. Es ya un ser extraño, ya nunca más será igual al resto de los hombres, aunque Cristo lo hubiera resucitado.

¿No es bastante? Usted, yo lo comprendo, tiene curiosidad por esto; todos los que no han estado allá sienten curiosidad. Chernóbil es uno en Minsk y otro en la propia zona. Y en alguna parte de Europa será una tercera cosa. En la propia zona sorprendía la indiferencia con la que se hablaba de Chernóbil. En una aldea muerta nos encontramos a un viejo. El hombre vivía solo. Y le preguntamos: «¿No tiene usted miedo?». Y él va y nos dice: «¿Miedo de qué?». Porque uno no puede vivir todo el tiempo con el miedo en el cuerpo; el hombre no puede; pasa cierto tiempo y empieza una vida normal y corriente. Normal... Y corriente.

Los hombres bebían vodka. Jugaban a las cartas. Cortejaban a las mujeres. Concebían hijos. Hablaban mucho de dinero. Pero allí no se trabajaba por dinero. Pocos serían los que lo hacían solo por dinero. Trabajaban porque había que hacerlo. Les decían: a trabajar. Y no hacían más preguntas. Algunos aspiraban a ascender. Otros se hacían los listos, o robaban. O confiaban conseguir las ventajas prometidas: recibir un piso sin esperar turno y escapar del barracón donde vivían; meter al hijo en una guardería; comprarse un coche...

Uno sí se acobardó; tenía miedo a salir de la tienda, dormía con el traje de goma que se había fabricado él mismo. ¡Un cobarde! Lo echaron del Partido. El hombre gritaba: «¡Quiero vivir!». Y todos esos tipos andaban mezclados.

Me encontré allí con mujeres que se presentaban voluntarias. Querían venir sin falta. Las rechazaban explicándoles que se necesitaban conductores, mecánicos, bomberos; pero ellas se negaban a entender. Y toda aquella gente, mezclada. Miles de voluntarios. Regimientos de estudiantes voluntarios y un «cuervo», un coche especial que vigilaba a los soldados de la reserva. Recolecta de objetos. Ingresos de dinero para los damnificados. Centenares de personas que, sin pedir nada a cambio, ofrecían su sangre, su médula. Y al mismo tiempo, uno podía comprarlo todo por una botella de vodka. Un diploma de honor, un permiso...

Un presidente de koljós que se trae un cajón de vodka

para la unidad de dosimetristas pidiendo que no apuntaran su aldea en la lista de evacuados, y otro, también con su cajón de vodka, pero para que los evacuaran. Al tipo ya le habían prometido un piso de tres habitaciones en Minsk. Nadie comprobaba las mediciones de las dosis.

En fin, el caos ruso de siempre. Así vivimos. Algunas cosas las daban de baja y luego las vendían. Por un lado, te da asco, pero, por otro: ¡que os parta un rayo!

También mandaron a estudiantes. Los chicos arrancaban las hierbas del campo. Recogían heno. Había varias parejas jovencísimas, marido y mujer. Aún andaban cogidos de la mano. Algo insoportable de ver.

¡Lo fuerte es que se trataba de lugares preciosos! De una hermosura... Y esa misma belleza era la que hacía de aquel horror algo aún más pavoroso. El hombre debía abandonar aquellos lugares. Huir de allí como un malvado. Como un criminal.

Cada día traían la prensa. Yo solo leía los titulares: «CHERNÓBIL: TIERRA DE HÉROES», «EL REACTOR HA SIDO DERROTADO», «Y, SIN EMBARGO, LA VIDA SIGUE». Había entre nosotros comisarios políticos, que daban charlas políticas. Nos decían que debíamos vencer. ¿A quién? ¿Al átomo? ¿A la física? ¿Al cosmos?

Para nosotros la victoria no es un acontecimiento, sino un proceso. La vida es lucha. De allí esa fascinación por las inundaciones, los incendios... Los terremotos... Es la necesidad de encontrar un lugar en el que poder actuar, para «dar muestras de valor y heroísmo». Y luego izar la bandera.

El comisario político nos leía los artículos de los periódicos en los que se hablaba del «alto grado de conciencia y la esmerada organización», y que a los pocos días de la catástrofe sobre el cuarto reactor ya ondeaba la bandera roja. Como una llama. Pasados unos meses, se la zampó la elevada radiación. E izaron una nueva bandera. Y más tarde, otra. La vieja la rompían a trocitos para llevársela de recuerdo; se metían los trozos debajo de la chaqueta, cerca del corazón. ¡Y luego se lo llevaban a casa! Se lo enseñaban orgullosos a los niños. Lo guardaban. ¡Heroica locura! Pero yo también soy así. Ni una gota mejor que los demás. Yo intentaba imaginarme mentalmente a los soldados encaramándose a aquel techo. Como los condenados a muerte. Pero estaban llenos de sentimientos. Lo primero: el sentimiento del deber; y lo segundo: el amor a la patria.

¿Paganismo soviético, me dirá usted? ¿Víctimas propiciatorias? Pero lo grave del asunto es que si aquella bandera me la hubieran entregado a mí yo también me habría subido allí. ¿Por qué? No se lo diré. La verdad es que tampoco le negaré que entonces no me daba miedo morir. Mi mujer no me mandó siquiera una carta. En medio año, ni una carta. *[Se queda callado.]*

¿Quiere un chiste? Un detenido huye de la cárcel. Y se esconde en la zona de los 30 kilómetros. Lo atrapan. Lo llevan a los dosimetristas. El tipo «arde» de tal manera que no lo pueden llevar ni a la cárcel, ni al hospital ni a ninguna parte donde hubiera hombres. ¿Por qué no se ríe? *[Él se ríe.]* Nos encantaban allí los chistes. El humor negro.

Llegué allí cuando los pájaros estaban en sus nidos y me marché con las manzanas caídas sobre la nieve. No logramos enterrarlo todo. Enterrábamos la tierra en la tierra. Con los escarabajos, las arañas, las larvas. Con todos esos diferentes pueblos. Con todo ese mundo. Mi impresión más fuerte de allí... son esos seres.

No le he contado nada. Solo pedazos.

Leonid Andréyev, del que ya le he hablado, tiene un relato. Un hombre que vivía en Jerusalén vio un día cómo junto a su casa conducían a Cristo. El hombre lo vio todo y lo oyó, pero entonces le dolía una muela. Ante sus ojos, Cristo cayó al suelo con la cruz a cuestas, cayó y lanzó un grito de dolor. El hombre que veía todo esto no salió de su casa a la calle porque le dolía una muela. Al cabo de dos días, cuando dejó de dolerle la muela, le contaron que Cristo había resucitado y entonces el hombre pensó: «Y yo que podía haber sido testigo del hecho, pero como me dolía la muela...».

¿Será posible que siempre ocurra igual? Los hombres nunca están a la altura de los grandes acontecimientos. Siempre les superan los hechos. Mi padre luchó en la defensa de Moscú en el 42. Pero no comprendió que había participado en un gran acontecimiento hasta pasadas decenas de años. Por los libros, las películas. Él, en cambio, recordaba: «Estaba metido en una trinchera. Disparaba. Quedé enterrado por una explosión. Los enfermeros me sacaron de allí medio vivo». Y nada más.

En cuanto a mí, entonces me había dejado mi mujer.

Arkadi Filin,
liquidador

TRES MONÓLOGOS ACERCA DE LOS «DESPOJOS ANDANTES» Y LA «TIERRA HABLANTE»

Hablan: El presidente de la Sociedad Recreativa de Cazadores y Pescadores de Jóiniki, Víktor Iósifovich Verzhikovski, y dos cazadores, Andréi y Vladímir, que no quisieron dar sus apellidos.

—La primera vez maté una zorra. De niño. La segunda, un alce hembra. Me juré que nunca más mataría un alce hembra. Tienen unos ojos tan expresivos.
—Eso nosotros, los hombres, que tenemos uso de razón. Los animales, en cambio, simplemente viven. Como los pájaros.
—En otoño, los gamos se vuelven muy sensibles. Si además el viento sopla desde donde está el hombre, ya estás listo, no te dejarán acercarte. Las zorras también son listas.
—Por aquí andaba un tipo. En cuanto bebía, te soltaba una conferencia. Había estudiado en la facultad de filosofía, luego fue a parar a la cárcel. En la zona prohibida te encuentras a alguien y este nunca te contará la verdad. Rara vez. Pero este era un tipo sensato. «Chernóbil —decía— ha pasado para que haya filósofos.» A los animales los llamaba «despojos andantes», y al hombre, «tierra hablante». «Tierra hablante» porque comemos tierra, es decir, crecemos de la tierra.

—La zona te tira. Como un imán, se lo digo. ¡Ya ve, muy señora mía! Quien haya estado allí, notará cómo le tira con todo el alma.

—He leído un libro... Había santos que hablaban con los pájaros y los animales. Y nosotros que creemos que ellos no entienden al hombre.

—Bueno, chicos, a ver si ponemos orden.

—Habla, habla, presidente. Que nosotros echaremos un pitillo.

—De manera que esta es la cosa. Me llaman al Comité de Distrito y me dicen: «A ver, cazador en jefe: en la zona han quedado muchos animales domésticos: gatos, perros..., para evitar epidemias, me dicen, es necesario liquidarlos. De modo que ¡manos a la obra!». Al día siguiente, los reúno a todos, a todos los cazadores. Y les informo de que si esto y si lo otro. Nadie quiere ir, porque no nos han dado ningún medio de protección. Me dirigí a defensa civil, y estos, que ellos no tienen nada. Ni una sola máscara. De manera que tuve que acercarme hasta la fábrica de cemento y cogerme sus máscaras. Con una peliculilla así de fina. Para el polvo del cemento. Pero respiradores no nos dieron.

—Nos encontramos allí con unos soldados. Con máscaras y guantes, y en tanquetas; nosotros, en cambio, en camisa y con una venda en la nariz. Y con estas mismas camisas y botas regresamos a casa. A nuestras casas.

—Apañé dos brigadas. Hasta hubo voluntarios. Dos brigadas. veinte hombres cada una. Para cada una, un médico veterinario y una persona de la estación sanitaria. Además, teníamos un tractor con pala y un volquete. Lo doloroso es que no nos dieron medios de protección; no pensaron en la gente.

—Pero nos dieron premios: treinta rublos. Y eso que entonces la botella de vodka valía tres. De modo que nos desactivamos. Dios sabe de dónde salieron aquellas recetas: una cucharilla de excrementos de ganso por botella de vodka. Dejarlo macerar dos días y luego ya se lo puede uno beber...

Para que el asunto... Me refiero a «lo nuestro», a la cosa de los hombres.... Para que no sufriera daños. No sabe la cantidad de coplas que hubo. ¿No se acuerda? Montones. «Es tan coche el Zaporózhets,* como macho el kieviano... Primero ponte plomo en los huevos y serás padre luego.» Ja, ja, ja...

—Recorrimos la zona durante dos meses; en nuestro distrito evacuaron la mitad de las aldeas. Decenas de pueblos. Babchin, Tulgóvichi... La primera vez que fuimos, nos encontramos a los perros junto a sus casas. De guardia. Esperando a la gente. Se alegraban de vernos, acudían a la voz humana. Nos recibían. Los liquidábamos a tiros en las casas, en los cobertizos, en las huertas. Los sacábamos a la calle y los cargábamos en el volquete. No era agradable, claro. Los animales no podían entender por qué les disparábamos. Resultaba fácil matarlos. Eran animales domésticos. No temían ni a las armas ni al hombre. Acudían a la voz humana.

—Y en eso que pasa una tortuga. ¡Dios santo! Junto a una casa vacía. En las casas había acuarios. Con sus peces...

—A las tortugas no las matábamos. Si las aplastas con la rueda delantera de un jeep, la concha aguanta. No revienta. Le pasé a una por encima un día que estaba borracho, claro. En los patios se veían las jaulas abiertas de par en par. Los conejos sueltos. Las nutrias sí estaban encerradas, y las soltábamos cuando había agua cerca: un lago o un río. Y se iban nadando. Todo aparecía tirado, por las prisas. La gente se marchaba por un tiempo. Porque, ¿como sucedió todo? De pronto llega la orden de evacuación: «para tres días». Las mujeres gritando, los niños llorando, el ganado berreando... A los pequeños los engañaban: «Vamos al circo», les decían. Los niños lloraban. Pero la gente pensaba regresar. La expresión «para siempre» no existía. ¡Ya ve, mi muy señora mía! Se lo diré en una palabra: aquello era como en la guerra. Los gatos se te quedaban mirando a los ojos; los perros

---

* Automóvil de pequeñas dimensiones. *(N. del T.)*

aullaban, trataban de meterse en los autobuses. Todo tipo de perros. Callejeros y pastores. Los soldados los echaban a golpes. A patadas. Muchos corrieron mucho rato tras los coches. En fin, una evacuación. ¡Dios no quiera verlo!
—De manera que así es la cosa. Los japoneses, ya ve, tuvieron su Hiroshima, y ahora mírelos, están delante de todos. En el primer lugar del mundo. O sea que...
—Tienes la oportunidad de pegar unos tiros y además contra algo que corre, que está vivo. La pasión por la caza. Tomamos un trago y en marcha. En el trabajo nos lo contaban como día trabajado. O sea que la jornada se pagaba. Claro que por un trabajo como aquel podían haber añadido algo más. Treinta rublos de premio. Pero ya no era el mismo dinero que en los tiempos de los comunistas. Ya todo había cambiado.
—De manera que esta es la cosa. Primero las casas estaban precintadas. Con sellos de plomo. Los sellos, ni tocarlos. Pero, en eso que ves un gato detrás de la ventana. ¿Cómo lo agarras? Pues lo dejas en paz. Hasta que aparecieron los merodeadores, que arrancaron las puertas, rompieron ventanas, ventanillas... Y lo desvalijaron todo. Primero desaparecieron los magnetófonos, los televisores... Las prendas de piel... Y luego lo limpiaron todo. Solo quedaron las cucharas de aluminio, tiradas por el suelo.
—Y los perros que quedaron con vida se instalaron en las casas. Entrabas, y se te tiraban encima. Entonces dejaron de confiar en el hombre. Entro un día en una casa y veo acostada en medio de un cuarto a una perra, y los cachorros a su vera. ¿Que te da pena? Desagradable lo era, cómo no.
—Yo lo compararía... De hecho actuábamos como las tropas de castigo. Como en la guerra. Según el mismo esquema. Llevábamos a cabo una operación militar. Actuábamos del mismo modo: llegábamos, rodeábamos el pueblo, y los perros, en cuanto oían el primer tiro, salían corriendo. Huían al bosque. Los gatos son más listos, y les resulta más fácil esconder-

se. Un gatito se metió en una olla de barro. De manera que lo tenías que sacar de ahí. Hasta de debajo de las estufas. Una sensación desagradable. Tú, que entras en la casa, y el gato que te pasa como una bala entre las piernas, y tú detrás de él con la escopeta. Se les veía delgados, sucios. La piel hecha trizas.

—En los primeros tiempos había muchos huevos; aún quedaban gallinas. Los perros y los gatos se comían los huevos; se acabaron los huevos y se comieron a las gallinas. También las zorras comían gallinas; las zorras ya vivían en los pueblos, junto con los perros. Y en cuanto desaparecieron las gallinas, los perros se comieron a los gatos. Había veces que encontrábamos cerdos en los cobertizos. Los soltábamos. En los sótanos había algunas reservas: pepinos, tomates. Los abríamos y se los dábamos a los cerdos. A los cerdos no los matábamos.

—Un día nos encontramos con una vieja. Se había encerrado en su casa: tenía cinco gatos y tres perros. «No toques al perro, que ha sido hombre.» No los quería entregar. Nos cubrió de maldiciones. Se los arrancamos a la fuerza. Le dejamos un gato y un perro. ¡Cómo nos maldijo! Se los quitamos a la fuerza, pero le dejamos un gato y un perro. Nos dijo de todo: «¡Bandidos! ¡Carceleros!».

—¡Ja, ja, ja!... «Al pie de la colina va arando un tractor, y sobre la colina, va ardiendo un reactor, y si no nos vienen a avisar los suecos, hasta hoy estaríamos arando.» ¡Ja, ja, ja!...

—Las aldeas estaban vacías. Solo quedaron los hornos. ¡Aquello parecía Jatyn!* Y en medio de aquel Jatyn vivían un viejo con su vieja. Como en el cuento. Sin una gota de miedo. ¡Y pensar que otro se hubiera vuelto loco! Por las noches quemaban viejos tocones. Los lobos tienen miedo del fuego.

—De modo que así es la cosa. En cuanto al olor... No

---

* Pueblo bielorruso conocido por la destrucción y el exterminio totales a los que lo sometieron los nazis durante la Segunda Guerra Mundial. *(N. del T.)*

había manera de comprender de dónde venía aquel olor en los pueblos. En una aldea, Masály se llamaba, a seis kilómetros del reactor, olía como en una consulta de rayos X. Olía a yodo. A algún ácido. Y eso que dicen que la radiación no huele. No lo sé...

—Pues lo que es disparar, lo tenías que hacer a bocajarro. De modo que la perra, tirada en medio del cuarto y los cachorros a su vera, se me lanzó encima y la tumbé de un tiro. Los cachorros te lamían las manos, pedían caricias, tonteaban.

—Había que disparar a bocajarro. ¡Ya ve, muy señora mía! Había un perrito. Un perro de lanas, negrito. Hasta hoy siento pena por él. Llenamos todo un volquete entero, hasta arriba. Y los llevamos a la fosa común. La verdad es que era un simple agujero profundo; aunque las instrucciones eran cavar de tal forma que no se alcanzara las aguas subterráneas y que el fondo se cubriera con un plástico. Había que buscar un lugar elevado. Pero las órdenes, como comprenderá, no se cumplían: no había plástico, no se perdía tiempo buscando el lugar.

—Los animales, si no estaban muertos del todo, sino solo malheridos, chillaban. Lloraban. Estábamos arrojándolos del volquete a la fosa, y en eso veo que aquel perro de lanas negro se encarama. Sale del hoyo. Y resulta que ya no nos quedaban cartuchos. No había con qué rematarlo. Ni un cartucho. De manera que lo empujaron de vuelta al hoyo y así como estaba lo cubrieron de tierra.

—Hasta el día de hoy me da pena.

—Había muchos menos gatos que perros. Puede que se fueran con sus amos. O puede que se escondieran mejor. Había otro perrillo faldero... blancuzco.

—Es mejor tirar de lejos, para no verles los ojos.

—Más vale apuntar bien, para no tener que rematarlos luego.

—Eso nosotros, los hombres, que entendemos algo; ellos, en cambio, solo viven. Son «despojos andantes».

—A los caballos... los llevaban al matadero. Y los animales lloraban.

—Yo diría más... Todo ser vivo tiene alma. Desde niño, mi padre me enseñó a cazar. Un gamo herido, por ejemplo... Lo ves tumbado... y te pide piedad con los ojos, y tú, en cambio, lo rematas. En los últimos instantes ves que tiene una mirada que entiende, unos ojos casi humanos. Te odia. O te implora: ¡Yo también quiero vivir! ¡Quiero vivir!

—¡Eso para que aprendas! He de decirle que el tiro de gracia es mucho peor que matar. La caza es un deporte, un deporte más. No sé por qué nadie se mete con los pescadores y en cambio todos echan pestes de los cazadores. ¡Es injusto!

—La caza y la guerra son la principal ocupación del hombre. Desde el principio de los tiempos.

—Pues yo no se lo pude confesar a mi hijo. El niño. ¿Dónde he estado? ¿Qué he hecho? El crío piensa hasta hoy que papá se fue a defender su país. ¡Que fue a luchar! Por la tele pasaron imágenes de carros y soldados. Muchos soldados. Y mi hijo me pregunta: «Papá, ¿has estado ahí de soldado?».

—Una vez vino con nosotros un cámara de la televisión. ¿Os acordáis? Con su cámara. El tipo lloraba. Todo un hombre. Y lloraba. Quería filmar sin falta un jabalí de tres cabezas.

—¡Ja, ja, ja! La zorra ve que por el bosque corre Kolobok* y le pregunta: «Kolobok, ¿dónde vas rodando?». «No soy Kolobok, sino un erizo de Chernóbil.» Ja, ja, ja... Como decían: «¡Átomos para la paz: calor en cada hogar!».

—El hombre, le he de decir, muere igual que los animales. Yo lo he visto. Y muchas veces. En Afganistán. Me hirieron en el vientre. Estaba yo tirado bajo el sol. Un calor insoportable. ¡Y una sed! «Voy a morir como un perro», pensé entonces. Y le diré, te desangras igual que ellos. Igual. Y duele.

* *Kolobok*, un pan redondo protagonista de un cuento popular ruso que se encuentra en su rodar a diversos animales. *(N. del T.)*

—Un miliciano que vino con nosotros, pues eso... Perdió la chaveta. En el hospital donde estaba ingresado. Le daban lástima todos los gatos siameses. Que si valen mucho, decía, en el mercado. Que si eran bonitos. Pues ya ve, se le fue la azotea.

—Una vez vimos una vaca con un ternero. No les disparamos. Tampoco a los caballos. Tenían miedo de los lobos, pero no del hombre. Aunque el caballo se sabe defender mejor. Primero, por culpa de los lobos, cayeron las vacas. La ley de la selva.

—El ganado de Belarús se lo llevaban y lo vendían en Rusia. Terneras con leucemia. Qué se le va a hacer. A venderlas más baratas.

—Los que más pena daban eran los viejos. Se acercaban al coche y te decían: «Échale una mirada a mi casa, joven». Te ponían las llaves en las manos: «Llévate el traje, la gorra». Les daban una miseria. «¿Cómo está mi perro?» Al perro lo habían matado de un tiro; la casa ya la habían desvalijado. La verdad es que nunca volverían a sus casas. ¿Cómo se lo ibas a decir? Yo no acepté ninguna llave. No quería engañarlos. Otros sí. «¿Dónde has guardado el samogón? ¿En qué sitio?» Y el viejo se lo contaba. A veces te encontrabas bidones enteros; bidones grandes, de los de la leche.

—Nos pidieron que cazáramos un jabalí para una boda. ¡Un encargo! El hígado se te deshacía en las manos. De todos modos te lo encargan. Para una boda. Un bautizo...

—También cazábamos para los científicos. Una vez cada trimestre: dos liebres, dos zorras, dos gamos. Todos infestados. Pero, de todos modos, hasta cazamos para nosotros y comemos de eso. Al principio teníamos miedo, pero ahora ya nos hemos acostumbrado. Algo hay que comer; porque lo que es todos no cabremos en la Luna, ni en ningún otro planeta.

—No sé quién se compró un gorro de zorro en el mercado y se quedó calvo. Un armenio se compró un fusil barato sacado de una fosa y se murió. Medio mundo asusta al otro medio.

—Pues lo que es a mí, ni en el alma ni en la cabeza, nada

de nada. Murka o Shárik,* qué más da. ¡Ya ve, mi muy señora mía! A mí me mandaban disparar y disparaba. Era un trabajo.

—He hablado con un chófer que sacaba casas de ahí. Se las llevaban. Aunque aquello ya no era una escuela, ni una casa, ni una guardería, sino elementos inventariados para la desactivación. Se las llevaban, ¡y cómo! Me encontré con él, no sé si en los baños o junto al quiosco de cerveza. No me acuerdo bien. Pues eso, el tipo me contaba que se presentaban con un KamAZ** y en tres horas desmontaban una casa. Y, al llegar a la ciudad, los interceptaban. Las deshacían en pedazos. Toda la zona se ha vendido para hacer dachas. Y les pagaban, además de la comida y la bebida.

—Entre nuestra gente los hay que arrasan con todo. Cazadores rapaces. Pero a otros lo que les gusta es simplemente dar un paseo por el bosque. A la caza de pequeñas piezas. De aves.

—Pues yo le diré lo siguiente. Con la cantidad de gente que ha salido malparada, y no hay nadie que responda de ello. Encerraron al director de la central nuclear y ya está. En el sistema de antes era muy difícil decir quién tenía la culpa. Si le dan una orden de arriba, ¿qué se supone que debe usted hacer? Una sola cosa, cumplirla. Investigarían alguna cosa. He leído en el periódico que los militares sacaban de allí plutonio. Para las bombas atómicas. Por eso es que reventó. Si lo planteamos a lo bruto, la pregunta sería la siguiente: ¿Por qué Chernóbil? ¿Por qué nos ocurrió esto a nosotros... y no a los franceses o a los alemanes?

—Se me ha clavado en la memoria. Ya ve qué cosas. Qué lástima: a nadie le quedó ni un solo cartucho. Ni uno solo para rematarlo. A aquel perrillo. Veinte personas éramos. Y ni un cartucho al acabar el día. Ni uno.

---

* Nombres típicos de gatos y perros. *(N. del T.)*
** Camión de gran tonelaje. *(N. del T.)*

MONÓLOGO ACERCA DE QUE NO SABEMOS
VIVIR SIN CHÉJOV NI TOLSTÓI

¿Por qué rezo? Pregúnteme: ¿por qué rezo? No rezo en la iglesia, sino sola. Por la mañana o por la tarde. Cuando en casa todos duermen. ¡Quiero amar! ¡Amo! ¡Rezo por mi amor! Y en cambio... *[Interrumpe la frase. Veo que no quiere hablar.]* ¿Recordar? Puede que lo que haga falta es apartar de uno los recuerdos. Alejarlos. Yo no he leído libros así. Ni he visto películas. En el cine he visto la guerra. Mis abuelos recuerdan que ellos no vivieron su infancia, sino que vivieron la guerra. Su infancia es la guerra, y la mía, Chernóbil. Soy de allí.

Por ejemplo usted escribe; pero lo que es a mí ningún libro me ha ayudado, me ha hecho entender. Ni en el teatro ni en el cine. Yo me intento aclarar sin ellos. Yo sola. Todas las penas las padecemos nosotros mismos, pero no sabemos qué hacer con ellas. Esto no puedo entenderlo con la razón.

Mi madre, sobre todo, no sabía qué decir. Da clases en la escuela de lengua y literatura rusa y siempre me ha enseñado a vivir como mandan los libros. Y de pronto resulta que no hay libros para esto. Mi madre se sintió perdida. Ella no sabe vivir sin los libros. Sin Chéjov, sin Tolstói.

¿Recordar? Quiero y no quiero recordar. *[Parece que o bien atiende a su voz interior, o bien discute consigo misma.]* Si los científicos no saben nada, si los escritores no saben nada, entonces les ayudaremos con nuestra vida y nuestra muerte. Así lo cree mi madre. Yo quisiera no pensar en esto, yo quiero ser feliz. ¿Por qué no puedo ser feliz?

Vivíamos en Prípiat, junto a la central nuclear, allí nací y crecí. En un gran edificio de paneles prefabricados, en el quinto piso. Las ventanas daban a la estación. Era el 26 de abril. Muchos contaban luego que de verdad habían oído la explosión. No sé, en mi familia nadie la notó. Por la mañana me desperté, como de costumbre, y a la escuela. Oí un zumbido. Vi por la ventana cómo sobre el tejado de nuestra casa se mantenía suspendido un helicóptero. ¡Vaya, vaya! ¡Tendré algo que contar en clase! ¿Acaso sabía algo yo? ¿Sabía que nos quedaban dos días en total? De nuestra vida anterior. Tuvimos aún dos días, los últimos dos días de nuestra ciudad. Prípiat ya no existe. Lo que ha quedado de ella ya no es nuestra ciudad.

Se me grabó en la memoria que aquel día un vecino estaba en el balcón con unos prismáticos, observaba el incendio. En línea recta habría unos tres kilómetros. En cambio, nosotros... Las chicas y los chicos... Por el día, volábamos hacia la central en nuestras bicis; los que no tenían bici, nos tenían envidia. Y nadie nos riñó. ¡Nadie! Ni los padres, ni los maestros.

A la hora de comer, en la orilla desaparecieron los pescadores; todos regresaban negros; ni en Sochi* te pones tan moreno ni en un mes. ¡Un moreno nuclear! El humo que se levantaba de la central no era negro, ni amarillo, sino azul. De un tono azulado. Pero nadie nos riñó. Seguramente nuestra educación era tal que el peligro solo podía deberse a una guerra, es decir, explosiones aquí y allá. Pero aquello era un incendio común y corriente, y lo apagaban unos bomberos comunes y corrientes.

Los chicos bromeaban: «Formad largas filas para el cementerio. Los más altos se morirán primero». Yo era peque-

---

* Ciudad balneario a orillas del mar Negro. *(N. del T.)*

ña. No recuerdo el miedo, pero me acuerdo de muchas cosas extrañas. Poco habituales, quiero decir. Una amiga me contó que por la noche su madre y ella enterraron el dinero y los objetos de oro en el patio, tenían miedo de olvidarse del lugar. A mi abuela, en su fiesta de jubilación, le regalaron un samovar de Tula; y no sé por qué lo que más le preocupaba era este samovar y las medallas del abuelo. Y la vieja máquina de coser Singer. ¿Dónde la podemos esconder?

Al poco nos evacuaron. La palabra —«evacuación»— la trajo mi padre del trabajo: «Nos mandan de evacuación». Como en los libros sobre la guerra. Ya nos habíamos subido al autobús, cuando papá se acordó de que se había olvidado algo. Se fue corriendo a casa. Y regresó con sus dos camisas nuevas. Estaban en la percha. Fue algo extraño. Poco habitual en mi padre.

En el autobús todos callaban y miraban por las ventanillas. Los soldados no parecían de este planeta: iban por las calles con unas batas blancas y máscaras.

—¿Qué va a ser de nosotros? —se dirigía a ellos la gente.

—¿Por qué nos lo preguntan a nosotros? —contestaban furiosos—. Allí tienen los «Volgas»* blancos, allí están los que mandan.

Viajamos en autobús. Cuando nos marchábamos, el cielo era de un espléndido azul. ¿Adónde vamos? En bolsas y redes, los pasteles de Pascua, huevos pintados. Si aquello era la guerra, yo por los libros me la imaginaba de otro modo. Explosiones aquí y allá. Bombardeos. Avanzábamos lentamente. Nos lo impedía el ganado. Llevaban a las vacas y a los caballos por la carretera. Olía a polvo y a leche.

Los conductores no paraban de maldecir y gritaban a los pastores: «¿Qué hacéis en medio de la carretera? ¡La madre que os...! ¡Estáis levantando polvo radiactivo! Id por el campo, por los prados».

* Marca de coche, entonces muy usada por los funcionarios. *(N. del T.)*

Y los otros, también entre blasfemias, les contestaban a modo de justificación que les daba pena pisar el cereal y la hierba verdes.

Nadie se creía que ya no volveríamos. Porque una cosa así, que la gente no regresara a casa, nunca había sucedido antes. La cabeza me daba un poco vueltas y me picaba la garganta. Las mujeres mayores no lloraban; lloraban las jóvenes. Mi madre lloraba.

Llegamos a Minsk. Pero los asientos del tren los compramos a la revisora por el triple de su precio. La mujer trajo a todo el mundo té, pero a nosotros nos dijo:

—Denme sus tazas y vasos. —Tardamos en comprender.

—¿Qué pasa, es que faltan vasos? —¡No! Nos tenían miedo.

—¿De dónde son?

—De Chernóbil.

Y la gente se apartaba poco a poco de nuestro compartimento, no dejaban acercarse a los niños, les prohibían que corrieran a nuestro lado.

Llegamos a Minsk y fuimos a casa de una amiga de mamá. Hasta hoy, a mi madre le da vergüenza recordar cómo, con nuestra ropa y con los zapatos «sucios», nos metimos por la noche en una casa ajena. Pero nos recibieron bien, nos dieron de comer. Sentían compasión por nosotros. Pasaron a vernos unos vecinos.

—¿Tenéis invitados? ¿De dónde?

—De Chernóbil.

Y ellos también dieron marcha atrás.

Pasado un mes, a mis padres les permitieron ir a casa para ver cómo estaba. Mis padres recogieron una manta de invierno, mi abrigo de otoño y la colección completa de la *Correspondencia* de Chéjov, los libros que más quería mi madre. Eran siete tomos, creo. La abuela... nuestra abuela... no podía comprender por qué no se trajeron un par de botes de mermelada de fresas que tanto me gustaba; pero si estaba en los botes, bien cerrados con tapas. Con tapas de hierro. En la manta descubrimos una «mancha». Mamá lavó la manta, la limpió con la aspiradora; no había nada que hacer. La dieron a la tintorería. Aquello «ardía». Aquella «mancha»... Hasta que no la cortaron con unas tijeras... Todas las cosas más usuales y familiares: la manta, el abrigo... Pero yo ya no podía dormir bajo aquella manta. Ni ponerme el abrigo. No teníamos dinero para comprar uno nuevo, pero yo no podía. ¡Odiaba aquellas cosas! ¡Odiaba mi abrigo! ¡No es que lo temiera, sino, entiéndame bien, lo odiaba! ¡Todo eso me podía matar! ¡Podía matar a mi madre! Tenía un sentimiento de animadversión. Es algo que no puedo entender con la razón.

En todas partes se hablaba de la catástrofe: en casa, en la escuela, en el autobús, en la calle. La comparaban con Hiroshima. Pero nadie lo creía. ¿Cómo se puede creer en algo que no se comprende? Por mucho que te esfuerces, por más que lo intentes comprender, es que no puedes. Recuerdo que cuando nos marchábamos de nuestra ciudad, el cielo era de un azul espléndido.

En cuanto a la abuela... No se acostumbró al nuevo lugar. Añoraba su tierra. Poco antes de morir pedía: «¡Quiero un poco de acedera!». Pero prohibieron comer acedera durante varios años; es la que más radiación acumula. La llevamos a enterrar a su aldea natal, a Dubróvniki. Aquello ya era la zona rodeada de alambradas. Había unos soldados armados. Dejaron pasar solo a los mayores. A papá y a mamá. A los parientes. A mí no me dejaron: «Los niños no pueden pasar». Y comprendí que nunca podría ir a ver a mi abuela. Comprendí.

¿Dónde se puede leer sobre algo así? ¿Dónde ha sucedido algo parecido? Mamá me confesó: «¿Sabes? Odio las flores y los árboles». Dijo eso y se asustó de sus propias palabras, porque había crecido en el campo y todo eso lo conocía y lo amaba... Eso era antes. Cuando paseábamos con ella por la ciudad, ella podía nombrar cada flor y cualquier hierba. Uña de caballo, yero...

En el cementerio... sobre la hierba... pusieron un mantel, colocaron la comida, el vodka... Al regresar, los soldados lo comprobaron todo con el dosímetro y lo tiraron todo a la basura. La hierba, las flores... Todo «crepitaba». ¿Adónde hemos llevado a nuestra abuela?

Pido amor. Pero tengo miedo. Me da miedo amar. Tengo novio, ya hemos entregado los papeles al registro. ¿Ha oído usted hablar de los *hibakusi* de Hiroshima? Son los supervivientes de Hiroshima. Solo pueden casarse entre ellos. Aquí no se escribe nada sobre esto; de esto ni se habla. Pero nosotros existimos. Somos los *hibakusi* de Chernóbil. Mi novio me llevó a su casa; me presentó a su familia. A su madre, una buena persona. Trabaja en una fábrica, de economista. Es activista social. Va a todos los mítines anticomunistas, lee a Solzhenitsin. Pues bien, esta buena madre, cuando se enteró que soy de una familia de Chernóbil, de los evacuados, me preguntó asombrada: «Cariño, ¿pero tú puedes tener hijos?». Ya hemos entregado los papeles. Él suplicaba: «Me iré de casa. Alquilaremos un piso». Pero a mí no se me salen de la cabeza las palabras de su madre: «Cariño, para algunos parir es pecado». Amar es pecado.

Antes salí con otro chico. Un pintor. También queríamos casarnos. Todo fue bien hasta que ocurrió algo. Entro yo un día en su taller y oigo cómo grita por el teléfono: «¡Qué suerte has tenido! ¡No te imaginas la suerte que has tenido!». Por lo general era una persona tranquila, hasta algo flemático, ni un signo de exclamación en sus palabras. ¡Y de pronto!, ¿qué es lo que había pasado? Su amigo vivía en una residencia de estudiantes. El muchacho se asomó a la habitación de al lado y vio a una chica colgada. Se había atado a la ventanilla. Se ahorcó con una media. Su amigo la descolgó. La bajó. Llamó a la ambulancia. Y el mío casi no podía hablar y temblaba: «¡No te puedes ni imaginar lo que ha visto! ¡Qué ha sentido! La ha llevado en sus brazos. Tenía espuma blanca en los labios». Sobre que la muchacha había muerto ni una palabra, ni un lamento. Lo único que quería era verla y recordarla. Y luego pintarla. Y en aquel instante recordé cómo me preguntaba sobre el color del humo en el incendio de la central, si había visto a los perros y gatos acribillados a balazos, y cómo se los veía tirados en las calles. ¿Cómo lloraba la gente? ¿Había visto cómo se morían?

Después de aquel día... ya no podía seguir con él..., responder a sus preguntas... *[Tras un silencio.]* No sé si quiero volver a encontrarme con usted. Tengo la sensación de que me mira igual que él. Solo me observa. Para recordar. Como si se tratara de un experimento que se hiciera con nosotros. A todos les resulta interesante. No puedo librarme de esta sensación. Ya nunca podré librarme.

¿Y usted sabría decirme por qué recae sobre nosotras este pecado? El pecado de parir un hijo. Si yo no tengo culpa alguna.

¿Tengo yo la culpa de querer ser feliz?

KATIA P.

MONÓLOGO ACERCA DE CÓMO SAN FRANCISCO PREDICABA A LOS PÁJAROS

Es mi secreto. Nadie más lo sabe. Solo he hablado de esto con mi amigo.

Soy operador de cine. Y viajé al lugar teniendo muy presente lo que nos habían enseñado: uno se convierte en un verdadero escritor solo en la guerra, y todo eso. Mi autor predilecto es Hemingway y mi libro preferido, *Adiós a las armas*. Llegué a ese lugar. Vi a la gente trabajando en sus huertas; los tractores y las sembradoras, en los campos. ¿Qué debía filmar? Ni idea. Ni una explosión por ninguna parte.

La primera filmación fue en un club rural. En el escenario había un televisor, reunieron a la gente. Escuchaban a Gorbachov: todo va bien, todo está bajo control. En aquel pueblo, en el que estábamos filmando, se llevaba a cabo una desactivación. Estaban lavando los tejados, traían tierra limpia. Pero ¿cómo se puede lavar un tejado, si la casa tiene goteras? Había que arrancar la tierra a la profundidad de una pala, cortar toda la capa fértil. Más abajo solo queda arena amarilla.

Tenemos, por ejemplo, una abuela que, siguiendo las indicaciones del consejo rural, tira la tierra, pero le saca el estiércol. Lástima no haberlo filmado.

Fueras a donde fueses, te decían: «Vaya, las cámaras. Ahora os traemos a los héroes». Los héroes, un viejo con su nieto, condujeron durante dos días seguidos todo el ganado de un koljós cercano a Chernóbil.

Después de la filmación, el zootécnico me llevó a una zanja gigantesca; allí es donde habían enterrado a todas aquellas vacas. Pero no se me ocurrió filmar aquello. Me coloqué de espaldas a la zanja y me puse a filmar en la mejor tradición de los documentales soviéticos: los tractoristas leen el periódico *Pravda*. El título en letras gigantes: «La Patria no os abandonará». Hasta tuve suerte: miro y veo una cigüeña que se posa en el campo. ¡Todo un símbolo! Por terrible que sea la desgracia que nos caiga encima, ¡venceremos! La vida sigue.

Caminos rurales. Polvo. Yo ya había comprendido que no era simple polvo, sino polvo radiactivo. Guardaba la cámara para que no se ensuciara; había que cuidar la óptica del aparato. Era un mayo seco, muy seco. Cuánta porquería tragamos, no sé. Al cabo de una semana se me inflamaron los ganglios. En cambio economizábamos película como si fueran municiones; porque el primer secretario del Comité Central, Sliunkov, debía presentarse en el lugar. Nadie te anunciaba de antemano en qué lugar iba a aparecer, pero nosotros mismos lo adivinamos. El día anterior, por ejemplo, cuando recorrimos una carretera, la columna de polvo se levantaba hasta el cielo, y al siguiente ya la estaban asfaltando, y qué asfalto: ¡dos o tres capas! La cosa estaba clara: ahí es donde se esperaba que apareciera la comitiva. Luego estuve filmando a estas autoridades, que no se salían para nada del asfalto recién colocado. Ni un centímetro fuera. También esto aparecía en la grabación; pero no lo incluí en el guión.

Nadie comprendía nada: esto es lo más terrible. Los dosimetristas daban unas cifras, en cambio, en los periódicos leíamos otras. Y entonces es cuando poco a poco te empieza a llegar algo... Ah, ah, ah... En casa he dejado a un niño pequeño, a mi mujer, a la que quiero. ¡Qué estúpido he de ser para encontrarme aquí! Bueno, me darán una medalla. Pero mi mujer me dejará.

La única salvación era el humor. Se contaban chistes sin parar: En una aldea abandonada se ha instalado un vagabundo y en el lugar se han quedado cuatro mujeres. Y les preguntan:

—¿Qué tal se porta vuestro varón?

—El garañón este aún tiene redaños para acercarse hasta la otra aldea.

Si uno intenta ser sincero hasta el final... Tú ya estás aquí. Y tú ya lo entiendes: es Chernóbil. Pero ves la cinta de la carretera. Un riachuelo que corre, simplemente el correr del agua. Y en cambio ocurre algo como esto. Vuelan las mariposas. Una mujer hermosa se encuentra junto al río. Y ocurre algo como esto. Solo había notado algo parecido cuando se murió una persona que me era cercana. Brilla el sol... Tras una pared suena la música... Las golondrinas aletean bajo el techo... Y el hombre, que ha muerto... Llueve... Y el hombre ha muerto. ¿Comprende? Quiero captar con las palabras mis sentimientos, transmitir cómo ocurría esto en mí entonces. Caer como quien dice en otra dimensión.

Un día veo un manzano en flor y me pongo a filmar. Zumban los abejorros, resplandece una luz nupcial. Y de nuevo: la gente trabajando, los jardines en flor. Tengo en mis manos la cámara, pero hay algo que no puedo entender. ¡Algo que no va! La exposición es normal, el cuadro es hermoso, pero algo ocurre. Y de pronto caigo: no noto el olor. El jardín está en flor, ¡pero no huele a nada! Solo después me enteré de que el organismo reacciona así ante las altas radiaciones: se bloquean algunos órganos. Mi madre tiene setenta y cuatro años, y la mujer, recuerdo, que se quejaba de que había perdido el olfato. Pues bien, pensé, ahora me ocurre a mí lo mismo. Entonces pregunté a los del grupo, éramos tres:

—¿Cómo huele el manzano?

—No huele a nada.

También les pasaba algo. Las lilas no olían. ¡Las lilas! De pronto tuve la sensación de que todo lo que me rodeaba no era de verdad. Que me encontraba en un decorado. Y que mi conciencia no podía entender aquello, que no se veía capaz. No tenía en qué apoyarse. ¡Le faltaba el esquema!

Un recuerdo de infancia... Una vecina que había sido guerrillera me había contado cómo durante la guerra su unidad intentaba salir de un cerco. La mujer llevaba en brazos a un niño de un mes; iban por una ciénaga; alrededor, el enemigo. El niño lloraba. Podía delatarlos, los hubieran descubierto, a toda la unidad. Y lo ahogó. Pero lo contaba de manera enajenada; como si no hubiera sido ella sino otra mujer la que lo había hecho y como si el niño no fuera suyo. ¿Por qué se acordó de esto? No lo recuerdo. Me acuerdo muy claramente de otra cosa, de su horror: ¿qué es lo que había hecho? ¿Cómo había podido? Yo tenía la impresión por su relato de que toda la unidad de guerrilleros salía del cerco por este niño, para salvar al niño. Y entonces descubrí que para que estos hombres sanos y fuertes siguieran con vida tuvieron que ahogar a aquel niño. ¿Cuál es entonces el sentido de la vida? Después de aquello no tenía ganas de vivir. A mí, un crío, me resultaba incómodo mirar a aquella mujer, porque me enteré de aquello. En una palabra, me enteré de algo horroroso de los hombres. ¿Y ella, cómo me podía mirar?
[Se queda callado un rato.]

Por esta razón no quiero recordar. Recordar aquellos días en la zona. Me invento diversas explicaciones. No quiero abrir esa puerta. Allí quería comprender dónde era yo de verdad y dónde no lo era. Ya tenía hijos. El primer hijo. Cuando nació mi hijo dejé de tener miedo a la muerte. Se me abrió el sentido de mi vida.

Estoy por la noche en un hotel. Me despierto: un rumor monótono tras la ventana y unos incomprensibles destellos azulados. Abro las cortinas: por la calle pasan decenas de coches militares con cruces rojas y luces de alarma. En completo silencio. Experimenté algo parecido a un shock. De la memoria emergían escenas de las películas. Y al instante me trasladé a la infancia. Somos hijos de la posguerra y nos gustaban las películas bélicas. Pues eso, escenas de esas. El miedo de un niño. Como si todos los tuyos se hubieran marchado de la ciudad y tú te hubieras quedado solo, y debieras tomar una decisión. ¿Y qué sería lo más correcto? ¿Simular que no estás vivo? ¿O qué? Y, si tienes que hacer algo, ¿qué es ese algo?

En Jóiniki, en el centro de la ciudad, colgaba un cuadro de honor. Los mejores hombres del distrito. Pero quien se metió en la zona contaminada y sacó de allí a los niños de la guardería fue un chófer borracho y no quien aparecía en el cuadro de honor. Todos se convirtieron en lo que de verdad eran.

Y otra cosa de la evacuación. Primero se llevaron a los niños. Los recogieron en los grandes autobuses *Ikarus.* Y de pronto me descubro a mí mismo filmando aquello como lo había visto en las películas de guerra. Y al mismo tiempo noto que no solo yo, sino también la gente que participa en toda aquella acción se comporta de manera parecida. Se comporta del mismo modo que en otro tiempo. ¿Recuerda, en *Vuelan las cigüeñas,* ese filme que todos apreciamos: «Una lágrima breve en los ojos y palabras escuetas de adiós»? Un gesto de despedida con la mano.

Resultaba que todos nosotros buscábamos una forma de comportamiento que nos resultara ya conocida. Nos esforzábamos en sintonizar con algo.

Una niña agita la mano hacia su madre queriéndole decir que todo está en orden, que ella es una niña valiente. ¡Venceremos! Somos... Somos así.

Entonces pensé que llegaría a Minsk y que allí también estarían evacuando a la gente. Pensé en cómo me despediría de los míos, de mi mujer y mi hijo. Y me imaginaba también este gesto: ¡Venceremos! Somos guerreros. Mi padre, en todo el tiempo que recuerdo, llevó ropa militar, aunque no lo era. Pensar en el dinero era de burgueses; preocuparte por tu propia vida, no patriótico. El estado normal era el hambre. Ellos, nuestros padres, sobrevivieron al desastre, por tanto también nosotros debíamos superarlo. No había otra manera de convertirse en un hombre de verdad. Nos han enseñado a luchar y a sobrevivir bajo cualquier circunstancia. A mí mismo, después del servicio militar, la vida civil me resultaba insulsa. Salíamos en grupo por la noche a la ciudad en busca de emociones fuertes.

De niño leí un libro genial, *Los depuradores,* he olvidado el autor. Allí daban caza a terroristas y a espías. ¡Era emocionante! ¡La pasión de la caza! Así estamos hechos. Si cada día significa trabajar y comer bien, ¡la cosa resulta insoportable, incómoda!

Nos alojaron en la residencia de una escuela técnica, junto con los liquidadores. Unos chicos jóvenes. Nos distribuyeron vodka, una maleta entera. Para echar fuera la radiación. Y de pronto nos enteramos de que en la misma residencia se había instalado una unidad sanitaria. Todo chicas. «¡Vaya jolgorio vamos a montar!», se decían los muchachos. Dos fueron a por ellas, pero al momento regresaron con unos ojos así de grandes. Nos invitan...

La escena es la siguiente: van por el pasillo unas muchachas. Bajo las chaquetas se ven unos pantalones y unos calzoncillos con cintas, las prendas les llegan al suelo, les cuelgan y ninguna se avergüenza de ello. Todo lo que llevaban era viejo, «PU» (prendas usadas) y de otra talla. Y les cuelga como en una percha. Algunas van en zapatillas, otras calzadas con unas botas destrozadas. Y, además, sobre las chaquetas llevan uniformes especiales impermeabilizados, impregnados de no sé qué compuesto químico. Qué olor. Algunas no se lo quitaban ni para dormir. Daba pánico verlo. Y no eran ni siquiera enfermeras; las sacaron de la facultad, del departamento militar.* Les aseguraron que sería para un par

---

* En todas las carreras universitarias había una «cátedra militar», un departamento de instrucción militar, en el que se adiestraba a los estudiantes en el arte de la guerra. Así todo estudiante, al acabar la carrera, adquiría, además del título, un grado militar. *(N. del T.)*

de días, pero cuando llegamos nosotros, ya llevaban un mes. Nos contaron que las llevaron al reactor, y allí se hartaron de ver quemaduras; de las quemaduras solo sé lo que he oído contar a ellas. Aún las estoy viendo ahora, recorriendo la residencia como sonámbulas.

En los periódicos se decía que, por fortuna, el viento había soplado en otra dirección. No hacia la ciudad. Es decir, no en dirección a Kíev. Aún nadie sabía que... La gente no caía en la cuenta de que soplaba hacia Belarús. En dirección a mí y a mi Yúrik. Aquel día yo paseaba con mi hijo por el bosque, mordisqueando uva de gato. ¡Dios santo! ¿Cómo es que nadie me avisó?

Luego, después de la expedición, regreso a Minsk. Voy en el trolebús al trabajo. Y me llegan fragmentos de conversación. Hablaban de que unos muchachos habían ido a filmar a Chernóbil, y que uno de los cámaras murió allí mismo. Se quemó. Yo me pregunto: «¿Quién habrá sido?». Sigo escuchando: un joven, con dos hijos. Oigo un nombre: Vitia Gurévich. Tenemos un cámara que se llama así, un chico muy joven. Pero ¿con dos hijos? ¿Y cómo es que lo ocultaba? Nos acercamos a los estudios de cine y en eso alguien corrige: no es Gurévich, sino Gurin, y se llama Serguéi. ¡Dios santo! ¡Pero si soy yo! Ahora me río, pero entonces, cuando iba del metro a los estudios de cine, me moría de miedo al pensar que al abrir la puerta... No se me iba de la cabeza una idea absurda: «¿De dónde habrán sacado mi fotografía? ¿De la sección de personal?». ¿Dónde habría nacido aquel rumor?

Y además te encontrabas con que aquello no casaba: por un lado, las proporciones descomunales de los hechos, y por el otro, el número de víctimas. En la batalla de Kursk,* por ejemplo, hubo miles de muertos. En eso la cosa está clara. Pero aquí, los primeros días se hablaba de tan solo siete bomberos. Luego unos cuantos más. Y solo más tarde nos

---

* Una de las grandes batallas de la Gran Guerra Patria (1943). *(N. del T.)*

empezaron a llegar unas explicaciones demasiado abstractas para nuestro entendimiento: «dentro de varias generaciones», «eternamente», la «nada». Empezaron a correr rumores sobre pájaros de tres cabezas, historias de gallinas que atacaban a picotazos a las zorras, de erizos calvos...

Y luego... Luego resulta que otra vez alguien tiene que ir a la zona. Un cámara se trajo un certificado médico de que tenía úlcera de estómago, otro se largó de permiso. Me llaman:

—¡Tienes que ir!

—Pero si acabo de volver.

—Compréndelo: tú ya has estado allí. A ti ya te da igual. Y además: ya tienes hijos. Ellos, en cambio, son jóvenes.

¡Maldita sea! ¡Y si quiero tener cinco o seis hijos! En fin, que me presionan: pronto vendrá una remodelación y tú contarás con un buen as. Te subirán el sueldo. En una palabra, no sabes si llorar o reír. Es una historia que llevo metida en el rincón más negro de la conciencia.

En una ocasión estuve filmando a gente que había estado en los campos. Son gente que suele evitar el contacto. Y yo estoy de acuerdo con ellos. Hay algo de antinatural en eso de reunirse y recordar la guerra. Recordar cómo los mataban y cómo mataban ellos. Personas que han sufrido juntas la humillación o que han conocido hasta dónde puede llegar un hombre allí; en lo hondo de su subconsciente, son seres que huyen el uno del otro. Huyen de sí mismos. Huyen de aquello que han descubierto allí sobre el hombre. De aquello que ha salido a flote de su interior. De debajo de la piel. Por eso... Por eso huyen. Algo ocurrió allí. En Chernóbil.

Yo también descubrí allí algo, sentí algo de lo que no querría hablar. Por ejemplo, que todas nuestras ideas humanistas son relativas. En situaciones extremas, el hombre, en realidad, no tiene nada que ver con cómo lo describen en los libros. A hombres como los que aparecen en los libros, yo no los he visto. No me he encontrado a ninguno. Todo es al revés. El hombre no es un héroe. Todos nosotros somos vendedores de Apocalipsis. Los grandes y los pequeños.

Me vienen a la memoria algunos fragmentos. Cuadros. Un presidente de koljós quiere sacar en dos camiones a toda su familia con sus cosas, con los muebles; y el responsable del Partido exige un coche para él. Pide justicia. En cambio yo desde hace varios días soy testigo de que no hay modo de sacar de allí a los niños, el grupo de la casa-cuna. No hay transporte. En cambio esos no tienen bastante con dos camiones para empaquetar todos sus bártulos, hasta los botes de tres litros con las mermeladas y los encurtidos. Vi cómo los cargaban, esos camiones. Y no los filmé. *[De pronto se echa a reír.]* En una tienda compramos salchichas y conservas, y luego nos dio miedo comer aquello. Nos lo llevamos en bolsas. También era una lástima tirarlo. *[Ahora ya en serio.]* El mecanismo del mal funcionará incluso en el Apocalipsis. Eso es lo que comprendí. La gente sigue yendo con sus chivateos, sigue haciendo la pelota a los de arriba para salvar su televisor o su abrigo de piel. Incluso ante el fin del mundo, el hombre seguirá siendo el mismo, igual que es ahora. Siempre.

Me siento algo culpable por no haber conseguido para mi grupo de filmación ninguna ventaja. Uno de nuestros chicos necesitaba un piso. Voy al comité de sindicatos:

—Ayúdennos —les digo—, nos hemos pasado medio año en la zona. Algún privilegio nos ha de corresponder.

—De acuerdo —nos responden—, pero tráigannos los certificados que lo acrediten. Necesitamos los papeles con sus sellos.

Pero, cuando se nos ocurrió ir al Comité del Partido, allí solo quedaba una mujer, Nastia, pasando la bayeta por los pasillos. Todos se habían largado. En cambio tenemos a un director de cine que tiene todo un fajo de documentos: dónde ha estado, qué ha filmado. ¡Un héroe!

Tengo en la memoria un gran filme, una larguísima película que no he filmado. De muchos capítulos. *[Calla.]*
Todos somos vendedores de Apocalipsis.
Entramos con unos soldados en una casa de pueblo. Allí vive solo una vieja.
—Bueno, abuela, vámonos.
—Vámonos, pues.
—Recoge entonces tus cosas, abuela.
La esperamos en la calle. Fumamos un pitillo. Y en eso que sale la mujer llevando encima un icono, un gato y un hatillo. Eso es todo lo que se lleva consigo.
—Abuela, el gato no puede ser. No está permitido. Tiene el pelo radiactivo.
—Eso sí que no, hijos míos, sin el gato no me marcho. ¿Cómo lo voy a abandonar? Dejarlo solo. Si es mi familia.
Pues bien, a partir de aquella mujer... Y de aquel manzano en flor... A partir de aquello empezó todo. Ahora solo filmo animales. Ya se lo he dicho, he descubierto el sentido de mi vida.
En una ocasión mostré mis filmaciones de Chernóbil a unos niños. Y me lo echaron en cara: ¿Para qué? Está prohibido. No hace falta. Y así viven, sumidos en el miedo, rodeados de rumores; tienen alteraciones en la sangre, se les ha destruido el sistema inmunológico. Pensaba que vendrían cinco o seis personas. Pero la sala entera se llenó. Las preguntas eran de lo más diverso, pero una se me grabó en la memoria. Un chico, con voz entrecortada, rojo de vergüenza, al parecer uno de esos niños callados, poco habladores, preguntó: «¿Y por qué no se pudo ayudar a los animales que se quedaron allí?». ¿Cómo que por qué? A mí no se me había ocurrido esta pregunta. Y no pude contestarle. Nuestro arte solo trata del sufrimiento y del amor humano y no de todo lo vivo. ¡Solo del hombre! No nos rebajamos hasta ellos, los animales, las plantas. No vemos el otro mundo. Porque el hombre puede destruirlo todo. Matarlo todo. Ahora esto ya

no es ninguna fantasía. Me contaron que en los primeros meses posteriores al accidente, cuando se discutía la evacuación de las personas, se presentó un proyecto de trasladar también a los animales con los hombres. Pero ¿cómo? ¿Cómo se podía trasladarlos a todos? Es posible que de alguna manera se lograra trasladar a los que andan por el suelo. Pero ¿y los que viven dentro de la tierra: a los escarabajos, a los gusanos? ¿Y los que viven arriba, en el aire? ¿Cómo se puede evacuar a un gorrión o a una paloma? ¿Qué hacer con ellos? No tenemos manera de transmitirles la información necesaria.

Quiero hacer una película. Se titulará *Los rehenes*. Será sobre los animales. ¿Recuerda la canción «Iba por el mar una isla pelirroja»? Un barco se hunde, la gente se sube a los botes. Pero los caballos no saben que en los botes no hay sitio para los animales.

Será una parábola actual. La acción transcurre en un planeta lejano. Un cosmonauta con escafandra. A través de los auriculares oye un ruido. Y ve que hacia él avanza algo enorme. Algo inmenso. ¿Un dinosaurio? Sin comprender aún de qué se trata, el hombre dispara. Al cabo de un instante, de nuevo algo se acerca a él. Y también se lo carga. Y pasado otro momento aparece un rebaño. El hombre organiza una matanza. Cuando, en realidad, lo que pasa es que se ha producido un incendio y los animales trataban de salvarse, corriendo por la senda en la que se hallaba el cosmonauta. ¡Eso es el hombre!

En cambio conmigo... Le contaré. Allí se produjo en mí algo insólito. He empezado a ver con otros ojos a los animales. A los árboles. A las aves. Sigo viajando a la zona. Todos estos años. De una casa abandonada, de una casa humana saqueada, sale corriendo un jabalí... y aparece un alce hembra. Eso es lo que filmo. Eso es lo que busco. Quiero hacer un filme nuevo. Verlo todo a través de los ojos de los animales.

—¿Qué estas filmando?, ¿sobre qué? —me preguntan—. Mira a tu alrededor. ¿O es que no ves que hay guerra en Chechenia?

En cambio, san Francisco predicaba a las aves. Hablaba con los pájaros de igual a igual. ¿Tal vez los pájaros hablaban con él en su lengua y no fue él quien se rebajó hasta ellos? Él comprendía su lenguaje secreto.

¿Recuerda en Dostoyevski cómo un tipo le daba a un caballo de latigazos en sus ojos sumisos? ¡Un loco de atar! No en los lomos, sino en sus ojos sumisos.

Serguéi Gurin,
operador de cine

MONÓLOGO SIN NOMBRE... UN GRITO

¡Buena gente! ¡Déjennos en paz, por lo que más quieran! Ustedes charlan con nosotros y luego se marchan, ¡pero nosotros hemos de vivir aquí!
Aquí están las cartillas médicas. Cada día las tomo en mis manos. Las leo...
Ania Budái... nacida en 1985... 380 rem.*
Vitia Grinkévich... nacido en 1986... 785 rem.
Nastia Shablóvskaya... nacida en 1986... 570 rem.
Aliosha Plenin... nacido en 1985... 570 rem.
Andréi Kotchenko... nacido en 1987... 450 rem.
Hoy, una madre me ha traído a una niña como estos a la consulta.
—¿Qué te duele?
—Me duele todo, como a mi abuela: el corazón, la espalda, y me da vueltas la cabeza.
Desde niños ya conocen la palabra «alopecia», porque muchos se han quedado sin pelo. Sin cejas, sin pestañas. Todos se han acostumbrado a ello. Pero en nuestra aldea solo tenemos una escuela de primaria, y los niños que pasan a la quinta clase** tienen que tomar el autobús para ir a otra es-

---

* Rem: *roentgen equivlalent man* o «unidad de radiación absorbida»; equivalente biológico de un roentgen. *(N. del T.)*
** A la edad de doce años. *(N. del T.)*

cuela a diez kilómetros. Y los niños lloran, no quieren ir. Allí los demás niños se reirán de ellos.

Usted misma lo ha visto. Tengo el pasillo lleno de enfermos. Que esperan. Yo cada día oigo cada cosa que los horrores que ustedes ven por la tele es pura basura. Así se lo puede transmitir a las autoridades de la capital: ¡Basura! Modernismo... Postmodernismo. Por la noche me sacaron de la cama por una urgencia. Llego al lugar. La madre está de rodillas junto a la camita: la criatura se está muriendo. Y oigo la súplica de la madre: «Quería, hijito, que si esto ocurría, que fuera en verano. En verano hace calor, hay flores, la tierra está blanda. Ahora es invierno. Espera aunque sea hasta la primavera...».

¿Lo escribirá así?

Yo no quiero comerciar con su desgracia. Filosofar. Para eso tendría que quedarme a un lado. Y yo no puedo. Oigo cada día lo que dicen. Cómo se quejan y lloran. Buena gente. ¿Quiere saber la verdad? Siéntese a mi lado y apunte. Pero si nadie va a leer un libro así.

Mejor sería que nos dejaran en paz. Nosotros hemos de vivir aquí.

ARKADI PÁVLOVICH BOGDANKÉVICH,
médico rural

MONÓLOGO A DOS VOCES... DE HOMBRE Y DE MUJER

Hablan: Los maestros Nina Konstantínovna y Nikolái Prójorovich Zharkov. Ella enseña literatura; él da clases de formación profesional.

Ella:
Pienso tan a menudo sobre la muerte que no quiero verla. ¿Nunca ha escuchado usted las conversaciones de los niños sobre la muerte? Por ejemplo, los míos. En la séptima clase* discuten y me preguntan: «¿Da miedo o no la muerte?». Si hasta hace poco a los pequeños les interesaba de dónde venían: «¿De dónde vienen los niños?». Ahora lo que les preocupa es qué pasará después de una bomba atómica. Han dejado de querer a los clásicos; yo les leo de memoria a Pushkin y veo que sus miradas son frías, ausentes. El vacío. A su alrededor ha surgido otro mundo. Leen ciencia ficción; esto los atrae, les gusta leer cómo el hombre se aleja de la Tierra, opera con el tiempo cósmico, vive en distintos mundos. No pueden temer a la muerte del mismo modo como la temen los mayores, como yo, por ejemplo; la muerte les preocupa como algo fantástico. Como un viaje a alguna parte.

* A la edad de catorce años. *(N. del T.)*

Reflexiono. Pienso en ello. La muerte que te rodea te obliga a pensar mucho. Doy clases de literatura rusa a unos niños que no se parecen a los que había hará unos diez años. Ante los ojos de estos críos, constantemente entierran algo o a alguien. Lo sumergen bajo tierra. A conocidos. Casas y árboles. Lo entierran todo. Cuando están en formación, estos niños caen desmayados; cuando se quedan de pie unos quince o veinte minutos les sale sangre de la nariz. No hay nada que les pueda asombrar ni alegrar. Siempre somnolientos, cansados. Las caras, pálidas, grises. Ni juegan ni hacen el tonto. Y si se pelean, si rompen sin querer un vidrio, los maestros hasta se alegran. No los riñen, porque no se parecen a los niños. Y crecen tan lentamente... Les pides en una clase que te repitan algo y el crío no puede; la cosa llega a que a veces pronuncias una frase para que la repita después y no puede. «¿Pero dónde estás? ¿Dónde?», los intentas sacar del trance.

Pienso. Pienso mucho. Como si dibujara con agua sobre un cristal; solo yo sé que estoy dibujando, nadie lo ve, nadie lo adivina. Nadie se lo imagina.

Nuestra vida gira en torno a una sola cosa. En torno a Chernóbil. ¿Dónde estabas entonces, a qué distancia vivías del reactor? ¿Qué has visto? ¿Quién ha muerto? ¿Quién se ha marchado? ¿Adónde?... Durante los primeros meses, recuerdo, se llenaron de nuevo los restaurantes, se oía el bullicio de las fiestas. «Solo se vive una vez.» «Si hemos de morir, que sea con música.» Todo se llenó de soldados, de oficiales.

Ahora, Chernóbil está cada día con nosotros. Un día murió de pronto una joven embarazada. Sin diagnóstico alguno, ni siquiera el forense anotó diagnóstico alguno. Una niña se ahorcó. De la quinta clase.* Sin más ni más. Una niña pequeña. Y el mismo diagnóstico para todos; todos dicen: «Chernóbil».

Nos echan en cara: «Estáis enfermos por culpa de vuestro miedo». Debido al miedo. A la «radiofobia». Entonces, que

---

* A los ocho años de edad. *(N. del T.)*

me expliquen por qué los niños enferman y se mueren. Los niños no conocen el miedo, aún no lo entienden.

Recuerdo aquellos días. Me ardía la garganta, y notaba un peso, una extraña pesadez en todo el cuerpo. «Esto es hipocondría —me dice la médico—. Todos se han vuelto aprensivos, porque ha ocurrido lo de Chernóbil.» «¿Qué hipocondría? Me duele todo, no tengo fuerzas.»

Mi marido y yo no nos atrevíamos a decírnoslo, pero empezaron a dejarnos de responder las piernas. Todos los de nuestro alrededor se quejaban; nuestros amigos, toda la gente. Ibas por la calle y te parecía que de un momento a otro te ibas a caer al suelo. Que te ibas a acostar en el suelo y dormirte.

Los escolares se tumbaban sobre los pupitres, se dormían en medio de la clase. Y todos se volvieron terriblemente tristes, malhumorados, en todo el día no veías una cara contenta, o que alguien de tu alrededor le sonriera a otro. Desde las ocho de la mañana hasta las nueve de la noche, los niños permanecían en la escuela; estaba estrictamente prohibido jugar en la calle y correr.

A los escolares les dieron ropa nueva. A las chicas, faldas y blusas; a los chicos, trajes; pero con aquella ropa se marchaban a casa y adónde iban con ella es algo que no sabíamos. Según las instrucciones, las madres debían lavar esta ropa cada día, para que los niños vinieran a la escuela con todo limpio. Para empezar, repartieron un solo traje, por ejemplo, una falda y una blusa, pero sin otras prendas de recambio, y en segundo lugar, las madres ya cargaban con las tareas de la casa: las gallinas, la vaca, los cerdos, y tampoco entendían para qué hacía falta lavar aquella ropa cada día. La suciedad significaba para ellos unas manchas de tinta, de barro o de grasa, y no la acción de no sé qué isótopos de corta duración.

Cuando intentaba explicarles algo a los padres de mis alumnos, tenía la impresión de que no me entendían mejor que si de pronto se presentara ante ellos un chamán de una tribu africana. «¿Pero qué es esto de la radiación? De modo que ni se oye ni se ve. Ajajá... Pues a mí el sueldo no me llega a fin de mes. Los últimos tres días estamos a patatas y leche. Ajajá...» También la madre me deja por imposible. Porque le digo que la leche no se puede beber. Como tampoco se pueden comer las patatas. Han traído a la tienda carne china en conserva y alforfón. Pero ¿con qué dinero comprarlo?

Daban ayudas funerales, «funerales» las llamaban. Las daban para los enterramientos. Compensaciones por vivir en aquel lugar. Calderilla. Que no llega ni para pagar dos latas de conservas.

Las instrucciones están hechas para la gente instruida, para determinado nivel cultural. ¡Pero no lo hay! Las instrucciones no están hechas para nuestra gente. Además de que no resulta nada fácil explicar a cada uno en qué se distinguen los «rem» de los «roentgen». O la teoría de las pequeñas dosis.

Desde mi punto de vista, yo a esto lo llamaría fatalismo, un ligero fatalismo. Por ejemplo, durante el primer año no se podía consumir nada de las huertas, pero de todos modos la gente comía de ellas y se hacían provisiones para el día de mañana. ¡Además, con aquella maravillosa cosecha! Prueba a decir que los pepinos y los tomates no se pueden comer. ¿Qué es eso de que no se puede? El gusto es normal. Este los come y no le duele el estómago. Tampoco «arde», se ilumina, en la oscuridad. Nuestros vecinos se pusieron un parqué nuevo hecho de una madera del lugar; lo midieron y el umbral era cien veces mayor del permitido. Pues bien, nadie quitó aquel parqué, y siguieron viviendo con él. Ya se arreglará todo, se venía a decir; no se sabe cómo, pero todo volverá a la normalidad por sí mismo, sin ellos, sin su participación.

En los primeros tiempos, algunos comestibles se llevaban a los dosimetristas, para comprobarlos; resultado: dosis diez veces superiores a la norma, pero luego lo dejaron correr. «Ni se oye ni se ve. ¡Qué no inventarán estos científicos!» Todo seguía su curso: araron los campos, los sembraron y recogieron la cosecha. Se había producido un hecho impensable, pero la gente siguió viviendo como antes. Y los pepinos de tu huerto, a los que debías renunciar, resultaron ser más importantes que Chernóbil.

Los niños se quedaron todo el verano en la escuela; los soldados lavaron el edificio con detergente, retiraron la capa superior de la tierra de todo alrededor. Pero y al llegar el otoño, ¿qué? Pues en otoño mandaron a los colegiales a recoger la remolacha. Mandaron a los campos incluso a los estudiantes de las escuelas técnicas. Los mandaron a todos. Chernóbil era menos terrible que dejar la cosecha sin recoger en el campo.

¿Quién tiene la culpa? Dígame, ¿quién tiene la culpa, si no nosotros mismos?

Antes no apreciábamos este mundo que nos rodea, un mundo que era como el cielo, como el aire, como si alguien nos lo hubiera regalado para toda la eternidad, y como si no dependiera de nosotros. Allí estaría para siempre.

Antes me gustaba tumbarme sobre la hierba en el bosque y contemplar el cielo; me sentía tan bien que hasta me olvidaba de cómo me llamaba. ¿Y ahora? El bosque está hermoso, lleno de bayas, pero ya nadie las recoge. En el bosque en otoño es raro oír una voz humana. El miedo está en las sensaciones, a un nivel subconsciente. Solo nos han quedado el televisor y los libros. La imaginación. Los niños crecen dentro de casa. Sin el bosque, sin los ríos. Solo pueden mirarlos desde la ventana. Y son unos niños completamente distintos. Y yo me presento ante ellos: «Hora sombría. Delicia de la vista», con mi Pushkin de siempre, un Pushkin que antes me parecía eterno.

A veces me asalta un pensamiento sacrílego: ¿Y si de pronto toda nuestra cultura no es más que un baúl lleno de viejos manuscritos? Todo lo que yo amo...

Él:
Ha aparecido un nuevo enemigo. El enemigo se ha presentado ante nosotros con otro aspecto. ¿Sabe? Hemos tenido una educación militar. Una manera de pensar militar. Se nos había preparado para repeler y liquidar un ataque nuclear. Debíamos enfrentarnos a una guerra química, biológica, atómica. Pero no para expulsar radionúclidos de nuestro organismo. Medirlos. Vigilar el cesio y el estroncio. Esto no se puede comparar con una guerra, no es exacto, y sin embargo todos lo comparan.

Yo de niño sufrí el bloqueo de Leningrado.* Y no se puede comparar. Allí vivíamos como en el frente, bajo un interminable bombardeo. Y estaba el hambre, varios años de hambre, un estado en el que el hombre desciende al puro instinto animal. Hasta descubrir la fiera en uno mismo. Aquí, en cambio, sales ¡y ahí lo tienes: en el huerto todo crece a placer! Nada ha cambiado en el campo, en el bosque. Es algo incomparable. Pero quería decirle otra cosa... He perdido el hilo... Se me ha ido.

¡Eso mismo! Cuando empieza un bombardeo, ¡que Dios te proteja! Te puedes morir en aquel momento, no en cierto lapso de tiempo, sino en aquel mismo instante. Y en invierno, el hambre. Quemábamos los muebles, en casa quemamos todo lo que era de madera, todos los libros; si no recuerdo mal, hasta quemamos los trapos viejos. Miras a un hombre andando por la calle y de pronto ves que se sienta; pasas al día siguiente y compruebas que sigue allí sentado, es decir que se ha quedado congelado; allí estará una semana o hasta la primavera. Hasta que llegue el calor. Y es que a nadie le quedan fuerzas suficientes para arrancarlo del hielo; en raras ocasiones si una persona se caía en la calle, alguien se le acer-

---

* Durante la Segunda Guerra Mundial, los alemanes mantuvieron cercada más de novecientos días la ciudad de Leningrado (hoy San Petersburgo). *(N. del T.)*

caba y le ayudaba. La gente pasaba de largo. Todos se arrastraban pasando de largo. Recuerdo que la gente no andaba sino que se arrastraba, tan lentamente se movían. ¡Esto no se puede comparar con nada!

Cuando explotó el reactor aún vivía con nosotros la madre, mi madre, y la pobre me decía: «Hijo mío, tú y yo ya hemos vivido lo peor. Hemos sobrevivido al bloqueo. Y ya no hay nada que pueda ser más horroroso». Así es como pensaba ella.

Nos preparábamos para una guerra, para una guerra atómica, construíamos refugios atómicos. Nos queríamos proteger del átomo, como si fuera la metralla de un proyectil. Pero esto está en todas partes..., en el pan, en la sal. Respiramos radiación, comemos radiación. El hecho de que pudiéramos quedarnos sin el pan y la sal, de que pudiéramos comérnoslo todo, hasta llegar a cocer en agua un cinturón de cuero para tan solo catar su olor, para saciarnos con su olor, todo esto es algo que yo podía comprender. Pero esto no. ¿Que todo estuviera envenenado?

Ahora lo importante es dejar claro cómo hemos de vivir. Los primeros meses reinó el miedo; sobre todo los médicos, los maestros, en una palabra, la intelectualidad, toda la gente instruida, lo dejaban todo y huían. Se largaban de aquí. Pero estaba la disciplina militar. ¡Entrega el carné del Partido! Y no dejaban irse a nadie.

¿Quién tiene la culpa? Para responder a la pregunta de cómo hemos de vivir se ha de saber quién es el culpable. ¿Quién, dígame? ¿Los científicos o el personal de la central? ¿El director? ¿Los trabajadores del turno de guardia? Pero ¿por qué, dígame, no luchamos contra el automóvil, que también es una creación de la inteligencia humana, pero sí luchamos contra el reactor? ¡Exigimos que se cierren todas las centrales atómicas y que se enjuicie a todos los científicos atómicos! ¡Y los maldecimos! Yo idolatro el saber humano. Y todo lo que el hombre ha creado. El saber. El saber en sí mismo nunca es culpable. Hoy, los científicos también son víctimas de Chernóbil. Yo quiero vivir después de Chernóbil, y no morir después de Chernóbil. Quiero comprender, por dónde puedo aferrarme a mi fe. ¿Quién me dará fuerzas?

Aquí todos piensan en ello. Ahora las reacciones de la gente son diferentes; quieras o no, han pasado diez años, pero todo se sigue midiendo por el rasero de la guerra. La guerra duró cuatro años. O sea que, calcule, llevamos dos guerras. Le voy a enumerar las diferentes reacciones: «Todo ha quedado atrás»; «Ya se arreglará todo de alguna manera»; «Han pasado diez años. Ya no hay peligro»; «¡Nos vamos a morir todos! ¡Pronto todos nos moriremos!»; «Quiero irme al extranjero»; «Han de ayudarnos»; «¡Al diablo con todo! Hay que vivir». Me parece que las he enumerado todas. Esto es lo que oímos cada día. Y se repite.

Desde mi punto de vista, somos material para una investigación científica. Un laboratorio internacional. En el centro de Europa. De nosotros, los bielorrusos, de los diez millones de personas, más de dos millones viven en tierras contaminadas. Un laboratorio natural. Todo está listo para anotar los datos, para hacer experimentos. Nos vienen a ver de todas partes del mundo. Escriben tesis doctorales. De Moscú, de Petersburgo. Del Japón, de Alemania, de Austria... Se están preparando para el futuro. *[Una larga pausa en la conversación.]*

¿Qué estaba pensando? Me he puesto de nuevo a comparar. He creído que podía hablar de Chernóbil, y que, en cambio, sobre el bloqueo no puedo.

Un día recibí una invitación de Leningrado. Perdone pero el nombre de Petersburgo no se me ha prendido en la conciencia, porque donde estuve a punto de morir fue en Leningrado. Y hete aquí que recibo por carta una invitación al encuentro «Los niños del bloqueo de Leningrado». Y fui a aquel encuentro, pero no pude pronunciar ni una palabra. ¿Narrar simplemente el miedo? Eso es poco. Simplemente sobre el miedo..., ¿sobre lo que hizo conmigo este miedo? Hasta ahora no lo sé.

En casa nunca recordábamos el bloqueo; mamá no quería que recordáramos el bloqueo. Pero de Chernóbil hablamos. Aunque, no... *[Calla.]* Entre nosotros no hablamos; el tema surge cuando viene alguien a vernos: algún extranjero, los periodistas, los familiares que no viven aquí. ¿Por qué no hablamos de Chernóbil? No se ha planteado este tema. En la escuela. Con los alumnos. Tampoco en casa. Está bloqueado. Cerrado. En Austria, en Francia, en Alemania, donde los niños viajan a curarse, les hablan sobre el tema. Y yo les pregunto a los chicos: ¿qué es lo que os preguntan, qué les interesa? Pero ellos a menudo no recuerdan ni las ciudades, ni el pueblo, ni los apellidos de la gente que los ha alojado; enumeran los regalos, los platos que les han gustado. A uno le han regalado un magnetofón; en cambio, a otro, no. Regresan vestidos con unas ropas que no se han comprado con su dinero, ni con el dinero ganado por sus padres. Se diría que hubieran ido a una exposición. A unos grandes almacenes. A un supermercado caro. Y no dejan de esperar que los vuelvan a invitar. Allí los enseñan y los llenan de regalos. Y los chicos se acostumbran a esto. Se han acostumbrado. Para ellos ya se ha convertido en un modo de vida, y en la idea que tienen de ella. Pero después de estos grandes almacenes a los que llamamos extranjero, después de esta exposición de objetos caros, hay que volver a la escuela. A las clases.

Y cuando entro en la clase veo que ante mí tengo a unos observadores. A niños que observan, pero que no viven. Les tengo que ayudar. Tengo que explicarles que el mundo no es un supermercado. Que es algo distinto. Más duro y más maravilloso. Los llevo a mi taller, allí están mis esculturas de madera. Las esculturas les gustan. Y yo les digo: «Todo esto se puede hacer con un pedazo de madera cualquiera. Prueba tú mismo». ¡A ver si despiertan! A mí esto me ayudó a superar el bloqueo, fui saliendo de él durante años.

MONÓLOGO A DOS VOCES...

El mundo se ha partido en dos: estamos nosotros, la gente de Chernóbil, y están ustedes, el resto de los hombres. ¿Lo ha notado? Ahora entre nosotros no se pone el acento en «yo soy bielorruso» o «soy ucraniano», «soy ruso»... Todos se llaman a sí mismos habitantes de Chernóbil. «Somos de Chernóbil.» «Yo soy un hombre de Chernóbil.» Como si se tratará de un pueblo distinto. De una nación nueva.

MONÓLOGO ACERCA DE CÓMO UNA COSA COMPLETAMENTE DESCONOCIDA SE VA METIENDO DENTRO DE TI

Hormigas. Pequeñas hormigas corren por el tronco. Alrededor retumba la maquinaria militar. Soldados. Gritos, maldiciones. Juramentos. El zumbar de los helicópteros. Y, mientras tanto, ellas corren por el tronco.

Yo regresaba de la zona, y de todo lo visto durante aquel día solo me ha quedado en el recuerdo esta escena. Este momento. Nos habíamos detenido en un bosque, encendí un pitillo junto a un abedul. Estaba cerca de él, me apoyé en el árbol. Las hormigas corrían por el tronco justo delante de mi cara; sin oírnos, sin prestarnos la más mínima atención. Siguiendo obstinadas su itinerario. Nosotros desapareceremos y ellas ni lo notarán. Algo así me pasó por la mente. Retazos de pensamientos. Tenía tantas impresiones que no podía pensar. Yo las miraba. ¿Y yo? Yo nunca las había percibido tan de cerca. A tan poca distancia.

Al principio todos hablaban de «catástrofe», luego de «guerra nuclear». He leído sobre Hiroshima y Nagasaki, he visto documentes. Es pavoroso, pero algo comprensible: una guerra nuclear, el radio de la deflagración. Esto hasta podía imaginármelo. Pero lo sucedido con nosotros... Para esto me faltaba... Me faltaban conocimientos, me faltaban todos los libros que yo había leído en toda mi vida. Regresaba de un viaje de trabajo y me quedaba mirando perplejo los estantes de libros en mi despacho. Leía. Aunque podía no leer. Una cosa nunca vista destruía mi mundo anterior. Era algo que se introducía, que penetraba en ti. Al margen de tu voluntad.

Recuerdo una conversación con un científico: «Esto es para miles de años —me explicaba—. El uranio se desintegra en 238 semidesintegraciones. Si lo traducimos en tiempo, significa mil millones de años. Y en el caso del torio, son catorce mil millones de años». Cincuenta. Cien. Doscientos años. Vale. Pero ¿más? Más allá de esta cifra, mi mente no podía imaginar. Dejaba de comprender qué es el tiempo. ¿Dónde estoy?

Escribir sobre esto ahora, cuando no han pasado más que diez años. Un instante. ¿Escribir? ¡Me parece arriesgado! No es seguro. No aclararemos, ni descubriremos nada. De todos modos, nos inventaremos algo que se asemeje a nuestra vida. Haremos un calco. Lo he probado. No me ha salido nada. Después de Chernóbil ha quedado la mitología de Chernóbil. Los periódicos y las revistas compiten entre sí para ver quién escribe algo más terrible, y estos horrores les gustan sobre todo a aquellos que no los han vivido. Todo el mundo ha leído algo sobre las setas del tamaño de una cabeza humana, pero nadie las ha encontrado. Como los pájaros de dos cabezas. Porque lo que se debe hacer no es escribir, sino anotar. Documentar los hechos. Enséñeme una novela fantástica sobre Chernóbil. ¡No la hay! ¡Y no la habrá! ¡Se lo aseguro! No la habrá.

Tengo un cuaderno de notas aparte. He apuntado en él conversaciones, rumores, chistes. Es lo más interesante y lo más fiel. Una huella exacta. ¿Qué ha quedado de la Grecia antigua? Los mitos de la Grecia antigua.

Le daré a usted mi cuaderno. A mí se me perderá entre los papeles; bueno, puede que se lo enseñe a los hijos cuando crezcan. Quiérase o no, es historia.

De conversaciones:
Ya va el tercer mes que la radio lleva diciendo: «La situación se estabiliza, la situación se estabiliza, la situación se estabili...».

De pronto ha resucitado el olvidado léxico estalinista: «agentes de los servicios secretos occidentales», «enemigos jurados del socialismo», «complots de espías», «operaciones de desestabilización», «golpe por la espalda», «socavar la unión indestructible de los pueblos soviéticos»... Todo el mundo no para de hablar de espías y terroristas infiltrados, y en cambio ni una palabra de medidas profilácticas a base de yodo. Toda información no oficial se interpreta como un ataque de la ideología enemiga.

Ayer el redactor jefe eliminó de mi reportaje el relato de la madre de uno de los bomberos que estuvo apagando aquella noche el incendio del reactor atómico. El hombre murió de una irradiación aguda. Después de enterrar a su hijo en Moscú, los padres regresaron a su aldea, que al poco evacuarían. Pero, al llegar el otoño, lograron volver a su huerto a escondidas, bosque a través, y recogieron un saco de tomates y pepinos. La madre se mostraba contenta: «Prepararemos unos veinte botes». ¡Qué fe en la tierra! En la secular experiencia campesina. Ni siquiera la muerte de su hijo había alterado su mundo habitual. «¿Qué te pasa? ¿O es que escuchas Radio Svoboda?»,* me soltó mi redactor jefe. Yo no le respondí. «En el periódico no quiero gente que difunda el pánico. Tú escribe sobre los héroes, como los soldados que se subieron al tejado del reactor.» Un héroe... Héroes. ¿Quiénes lo son hoy? Para mí lo es el médico que, a pesar de las órdenes recibidas desde arriba, decía a los hombres la ver-

* Emisora de radio estadounidense con programas en las diferentes lenguas de la antigua URSS. *(N. del T.)*

dad. Y el periodista y el científico. Pero, como dijo en una reunión el redactor jefe: «¡Recordad! Ahora entre nosotros no hay ni médicos, ni maestros, ni científicos, ni periodistas, hoy solo existe para nosotros una profesión: la de hombre soviético». ¿Creería él mismo en estas palabras? ¿Será posible que no tuviera miedo? Cada día veo más minada mi fe.

Han llegado unos instructores del Comité Central. Su itinerario era: del hotel en coche al Comité Regional del Partido, y vuelta atrás al hotel, también en coche. Estudian la situación a partir de los recortes de los periódicos locales. Mochilas enteras de bocadillos traídos de Minsk. Preparan el té con agua mineral. También traída de afuera. Me lo ha contado la responsable de guardia del hotel en el que se alojaban. La gente no cree lo que dicen los periódicos, la televisión y la radio; buscan la información en la conducta de las autoridades. Es la más de fiar.

¿Qué hacer con el niño? Tengo ganas de agarrarlo y salir corriendo. Pero llevo el carné del Partido en el bolsillo. ¡No puedo!

El chiste más popular de la zona: el mejor remedio contra el estroncio y el cesio es el vodka Stolíchnaya.

Pero en las tiendas de los pueblos de pronto han aparecido productos antes imposibles de encontrar. He oído la intervención del secretario regional del Partido: «Os vamos a dar una vida paradisíaca. Lo único que tenéis que hacer es quedaros y trabajar. Os llenaremos las tiendas de salchichón y de alforfón. Tendréis todo lo que había en las tiendas especiales». Es decir, lo que antes estaba en las tiendas del Comité Regional. La actitud hacia el pueblo es la siguiente: que se conforme con el salchichón y el vodka. Aunque, ¡maldita sea! Antes nunca había visto que en una tienda rural hubiera tres clases de salchichón. Hasta yo mismo le he comprado a mi mujer unas medias de importación.

Los dosímetros estuvieron a la venta un mes y luego desaparecieron. No se puede escribir sobre esto. ¿Cuántos y qué radionúclidos nos han soltado? Sobre esto tampoco. Prohibido también decir que en las aldeas solo han quedado los hombres. Han evacuado a las mujeres y a los niños. Durante el verano entero, los hombres se han lavado ellos mismos la ropa, han ordeñado las vacas y cultivado los huertos. Bebían, claro está. Se peleaban. Porque un mundo sin mujeres... Lástima que no sea guionista. Es un argumento para un filme. ¿Dónde está Spielberg? ¿Mi admirado Alexéi Guerman? Él hubiera escrito sobre esto. Pero he aquí un implacable tachón del redactor jefe: «No olvide que estamos rodeados de enemigos. Tenemos muchos enemigos al otro lado del océano». Y por eso solo tenemos cosas buenas y ninguna mala. Y no puede haber nada incomprensible. Pero donde se forman los convoyes de trenes especiales alguien ha visto a nuestras autoridades con sus maletas.

Junto a un puesto de la milicia, me para una anciana y me dice: «Cuando vayas por allí, échale un vistazo a mi casa. Es época de recoger la patata, pero los soldados no me dejan». Los han evacuado. Los han engañado diciéndoles que era para tres días. En caso contrario no se hubieran marchado. El hombre está en el vacío, sin nada suyo. La gente se abre paso a sus aldeas a través de los controles militares. Por las sendas de los bosques. Por las ciénagas. Durante la noche. Los persiguen, les dan caza. En coches, en helicópteros. «Como con los alemanes —comparan los viejos—. Como en la guerra...»..

He visto al primer merodeador. Un muchacho joven, con dos chaquetas de piel encima. Quería demostrar a la patrulla militar que de este modo se curaba del reúma. Pero cuando le apretaron las tuercas, confesó: «La primera vez da algo de miedo, pero luego te acostumbras. Te tomas un trago y andando». Es decir, tras vencer el instinto de conservación. Porque en un estado normal esto es imposible. Así es como los nuestros se lanzan a la hazaña. Y de igual modo, al delito.

Entramos en una casa campesina abandonada. Sobre un mantel blanco hay un icono. «Para Dios», comentó alguien. En otra casa, la mesa estaba cubierta con un mantel blanco. «Para los hombres», dijo alguien.

Viajé a mi aldea pasado un año. Los perros se habían asilvestrado. Di con nuestro Rex. Lo llamo y no se acerca. ¿No me había reconocido? ¿O no me quiere reconocer? Estaría ofendido.

Durante las primeras semanas y los primeros meses, todo el mundo se quedó callado. Nadie decía nada. Sumidos en la postración. Había que marcharse; pero hasta el último día, nada. La mente es incapaz de hacerse cargo de lo que estaba sucediendo. No recuerdo conversaciones serias; solo chistes: «Ahora todas las tiendas están llenas de radioaparatos»; «Los impotentes se dividen en radioactivos y radiopasivos». Pero luego, de pronto, desaparecieron hasta los chistes.

En el hospital:
Se ha muerto el niño, y eso que ayer me había invitado a caramelos.

En una cola por azúcar:
—¿Han visto cuántas setas este año?
—Están contaminadas.

—Pareces bobo. ¿Y quién te obliga a comerlas? Las recoges, las secas y las llevas al mercado en Minsk. Te puedes hacer millonario.

¿Se nos puede ayudar? ¿Y cómo? ¿Trasladar a la gente a Australia o a Canadá? Según dicen, de vez en cuando circulan conversaciones de este género en las altas esferas.

Para levantar las iglesias se buscaba el lugar consultando literalmente al cielo. Los hombres de Iglesia tenían visiones. Se realizaban ceremonias sagradas que precedían a la construcción del templo. En cambio, las centrales nucleares se construían igual que una fábrica. O que una granja de cerdos. Se cubría el tejado de asfalto. De betún. Y el tejado cuando ardía se derretía.

¿Lo has leído? Cerca de Chernóbil han pescado a un soldado que había desertado. Se había construido un refugio y se ha pasado un año junto al reactor. Se alimentaba con lo que encontraba en las casas abandonadas; aquí un trozo de tocino, allá un bote de pepinos marinados. Ponía trampas para animales. Huyó porque los «abuelos»* lo tundían «a muerte». Decidió salvarse huyendo a Chernóbil.

Somos fatalistas. No tomamos ninguna iniciativa porque estamos convencidos de que las cosas irán como han de ir. Creemos en el destino. Y esta es nuestra historia. A cada generación le tocó su guerra. Cuánta sangre. Así, ¿cómo podemos ser de otro modo? Somos fatalistas.

* La vieja práctica de las novatadas y humillaciones en el servicio militar a las que se ven sometidos los nuevos reclutas por parte de los reemplazos anteriores, los «abuelos», ha sido en la URSS y es en Rusia de una crueldad difícil de imaginar; violencia impune de la que este caso es un buen ejemplo. (*N. del T.*)

Han aparecido los primeros perros lobos, nacidos de lobas y perros huidos al bosque. Son más grandes que los lobos, no se paran delante de los banderines, no temen la luz ni al hombre, no responden a la «vaba» (grito de los cazadores que imitan a la llamada del lobo). Y también los gatos salvajes se reúnen ya en grupos y ya no tienen miedo del hombre. Se les ha borrado el recuerdo de cómo obedecían y servían al hombre. Se está desdibujando la frontera entre lo real y lo irreal.

Ayer mi padre cumplió ochenta años. Toda la familia se reunió alrededor de la mesa. Yo lo miraba y pensaba: cuántos sucesos acumulados en una sola vida: el gulag estalinista, Auschwitz y Chernóbil. Todo esto ha sucedido en el período de una sola generación. A él, en cambio, le gusta ir a pescar. Cultivar la huerta. De joven, la madre se dolía de su carácter mujeriego: «No se le escapaba ni una falda en toda la región». Pero ahora descubro cómo baja la mirada mi padre cada vez que se cruza con una mujer joven y hermosa.

De rumores:
Cerca de Chernóbil están construyendo campos de concentración en los que encerrarán a los que les ha caído encima la radiación. Allí los tendrán, los estudiarán y los enterrarán. De las aldeas cercanas a la central se llevan a los muertos en autobuses y directos al cementerio; los entierran a miles, en fosas comunes. Como durante el bloqueo de Leningrado.

Poco antes de la explosión, varias personas vieron, al parecer, una extraña luminiscencia sobre la central. Alguien incluso la fotografió. En la película se ha descubierto que era como un cuerpo extraterrestre que levitaba.

En Minsk han lavado los trenes y los vagones de mercancías. Van a evacuar toda la capital a Siberia. Allá ya se están reparando los barracones que han quedado de los campos de concentración estalinistas. Empezarán por las mujeres y los niños. A los ucranianos ya los están evacuando.

Los pescadores cada vez se encuentran con más peces anfibios, que pueden vivir en el agua y en la tierra. Por la tierra andan sobre las aletas, como si fueran patas. Se han empezado a pescar lucios sin cabeza ni aletas. Solo les quedaba el tronco. Algo parecido le empezará a pasar a la gente. Los bielorrusos se convertirán en humanoides.

No se trató de una avería, sino de un terremoto. Ocurrió algo en la corteza terrestre. Y se produjo una explosión geológica. En esto han intervenido fuerzas geofísicas y cósmicas. Los militares ya lo sabían todo de antemano, podían haber avisado, pero, como todo, lo llevan en el más riguroso secreto.

Por culpa de la radiación, los animales del bosque están enfermos. Merodean tristes y tienen los ojos mustios. A los cazadores les da miedo y lástima disparar contra ellos. Y los animales han dejado de temer al hombre. Los zorros y los lobos entran en los pueblos y se acercan cariñosos a los niños.

La gente de Chernóbil tiene hijos, pero, en lugar de sangre, a estos niños les corre un líquido amarillo por las venas. Hay científicos que demuestran que el mono se hizo tan inteligente por haber vivido en un ambiente radiactivo. Los niños que nazcan dentro de tres o cuatro generaciones, todos serán como Einstein. Esto es un experimento cósmico que están realizando con nosotros.

ANATOLI SHIMANSKI,
periodista

MONÓLOGO ACERCA DE LA FILOSOFÍA CARTESIANA Y DE CÓMO TE COMES UN BOCADILLO CONTAMINADO CON OTRA PERSONA PARA NO PASAR VERGÜENZA

He vivido entre libros. Durante veinte años he dado clases en la universidad. Soy un científico, un investigador. Una persona que se ha buscado en la historia su momento preferido y que vive en él. Que se dedica a él plenamente y está sumergido en su espacio. Esto en el ideal. Idealmente, claro. Porque la filosofía en nuestro país era entonces marxista-leninista y los temas que se proponían para las tesis eran: el papel del marxismo-leninismo en el desarrollo de la agricultura dedicada a la conquista de las nuevas tierras roturadas; el papel del guía del proletariado mundial en... En pocas palabras, nada que ver con las reflexiones cartesianas. Pero tuve suerte. Mi trabajo científico de final de carrera fue elegido para un concurso en Moscú y de allí llamaron y dijeron: «Dejen en paz al muchacho. Que siga escribiendo». Y lo que escribía era un ensayo sobre el filósofo religioso francés Malebranche, que se había dedicado a interpretar la Biblia desde posiciones de una mente racionalista. Me refiero al siglo XVIII, a la época de la Ilustración..., de la fe en la razón. Fe en nuestra capacidad para explicar el mundo.

Tal como yo lo entiendo ahora, tuve suerte. No fui a caer en la trituradora; en la hormigonera. ¡Fue un milagro! Antes de eso me habían avisado repetidamente: para un trabajo científico de fin de carrera, Malebranche quizá sea interesante. Pero para una tesis doctoral tendrá usted que pensar en otro tema. Una tesis es una cosa seria. En una palabra, nosotros le hemos concedido una beca para la cátedra de filosofía marxista-leninista, y usted resulta que emigra al pasado. Ya me entiende.

Pero empezó la perestroika de Gorbachov. Un tiempo que tantos años estuvimos esperando. Lo primero que noté fue que enseguida les empezaron a cambiar las caras a las personas. La gente hasta empezó a andar de otra manera, la vida había corregido incluso algo en la plástica de las personas, se sonreían más los unos a los otros. Se notaba otra energía en todo. Algo como... Es cierto, algo ha cambiado por completo. Hoy incluso me sorprendo de lo rápido que pasó todo. Y yo también... Yo también me vi expulsado de la vida cartesiana.

En lugar de los libros de filosofía me puse a leer los periódicos del día y las revistas; esperaba con impaciencia cada número del *Ogoniok,* una revista afín a la perestroika. Por la mañana hacíamos cola delante del quiosco de la prensa, ni antes ni después se leyeron los periódicos como entonces. Nunca se tuvo tanta fe como entonces. Nos caía encima un alud de información. Se publicó el testamento político de Lenin, un documento conservado durante medio siglo en los archivos secretos. Solzhenitsin y, tras él, Shalámov..., Bujarin..., fueron apareciendo en los estantes de las librerías. Hasta no hacía mucho, te arrestaban por poseer estos libros. Te echaban unos cuantos años. Liberaron de su exilio al académico Sájarov...

Por primera vez, mostraban por la televisión las sesiones del Sóviet Supremo de la URSS. Todo el país se pasaba horas delante de las pantallas conteniendo la respiración. Hablábamos y hablábamos. Decíamos en voz alta las cosas que antes no nos atrevíamos a susurrar más que en nuestras co-

cinas. ¡Cuántas generaciones se han pasado la vida en nuestro país cuchicheando en las cocinas! ¡Lo que se habrá perdido en ellas! ¡Lo que se habrá soñado! Más de setenta años. Toda la historia soviética.
 Entonces todos iban a los mítines. A las manifestaciones. Se firmaban manifiestos, se votaba contra algo. Me acuerdo de un historiador que intervino en un programa de la televisión. Trajo al estudio un mapa de los campos estalinistas. Toda Siberia parecía un incendio de banderines rojos.
 Nos enteramos de la verdad sobre Kuropati.* ¡Toda una conmoción! ¡La sociedad se quedó muda! Los Kuropati bielorrusos: una fosa común del año 37. Allí yacen juntos bielorrusos, rusos, polacos, lituanos... Decenas de miles. Las zanjas de la NKVD de dos metros de profundidad, donde se enterraban a los muertos en dos y en tres capas. Entonces el lugar se hallaba lejos de Minsk, pero luego entró a formar parte de la ciudad. Se convirtió en la ciudad. Uno podía llegar allí en tranvía. En los años cincuenta, en aquel terreno se plantó un joven bosque; los pinos crecieron y los ciudadanos, sin sospechar nada, organizaban allí sus fiestas de mayo. En invierno paseaban en esquís. Empezaron las excavaciones. El poder... El poder comunista mentía. Intentaba escabullirse. Por la noche, la milicia volvía a llenar las tumbas abiertas, y durante el día las fosas se volvían a abrir. He visto cuadros documentales: hileras de cráneos a los que se les había limpiado la tierra. Y cada uno con un agujero en el cogote.
 Vivíamos, claro está, con la sensación de que asistíamos a una revolución. A una nueva época.
 No me he desviado de nuestro tema. No se preocupe. Quería recordar cómo éramos cuando se produjo Chernóbil. Porque en la historia quedarán juntos: el desmoronamiento

---

* Lugar cerca de Minsk donde los nazis fusilaron miles de civiles, en su mayoría de origen judío. *(N. del T.)*

del socialismo y la catástrofe de Chernóbil. Han coincidido. Chernóbil ha acelerado la descomposición de la Unión Soviética. Ha hecho volar por los aires el imperio.

Y de mí ha hecho un político.

El 4 de mayo. Al noveno día del accidente apareció Gorbachov. Eso fue una cobardía, por supuesto. Aquella gente perdió los papeles. Como en los primeros días de la guerra. En el 41. En los periódicos se condenaba las artimañas del enemigo y la histeria de los occidentales. Se hablaba de las maniobras antisoviéticas y de los rumores provocativos que sembraban entre nosotros nuestros enemigos. Desde el otro lado de la colina.

Me acuerdo de mi actitud en aquellos días. Durante largo tiempo no hubo miedo; casi un mes nos pasamos en compás de espera; de que nos iban a informar de un momento a otro: bajo la dirección del Partido Comunista, nuestros científicos..., nuestros heroicos bomberos y soldados..., una vez más han dominado los elementos. Han alcanzado una victoria nunca vista. Han encerrado la llama cósmica en una probeta. El miedo apareció al cabo de un tiempo, no enseguida, no lo dejamos entrar en nuestro fuero interno hasta pasado mucho tiempo. Fue exactamente así. ¡Sí! ¡Sí! Tal como lo veo ahora, este miedo no podía fundirse en nuestra conciencia en modo alguno con la idea de la energía atómica para usos pacíficos. No sintonizaba con lo que habíamos estudiado en los manuales escolares y leído en todos los libros. En nuestra imaginación, el cuadro del mundo se nos aparecía del modo siguiente: el átomo de uso militar era el monstruoso hongo en el cielo, como sucedió en Hiroshima y Nagasaki: en un segundo, la gente convertida en ceniza; en cambio, el átomo para la paz se nos presentaba tan inocuo como una bombilla eléctrica. Teníamos una visión infantil del mundo. Vivíamos según el manual. No solo nosotros, sino toda la humanidad se hizo más sabia después de Chernóbil. Se hizo mayor. Adquirió otra edad.

De las conversaciones de los primeros días:
—Está ardiendo la central atómica. Pero eso sucede lejos. En Ucrania.
—He leído en los periódicos que han mandado allí maquinaria militar. El ejército. ¡Venceremos!
—En Bielorrusia no hay ninguna central nuclear. Podemos estar tranquilos.

Mi primer viaje a la zona. Viajaba al lugar y pensaba que todo estaría cubierto de ceniza gris. De hollín negro. Como en el cuadro de Briulov *El último día de Pompeya*. En cambio... Llegas al lugar y todo se ve tan hermoso. ¡Qué belleza! Los prados llenos de flores, el delicado verdor de los árboles en primavera. Es justamente la época del año que más me gusta. Todo revive. Crece y canta.

Lo que más me asombró fue la combinación de belleza y miedo. El miedo dejó de aparecer separado de la belleza, y la belleza, del miedo. El mundo al revés. Tal como lo veo ahora. Al revés. Un desconocido sentimiento de muerte.

Llegamos con un grupo. No nos había mandado nadie. Un grupo de diputados bielorrusos de la oposición. ¡Qué tiempos! ¡Ya ve qué tiempos aquellos! El poder comunista cedía posiciones. Se sentía débil, inseguro. Todo se tambaleaba. Pero las autoridades locales nos recibían de mala manera: «¿Tienen ustedes permiso? ¿Qué derecho tienen para soliviantar a la gente, a hacerles preguntas? ¿Quién ha dado la orden?».

Se remitían a las instrucciones que recibían de arriba: «No entregarse al pánico. Esperar órdenes». En el sentido de que ahora ustedes nos asustan y soliviantan a la gente y luego nosotros seremos los que tengamos que hacer cumplir el plan. Los planes de cereales y de carne. No se preocupaban de la salud de las personas, sino de los planes. Los planes republicanos, los soviéticos. Tenían miedo de sus jefes. Y estos temían a los que estaban por encima de ellos. Y así sucesivamente, subiendo por la pirámide hasta el secretario general. Una persona lo decidía todo, lo decidía allí en sus alturas celestiales. Así estaba construida la pirámide del poder. Y a su cabeza, el zar. Entonces un zar comunista.

—Aquí todo está contaminado —explicamos—. Todo lo que producís aquí no se podrá emplear como alimento.

—Sois unos provocadores —replicaban—. Basta ya de propaganda enemiga. Vamos a llamar a... Informaremos.

Y llamaban. E informaban a quien hacía falta.

La aldea Malínovka: 59 curios por metro cuadrado.

Entramos en la escuela:

—¿Cómo va la vida?

—Estamos todos asustados, por supuesto. Pero nos han tranquilizado: solo hace falta lavar los tejados. Cubrir los pozos con una tela, asfaltar los caminos. ¡Y a vivir! Aunque es cierto que los gatos no paran de rascarse y a los caballos los mocos les llegan hasta el suelo.

La jefa de estudios de la escuela nos invitó a su casa. A comer. Una casa nueva, hacía dos meses que habían celebrado la inauguración de la casa, la «entrada». Según costumbre bielorrusa, hay que señalar la entrada en una nueva casa. Junto a la casa, un cobertizo sólido, una bodega. Lo que en otro tiempo se llamaba la hacienda de un kulak, de un campesino rico. A gente así la mandaban a Siberia. Una casa que daba gusto ver, envidia daba.

—Pero pronto habrán de marcharse de aquí.

—¡Ni hablar! ¡Con todo el trabajo que le hemos dedicado a esta casa!

—Mire el dosímetro.

—¿Con qué derecho vienen por aquí? Científicos del c... ¡A ver si dejan a la gente en paz!

El amo de la casa... dio media vuelta y se marchó al prado con su caballo. Sin siquiera despedirse.

La aldea Chiudiani: 150 curios por metro cuadrado.

Las mujeres trabajando en sus huertos, los niños correteando por las calles. Al final de la aldea, unos hombres lim-

pian los troncos para una casa nueva. Paramos junto a ellos el coche. Nos rodean. Nos piden un pitillo.
—¿Cómo van las cosas por la capital? ¿Hay vodka? Pues aquí lo hay cuando quieren. Menos mal que destilamos el nuestro. Gorbachov, como no bebe, a nosotros tampoco nos deja.
—Vaya. Conque diputados. Lo del tabaco aquí lo tenemos fatal.
—Pero, amigos —intentamos explicarles—, si pronto tendréis que marcharos de aquí. Mirad el dosímetro. Mirad bien: la radiación en este lugar, aquí donde ahora estamos, es cien veces superior a la normal.
—Te estás pasando. Vaya, vaya. ¡Mucha falta nos hace tu dosímetro! Tú ahora te largas, y nosotros, en cambio, nos quedamos. ¡Métete donde te quepa tu dosímetro!

He visto varias veces el filme sobre el hundimiento del *Titanic*: la película me recordaba lo que yo mismo vi. Lo sucedido ante mis ojos. Yo viví los primeros días de Chernóbil. Y todo pasó como en el *Titanic*; el comportamiento de la gente era absolutamente igual. La misma psicología. Yo reconocía... Incluso comparaba. Ya está perforado el casco del buque, una enorme vía de agua inunda las bodegas inferiores, tumba toneles, cajones... El agua corre. Se abre paso entre los obstáculos. En cambio, arriba siguen las lámparas encendidas. Suena la música. Sirven champán. Prosiguen las disputas familiares, se inician nuevas historias de amor... Abajo, en cambio, el agua se lleva todo por delante. Avanza por las escaleras. Penetra en los camarotes.

Las lámparas encendidas. Suena la música. Sirven champán. Nuestra mentalidad. Este es un tema aparte. En primer lugar, nosotros ponemos los sentimientos. Esto le da gran vuelo, una gran altura a nuestra vida, pero al mismo tiempo es fatal. En cambio, la opción racional siempre es para nosotros negativa. Nosotros comprobamos nuestros actos con el corazón y no con la razón.

En una aldea entras a una casa y ya eres bienvenido. Eres motivo de alegría. Te comprenden. Y menean desconsoladamente la cabeza: «Lástima no tener pescado fresco; no tengo nada que ofrecerle». O «¿Quiere usted un poco de leche? Ahora mismo le lleno una taza». Y no te sueltan. Te llaman desde sus casas. A algunos les daba miedo, yo, en cambio, aceptaba la invitación. Entraba en sus casas. Me sentaba a la mesa. Me comía un bocadillo contaminado, porque todo lo comían. Me tomaba una copa a su salud. Hasta experimentaba un sentimiento de orgullo de miren ustedes cómo soy. Yo puedo hacerlo. ¡Soy capaz de ello! Sí. ¡Sí! Yo me decía: como no estoy en condiciones de cambiar nada en la vida de esta persona, entonces todo lo que puedo hacer es comerme con él este bocadillo contaminado, para al menos no sentir vergüenza. Compartir su suerte. Esta es nuestra actitud hacia nuestra propia vida.

Tengo mujer y dos hijos y me siento responsable de lo que les pase. Llevo el dosímetro en el bolsillo. Tal como lo entiendo ahora, es nuestro mundo, somos nosotros. Hace diez años me sentía orgulloso de ser así, ahora me da vergüenza de ser como soy. Pero de todos modos me sentaré a la mesa y me comeré aquel maldito bocadillo. Pensaba que... Me paraba a pensar en qué clase de gente éramos. Y este maldito bocadillo no se me iba de la cabeza. Hay que comerlo con el corazón y no con la razón. Alguien ha escrito que en el siglo XX... y ahora ya en el siglo XXI, vivimos tal como nos ha enseñado a hacerlo la literatura del XIX. ¡Dios santo! A menudo me asaltan las dudas. Lo he discutido con mucha gente. Pero ¿quiénes somos? ¿Quiénes?

Tuve una conversación interesante con la mujer, hoy ya viuda, de un piloto de helicóptero fallecido. Una mujer inteligente. Nos pasamos largo rato charlando. Ella también quería comprender. Comprender y hallar un sentido a la muerte de su marido. Resignarse a ella. Y no pudo. He leído muchas veces en los periódicos cómo trabajaban los pilotos de helicóptero sobre el reactor. Primero lanzaban las planchas de plomo, pero estas desaparecían sin dejar huella en el agujero, entonces alguien recordó que el plomo a la temperatura de 700 grados se convierte en vapor y, allí, la temperatura ascendía hasta los 2.000 grados. Después de esto, volaron hacia abajo sacos de dolomía y arena. En lo alto era de noche por la nube de polvo que se levantaba. Reinaba la oscuridad. Columnas de polvo. Para dar en el blanco, los pilotos abrían las ventanillas de las cabinas y apuntaban abajo, con qué inclinación entrar: izquierda-derecha, arriba-abajo. ¡Las dosis eran de locura! Recuerdo los títulos de los artículos en los periódicos: «Héroes del cielo», «Halcones de Chernóbil»... Pues bien, esta mujer... Esta mujer me confesó sus dudas: «Ahora escriben que mi marido ha sido un héroe. Y es verdad, es un héroe. Pero ¿qué es un héroe? Yo sé que mi marido ha sido un oficial honesto y eficiente. Disciplinado. Y al regresar de Chernóbil, al cabo de unos meses, enfermó. En el Kremlin le entregaron una medalla, allí se encontró con sus compañeros y vio que también ellos estaban enfermos. Pero se sintieron contentos por el encuentro. Regresó a casa feliz... con la medalla. Y yo le pregunté:

—¿Pero podías haber tenido menos secuelas y haber conservado la salud?

—Seguramente habría podido, si hubiera pensado más —me contestó—. Habría necesitado un buen traje de protección, unas gafas especiales y una máscara. Pero no dispusimos ni de lo uno ni de lo otro ni de lo tercero. Aunque tampoco nosotros respetábamos las normas de seguridad personal. No pensábamos. Todos entonces pensábamos poco. Qué lástima que entonces nos paráramos tan poco a pensar».

Yo estoy de acuerdo con ella. Desde el punto de vista de nuestra cultura, pensar en uno mismo es una muestra de egoísmo. Algo propio de los pobres de espíritu. Siempre encuentras algo que está por encima de ti. De tu vida.

Corría el año 89. Era el 26 de abril: el tercer aniversario.

Habían pasado tres años desde la catástrofe. Evacuaron a la gente de la zona de los 30 kilómetros, pero más de dos millones de bielorrusos vivían como antes en lugares contaminados. Y se olvidaron de ellos. La oposición bielorrusa organizó para este día una manifestación, y las autoridades, a modo de respuesta, declararon ese día jornada de trabajo voluntario. Llenaron la ciudad de banderas rojas, instalaron en las calles tenderetes móviles con productos entonces deficitarios: salchichas ahumadas, bombones de chocolate, botes de café soluble... Por todas partes se veían coches de policía. También trabajaban los muchachos vestidos de civiles haciendo fotografías. Pero ¡un síntoma nuevo! Nadie les prestaba la menor atención, ya no se los temía como antes. La gente empezó a reunirse junto al parque Cheliuskintsi. Llegaba más y más gente. Hacia las diez ya eran 20.000 o 30.000 (son cifras de los informes policiales que luego se dieron por televisión) y a cada minuto la multitud crecía. Ni nosotros nos esperábamos ese éxito. Todos estaban animados. ¿Quién podía resistirse a esta marea humana? A las diez en punto, tal como lo habíamos planeado, la columna avanzó por la avenida Lenin hacia el centro de la ciudad, donde debía celebrarse el mitin. Durante todo el camino se nos fueron uniendo nuevos grupos, estos esperaban a la columna en las calles paralelas y en los callejones. En los portales. Corrió el rumor: la policía y las patrullas militares habían bloqueado las entradas de la ciudad, detenían los autobuses y los coches con manifestantes llegados de otros lugares, les hacían dar la vuelta, pero nadie se dejó llevar por el pánico. La gente abandonaba los vehículos y se dirigía a pie hacia nosotros. Dieron esta noticia por el megáfono. Y un poderoso «¡hurra!» recorrió la columna; los balcones estaban llenos de gente. Todo el mundo estaba muy animado. Los balcones repletos de gente que abría las ventanas de par en par y se encaramaba a los ventanales. Los manifestantes saludaban. Levantaban pancartas, banderines infantiles. Entonces descubrí que..., y todos lo comentaron..., que la policía había desaparecido, al igual que los muchachos de civil con sus cámaras fotográficas. Tal como lo entiendo hoy, se les dio la orden de retirarse a los patios interiores, de recogerse en los vehículos. Las autoridades se escondieron. Esperando. Se asustaron. La gente avanzaba y lloraba, agarrados de las manos. Lloraba porque vencía su miedo. Se liberaba de su miedo.

Empezó el mitin. Y aunque dedicamos y discutimos largo tiempo para preparar las listas de las intervenciones, nadie se acordó de la lista. En una tribuna preparada a toda prisa se acercaban y, sin papel alguno, hablaban gentes sencillas llegadas de las tierras de Chernóbil. Se formó una cola. Oíamos a los testigos de la catástrofe. Escuchábamos sus declaraciones. De las personas conocidas solo intervino el académico Vélijov, uno de los ex dirigentes del cuartel general dedicado a liquidar la avería, pero, a diferencia de otras, apenas recuerdo su intervención.

Como la de una madre con dos hijos. Una niña y un niño. La mujer subió con ellos a la tribuna: «Mis hijos hace tiempo que no ríen. Que no juegan. Que no corren por el patio. No tienen fuerzas. Son como unos viejecitos».

O la de una mujer liquidadora. Cuando se recogió las mangas y enseñó a la multitud sus brazos, todos vieron sus llagas. «He lavado las ropas de nuestros hombres, que trabajaban junto al reactor —contaba la mujer—. Lavábamos más que nada a mano, porque nos trajeron pocas lavadoras y estas se estropearon por la sobrecarga.»

O un joven médico. El hombre empezó leyendo el juramento hipocrático. Nos contó cómo todos los datos de los pacientes se guardaron con el sello de «secreto» y «ultrasecreto». Cómo la medicina y la ciencia se sometían al dictado de la política.

Aquello era el tribunal de Chernóbil.

Lo reconozco. No lo voy a ocultar: aquel fue el día más grande de mi vida. Fuimos felices. Lo reconozco.

LA CORONA DE LA CREACIÓN

Al día siguiente, a los organizadores de la manifestación nos llamaron a declarar a la policía y nos juzgaron, acusándonos de ser los responsables de que una multitud de miles de personas hubiera cortado la avenida y entorpecido la circulación del transporte público. De haber lanzado consignas no permitidas. A cada uno nos impusieron quince días de arresto. Nos aplicaron el artículo de «gamberrismo». Tanto el juez que dictó la sentencia como los policías que nos acompañaron al lugar de detención se sentían avergonzados. Todos sentían vergüenza. Nosotros, en cambio, reíamos. Sí, ¡sí! Porque éramos felices.

Entonces se nos planteó la cuestión: ¿Qué podemos hacer? ¿Qué hacer a partir de ahora?

En una de las aldeas de Chernóbil, una mujer que nos vio, al enterarse de que éramos de Minsk, cayó de rodillas ante nosotros: «¡Salvad a mi hijo! ¡Lleváoslo con vosotros! Nuestros médicos no pueden descubrir qué le pasa. El pobre se ahoga, se pone azul. Se me muere». *[Calla.]*

Llegué al hospital. Un niño de siete años. Cáncer de tiroides. Quise distraerlo con bromas. El chico se giró cara a la pared: «Sobre todo no me diga que no me moriré. Porque sé que me voy a morir».

En la Academia de Ciencias, creo que fue allí, me enseñaron la radiografía de unos pulmones abrasados por «partículas calientes». Los pulmones parecían un cielo estrellado. Las «partículas calientes» son como unos granos microscópicos que se produjeron cuando se arrojó plomo y arena en el reactor incendiado. Los átomos del plomo, de la arena y del grafito se fundían y, con el impacto, se elevaban hacia el cielo. Estas partículas volaron a grandes distancias. A centenares de kilómetros. Y ahora penetran en el organismo humano a través de las vías respiratorias.

Quienes caen más a menudo son los tractoristas y los chóferes, es decir, aquellos que aran el campo o viajan por los caminos sin asfaltar. Cualquier órgano en que estas partículas se instalan se «ilumina» en las radiografías. Centenares de agujeritos, como en un fino cedazo. La persona muere. Se quema. Pero si el hombre es mortal, las «partículas calientes» no; ellas son inmortales. Un hombre muere y en mil años se convierte en polvo, mientras que las «partículas calientes» seguirán viviendo y este polvo seguirá siendo capaz de matar una y otra vez. *[Calla.]*

Regresaba de mis viajes. Me sentía lleno de impresiones. Y contaba. Mi mujer, que es lingüista de formación, antes nunca se había interesado por la política, como tampoco por el deporte, pero entonces no paraba de hacerme las mismas preguntas: «¿Qué podemos hacer? ¿Qué hacer a partir de ahora?».

Nos pusimos manos a la obra; iniciamos una labor que desde el punto de vista de la sensatez era imposible de realizar. Un hombre es capaz de tomar una decisión de este tipo solo en momentos de conmoción, en momentos de la más completa liberación interior. Y entonces era un tiempo así. La época de Gorbachov. ¡Un tiempo de esperanzas! ¡De fe! Decidimos salvar a los niños. Descubrir al mundo en qué situación de peligro viven los niños bielorrusos. Pedir ayuda. Gritar. ¡Hacer sonar las campanas! El poder calla, ha traicionado a su pueblo, pero nosotros no vamos a callar. Y... rápidamente..., muy rápidamente..., se reunió un grupo de fieles ayudantes y correligionarios. Nuestra contraseña era: «¿Qué lees? A Solzhenitsin, a Platónov. Ven con nosotros».

Trabajábamos doce horas al día. Debíamos darle un nombre a nuestra organización. Barajamos decenas de nombres y nos decidimos por el más sencillo: «Fundación Para los Niños de Chernóbil».

Hoy ya no hay modo de explicar, de imaginar nuestras dudas. Nuestras discusiones. Nuestros temores. Hoy son incontables las fundaciones como la nuestra, pero entonces nosotros fuimos los primeros en empezar. La primera iniciativa social. No sancionada por nadie desde arriba.

La reacción de todos los funcionarios fue la misma: «¿Una fundación? ¿Qué fundación? Para esto contamos con el Ministerio de Sanidad».

Tal como lo entiendo hoy, Chernóbil nos liberaba. Nos enseñaba a ser libres.

Tengo ante mis ojos... *[Se ríe.]* Siempre tengo ante mis ojos... los primeros camiones frigoríficos con ayuda humanitaria que entraron en el patio de nuestra casa mandados a nuestra dirección de correos. Miraba los camiones desde la ventana de mi casa y no sabía qué hacer: ¿Cómo descargar todo esto? ¿Dónde guardarlo? Recuerdo bien que los camiones venían de Moldavia. Con entre diecisiete y veinte toneladas de zumos de fruta y alimentos infantiles. Ya entonces se había filtrado el rumor de que para expulsar la radiación había que comer más fruta. Llamé a todos mis amigos; unos estaban en la dacha y otros en el trabajo. De modo que nos pusimos a descargar mi mujer y yo, pero, poco a poco, uno tras otro, fueron saliendo de nuestro bloque los vecinos (quiérase o no, eran nueve pisos), y los transeúntes se detenían:

—¿Qué son estos camiones?

—Es ayuda para los niños de Chernóbil.

La gente dejaba lo que hacía y se ponía a ayudar. Al llegar la noche, acabamos de descargar los camiones. Guardamos como pudimos la carga en sótanos y garajes. Hablamos con alguna escuela.

Luego nos reíamos de nosotros mismos. Pero cuando llevamos esta ayuda a las zonas contaminadas... Cuando la empezamos a distribuir... Por lo general, la gente se reunía en la escuela o en la casa de cultura.

En el distrito Vetkovski... Ahora me ha venido a la memoria un caso... Una familia joven... Recibieron, como todos, un bote de comida infantil y unos zumos. Y el hombre se sentó y se puso a llorar. Esos botes y esos zumos no podían salvar a sus niños. ¡Podía olvidarse de esto, era una miseria! Pero el hombre lloraba porque no se habían olvidado de ellos. Alguien se acordaba de ellos. Y eso quiere decir que aún había una esperanza.

Respondió todo el mundo. Aceptaron acoger y tratar a nuestros niños en Italia, Francia, Alemania... La compañía aérea Lufthansa los trasladó a Alemania por su cuenta. Se hizo un concurso entre los pilotos alemanes y tardaron mucho en escogerlos. Eligieron a los mejores. Cuando los chicos se dirigían a los aviones saltaba a la vista que estaban muy pálidos. Y muy callados.

Hubo sus anécdotas. *[Se ríe.]* El padre de unos niños irrumpió en mi despacho y me exigió que le devolviera los documentos del chaval. «Allí a nuestros hijos les van a sacar la sangre. Van a hacer experimentos con ellos.» Está claro que el recuerdo de la terrible guerra aún no se ha borrado. El pueblo recuerda. Pero aquí hay además otra cosa. Durante mucho tiempo hemos vivido tras una alambrada. En el campo socialista. Y teníamos miedo del otro mundo. No lo conocíamos.

Además las madres y padres de Chernóbil... Esto es otro tema. Es la continuación de nuestra conversación sobre nuestra mentalidad. Sobre la mentalidad soviética. La Unión Soviética cayó. Se derrumbó. Pero muchos siguieron esperando ayuda durante mucho tiempo de un gran y poderoso país que había dejado de existir.

Mi diagnóstico es... ¿Quiere oírlo? Una mezcla de prisión y jardín de infancia: esto es el socialismo. El socialismo soviético. El hombre entregaba al Estado el alma, la conciencia, el corazón, y a cambio recibía una ración. La ración de Chernóbil. La gente, en cambio, ya se había acostumbrado a esperar y a quejarse: «Yo soy de Chernóbil. A mí me corresponde porque yo soy de Chernóbil».

Tal como ahora lo entiendo, Chernóbil es un gran experimento también para nuestro espíritu. Para nuestra cultura.

Durante el primer año mandamos al extranjero a 5.000 niños; el segundo ya fueron 10.000, y el tercero, 15.000.

¿Ha hablado usted sobre Chernóbil con los niños? No con

los mayores, sino con los niños. A veces razonan de forma inesperada. Un ejemplo. Una niña me había contado cómo mandaron a su clase en el otoño del 86 al campo a recoger remolacha y zanahoria. Por todas partes encontraban ratones muertos, y ellos se reían, primero se morirán los ratones, los escarabajos, las lombrices, y luego empezarán a morir las liebres, los lobos. Y después nosotros. Los hombres morirán los últimos y luego... Seguían fantaseando sobre cómo sería el mundo sin animales ni aves. Sin ratones. Durante cierto tiempo quedarán solo los hombres. Sin nadie más. Incluso las moscas dejarán de volar. Aquellos niños tenían entre doce y quince años. Y así es como se imaginaban el futuro.

Otra conversación con una niña. La chica viajó a un campamento de pioneros y allí hizo amistad con un chico. «Era un niño tan bueno —recordaba—, nos pasábamos todo el tiempo juntos.» Pero luego sus amigos le dijeron al chico que ella era de Chernóbil y el muchacho ya no se acercó nunca más a ella. Con esta chica incluso mantuve correspondencia. «Ahora, cuando pienso en mi futuro —escribía la muchacha— sueño con acabar la escuela y marcharme a alguna parte lejos, lejos, donde nadie sepa de dónde soy. Allí, alguien me querrá y yo lo olvidaré todo...»

Apunte, apunte. Sí. ¡Sí! Todo se borrará de la memoria, desaparecerá. Lástima de no haberlo apuntado todo.

Otra historia. Llegamos a una aldea contaminada. Junto a la escuela, unos niños juegan a la pelota. La pelota rueda hasta un parterre con flores, los niños lo rodean, andan a su alrededor, pero tienen miedo de alcanzar la pelota. Primero ni siquiera comprendí lo que pasaba; teóricamente lo sabía, pero yo no vivo aquí y no estoy constantemente alerta, yo he llegado del mundo normal. Así que di un paso hacia el parterre y los críos, de pronto, se pusieron a gritar. «¡No lo haga! ¡No se puede! ¡Señor, no vaya!» En tres años (pues eso ocurría en el 89) los niños se habían acostumbrado a la idea de que no se puede sentarse en la hierba, no se pueden coger flores. No se puede subir a un árbol. Cuando los llevábamos al extranjero y les decíamos: «Corred al bosque, id al río, bañaos, tomad el sol», había que ver con qué inseguridad entraban en el agua. Cómo acariciaban la hierba, pero luego... Luego, ¡cuánta felicidad mostraban! Podían zambullirse de nuevo en el agua, tumbarse en la arena... Se pasaban el día llevando consigo ramos de flores, trenzando diademas con las flores del campo.

¿En qué estoy pensando? En que... tal como hoy lo entiendo... sí, podemos sacarlos del país y llevarlos a curar. Pero ¿cómo les devolveremos el mundo de antes? ¿Cómo devolverles el pasado? Y el futuro.

Se nos plantea una pregunta. Tenemos que responder a una pregunta: ¿Quiénes somos? Sin esto, no cambiará nada. ¿Qué es para nosotros la vida? ¿Y qué es para nosotros la libertad? La libertad, solo sabemos soñar con ella. Pudimos ser libres pero no lo hemos conseguido. Una vez más no lo hemos logrado. Hemos construido durante setenta años el comunismo y ahora construimos el capitalismo. Antes rezábamos a Marx y ahora al dólar. Nos hemos perdido en la historia. Cuando uno se para a pensar en Chernóbil regresa aquí, a este punto: ¿Quiénes somos? ¿Qué hemos entendido de nosotros mismos? De nuestro mundo. En nuestros museos militares, que son más numerosos que los de arte, se guardan viejos fusiles, bayonetas, granadas, y en sus patios vemos los tanques y los lanzaminas. A los escolares los llevan allí de excursión y les muestran: esto es la guerra. La guerra es así. En cambio, ahora, ya es distinta. El 26 de abril de 1986 sufrimos otra guerra más. Y esta no ha acabado.

Y nosotros... ¿quiénes somos?

GUENADI GRUSHEVÓI,
diputado del Parlamento de Bielorrusia, presidente
de la Fundación Para los Niños de Chernóbil

MONÓLOGO ACERCA DE QUE HACE MUCHO QUE BAJAMOS DEL ÁRBOL Y NO INVENTAMOS NADA PARA QUE ESTE SE CONVIRTIERA ENSEGUIDA EN UNA RUEDA

Siéntese. Acérquese más. Pero le seré sincera: no me gustan los periodistas, aunque ellos tampoco son amables conmigo.

—¿Y eso por qué?

—¿No está enterada? ¿No han tenido tiempo aún de avisarla? Entonces, entiendo por qué está usted aquí. En mi despacho. Soy una figura odiosa, así me califican sus colegas, los periodistas. Todos gritan a mi alrededor: «En esta tierra no se puede vivir». Y yo les contesto que sí se puede. Hay que aprender a vivir en ella. Hay que tener el valor de hacerlo. Cerremos los territorios contaminados, rodeémoslos de alambres de espino (¡un tercio del país!). Cerrémoslos y vayámonos de allí. Aún tenemos mucha tierra. ¡Pues no! Por un lado, nuestra civilización es antibiológica, el hombre es el peor enemigo de la naturaleza, y por otro, es un creador. Transforma el mundo. Crea, por ejemplo, la torre Eiffel o las naves cósmicas. Lo único es que el progreso exige víctimas y cuanto más lejos vayamos, más serán las víctimas. Y no en menor medida que en la guerra, como hemos visto. La contaminación del aire, el envenenamiento de la tierra, los agujeros de la capa de ozono... El clima de la tierra está cambiando. Y nos hemos horrorizado. Pero el saber como tal no puede tener la culpa ni ser un crimen.

Chernóbil. ¿Quién tiene la culpa, el reactor o el hombre? Sin duda, el hombre; él no lo hizo funcionar como es debido, se cometieron monstruosos errores. Una suma de errores. Pero no vamos a ahondar en la parte técnica. Aunque esto es un hecho. Han trabajado centenares de comisiones y expertos. Se trata de la mayor catástrofe de origen técnico en la historia de la humanidad; nuestras pérdidas son fantásticas. Las pérdidas materiales aún no hay modo alguno de calcularlas, pero ¿y las no materiales? Chernóbil ha sido un golpe para nuestra imaginación y lo ha sido también para nuestro futuro. Nos hemos asustado de nuestro futuro. Entonces no debíamos de haber bajado del árbol, o hubiéramos debido inventarnos algo para que el árbol se convirtiera enseguida en una rueda. Por el número de víctimas que provoca, lo que ocupa el primer lugar en el mundo no es la catástrofe de Chernóbil, sino el automóvil. ¿Por qué nadie prohíbe la producción de automóviles? Es más seguro viajar en bicicleta o en burro... O en carro.

Aquí callan, callan mis oponentes. Me acusan. Me preguntan: «¿Y cómo ve usted que aquí los niños tomen leche radiactiva? ¿O que coman bayas radiactivas?». Pues lo veo mal. ¡Muy mal! Pero también creo que estos niños tienen padres, y que tenemos un gobierno que debe pensar en eso. Estoy en contra de... Estoy en contra de que una gente que no conoce o que se ha olvidado de la tabla de Mendeléyev nos enseñe cómo vivir. De que nos asusten.

De todos modos, nuestro pueblo siempre ha vivido atemorizado: la revolución, la guerra. Este vampiro sanguinario... ¡Este demonio! Stalin. Y ahora Chernóbil. Y luego nos asombramos de por qué nuestra gente es así. Por qué no son libres, por qué temen a la libertad. Están más acostumbrados a vivir bajo el poder del zar. Del padre-zar. Este puede llamarse secretario general o presidente, qué más da. Pero yo no soy un político, sino un científico.

Me he pasado la vida pensando en la tierra, estudiando la tierra. La tierra es una materia tan misteriosa como la sangre. Se diría que lo sabemos todo de ella, pero siempre hay un enigma que descubrir. No nos hemos dividido entre aquellos que están a favor de vivir aquí y los que no lo están, sino entre científicos y no científicos. Si a usted le sobreviene un ataque de apendicitis y hay que operarlo, ¿a quién se dirigirá? A un cirujano, claro está, y no a un entusiasta líder social. Seguirá los consejos de un especialista. Yo no soy político. Pero pienso. ¿Qué es lo que tiene Bielorrusia, aparte de tierra, agua y bosques? ¿Tiene mucho petróleo? ¿Diamantes? No tiene nada de esto y, por lo mismo, debemos cuidar lo que tenemos. Restablecerlo. Sí, claro está, nos compadecen, mucha gente en el mundo desea ayudarnos, pero no vamos a vivir toda la vida de las limosnas de Occidente. A cuenta del bolsillo ajeno. Todo el que ha querido se ha marchado, se han quedado tan solo aquellos que quieren vivir y no morir después de Chernóbil. Esta es su patria.

—¿Qué es lo que propone? ¿Cómo puede el hombre vivir aquí?

—El hombre se cura. También la tierra se cura. Hay que trabajar. Pensar. Superar los obstáculos aunque sea poco a poco. Ir hacia delante. En cambio, nosotros... ¿Qué ocurre? Dada nuestra monstruosa pereza eslava, estamos dispuestos a creer antes en un milagro que en que somos capaces de crear algo con nuestras propias manos. Observe la naturaleza. Hay que aprender de ella. La naturaleza trabaja, se autodepura, nos ayuda. Se comporta con más sensatez que el hombre. La naturaleza aspira a recuperar el equilibrio primitivo. Aspira a la eternidad.

Me llaman para que vaya al Comité Ejecutivo. Es algo inusual. Compréndanos, Slava Konstantínovna, no sabemos a quién creer. Decenas de científicos nos dicen una cosa y usted otra. ¿Ha oído usted algo de la conocida maga Paraska? Hemos decidido invitarla a usted porque ella nos ha prometido rebajar las radiaciones gamma durante este verano.

Usted se ríe. No obstante, ha hablado conmigo gente muy seria y esta Paraska ya ha firmado varios contratos con algunas empresas. Se le ha pagado una importante suma de dinero.

Esta afición... Esta ofuscación ya la habíamos vivido. Esta histeria generalizada. ¿Se acuerda? Miles de personas..., millones veían la televisión y unos brujos que se atribuían a sí mismos unos poderes ultrasensoriales —Chumak y luego Kashpirovski— «cargaban» el agua. Mis colegas, todos con títulos científicos, llenaban botes de tres litros con agua y los colocaban delante de la pantalla del televisor. Bebían este agua, se lavaban con ella, porque creían que curaba. Estos brujos actuaban en estadios donde se reunían tal cantidad de personas que ni Alla Pugachova podía haber soñado con algo parecido. La gente iba allí a pie, en coche y a rastras. ¡Con una fe increíble! ¡Nos curaremos de todas nuestras enfermedades gracias a la varita mágica! ¿Y qué? Era lo más parecido a un nuevo proyecto bolchevique. El público lleno de entusiasmo. Las cabezas llenas de una nueva utopía. «Bueno —pensé—, ahora serán los brujos los que nos salvarán de Chernóbil.»

Y me hace la pregunta:

—¿Cuál es su opinión? Es verdad que todos somos incrédulos, pero ya ve lo que dicen. Y lo que escriben los periódicos. ¿Y si le organizamos un encuentro con Paraska?

Me encontré con ella. De dónde había salido, no lo sé. Seguramente de Ucrania. Pero llevaba ya dos años viajando por todas partes, bajando y bajando el nivel de radiación.

—¿Qué se propone hacer? —le pregunté.

—Es que tengo unas fuerzas interiores. Y noto que puedo rebajar el nivel de radiación.

—¿Y qué necesita para esto?

—Necesito un helicóptero.

Y allí es cuando me puse furiosa. Tanto contra Paraska

como contra nuestros burócratas que, con la boca abierta, se creían las mentiras de esta mujer.

—El helicóptero puede esperar —le dije—. Ahora traeremos un poco de tierra contaminada y la echaremos en el suelo. Aunque sea medio metro, y a ver... Y a ver si le baja usted la radiación.

Y así hicimos. Trajimos tierra... y ella, al principio, primero susurraba, escupía, expulsaba con las manos no sé qué espíritus. ¿Y qué pasó? Pues nada. Ningún resultado. Ahora Paraska está encerrada en alguna cárcel de Ucrania, por estafa.

Otra bruja nos prometió acelerar la desintegración del estroncio y el cesio en 100 hectáreas. ¿De dónde salían estos personajes? Creo que los engendraba nuestro deseo de un milagro. Nuestra esperanza. Sus fotografías, sus entrevistas. Porque alguien les destinaba columnas enteras en los periódicos, les cedía las horas de máxima audiencia en la televisión. Si la fe en la razón abandona al hombre, en su alma se instala el miedo, como ocurre con los salvajes. Y aparecen los monstruos. Respecto a esto, mis oponentes callan... Callan.

Solo recuerdo a un alto dirigente que me llamó para rogarme: «¿Qué le parece si vengo a verla al instituto y usted me explica qué es eso de un curio? ¿Qué es un microrroentgen? ¿Cómo este microrroentgen se convierte en un impulso? Porque cuando viajo por los pueblos, me preguntan y paso por idiota. Como un escolar». Solo hubo uno así: Alexéi Alexéyevich Shajnov. Apunte este nombre. En cambio, la mayoría de los dirigentes no quería saber nada, nada de física ni de matemáticas. Todos ellos habían acabado la escuela superior del Partido, pero allí solo les enseñaban una asignatura: el marxismo. Cómo animar e inspirar a las masas. El pensamiento de los comisarios. Pensamiento que no había cambiado desde los tiempos de la caballería roja. Me acuerdo de la frase de Budioni, el militar preferido de Stalin: «A mí me da igual a quién matar. A mí lo que me gusta es arrear sablazos».

En cuanto a las recomendaciones. ¿Cómo hemos de vivir en esta tierra? Me temo que se aburrirá usted con mis palabras, como todos. No hay nada sensacional en ellas. Ningún fuego de artificio. Cuántas veces habré intervenido delante de los periodistas. Les contaba una cosa y al día siguiente leía otra completamente distinta. El lector, según ellos, debía morirse de miedo. Alguno veía en la zona plantaciones de amapolas y campamentos de drogadictos. Y otros, un gato con tres colas. Una señal en el cielo el día del accidente.

Estos son los programas que ha elaborado nuestro instituto de investigación. Se han impreso recomendaciones para los koljoses y para la población. Puedo darle un ejemplar. Haga usted propaganda.

Recomendaciones para los koljoses... *[Lee.]*

¿Qué proponemos? Aprender a dirigir la radiación, como si fuera electricidad, encaminándola a través de cadenas que salvaguarden al hombre. Para eso es necesario reconvertir nuestro tipo de gestión... Correcciones. En lugar de leche y carne, organizar la producción de cultivos técnicos que no lleguen a los alimentos. Por ejemplo, colza. De la colza se puede sacar aceite, incluido el apto para motores. Puede emplearse como combustible en los motores. Se pueden cultivar semillas y esquejes. Las semillas se someten especialmente a radiación en condiciones de laboratorio para que así conserven la pureza de la especie. Para las semillas, la radiación es inocua. Esta es una vía. Hay una segunda. Si, de todos modos, producimos carne. Nosotros no tenemos manera que limpiar el grano ya listo para el consumo; entonces encontramos una salida: se lo damos al ganado, lo hacemos pasar a través de los animales. Lo que se llama «zoodesactivación». Antes de ser sacrificados, a los terneros de dos o tres meses los estabulamos, les aportamos piensos «limpios». Y los animales se descontaminan.

Creo que con esto basta. ¿No querrá que le dé una conferencia? Hablamos de ideas científicas. Yo hasta lo llamaría filosofía de la supervivencia.

Recomendaciones para los particulares... Voy a ver en las aldeas a las abuelas y los abuelos. Y les leo. Y ellos me responden con el pataleo. Se niegan a escucharme, quieren seguir viviendo como vivían sus abuelos y bisabuelos. Sus antepasados. Quieren beber leche..., cuando la leche no se puede beber. Cómprate una máquina y saca de ella queso fresco o haz mantequilla. Y hay que tirar el suero, hay que echarlo al suelo. Quieren secar setas. Entonces ponlas a remojo, échalas en un barreño lleno de agua toda la noche y luego ya ponlas a secar. Aunque lo mejor sería no comerlas. Toda Francia está repleta de champiñones, y no es en la calle donde los cultivan. Sino en invernaderos. ¿Dónde están nuestros invernaderos? Las casas en Bielorrusia son de madera; los bielorrusos viven desde hace siglos rodeados de bosques. Pues bien, ahora las casas es mejor recubrirlas de ladrillo. Los ladrillos son un buen reflectante, es decir dispersan las radiaciones ionizadas (veinte veces más que la madera). Es necesario enyesar la parcela del huerto cada cinco años. El estroncio y el cesio son muy traidores. Esperan su momento. No está bien abonar con el estiércol de tu propia vaquita, es mejor comprar abonos minerales.

—Pero para llevar a cabo sus planes necesitaríamos otro país, otro hombre y otro funcionario. A nuestros mayores sus pensiones apenas les permiten llegar a comprar pan y azúcar y usted les recomienda que compren abonos minerales. Que se compren nueva maquinaria.

—Puedo decirle lo siguiente. Ahora estoy defendiendo la ciencia. Le estoy demostrando que el responsable de lo sucedido en Chernóbil no es la ciencia, sino el hombre. No es el reactor, sino el hombre. En cambio, en cuanto a las cuestiones políticas, no es a mí a quien hay que planteárlas. En eso se equivoca usted de puerta.

Mire. ¡Vaya! Se me había olvidado por completo. Hasta me lo había apuntado en un papel para no olvidarlo. Quisiera contarle algo. Cómo vino a vernos un joven científico de Moscú. Su mayor ilusión había sido participar en el proyecto de Chernóbil. Aura Zhuchenko se llamaba. Se trajo consigo a su mujer embarazada..., en el quinto mes de gestación. Nadie salía de su asombro. ¿Cómo es posible? ¿Para qué hace una cosa así? Mientras los del lugar se largan de aquí, los de afuera vienen. ¿Por qué? Pues porque era un auténtico científico y quería demostrar que en este lugar una persona formada podía vivir. Una persona formada y disciplinada, justamente las dos cualidades que menos se valoran entre nosotros. A nosotros no nos cuesta nada lanzarnos a pecho descubierto contra un nido de ametralladoras. Lanzarnos con una antorcha. En cambio... Aquí lo que se nos dice es que pongamos a remojo las setas, que tiremos la primera agua cuando las patatas echen a hervir..., que tomemos regularmente vitaminas..., que llevemos a analizar al laboratorio las bayas..., que enterremos las cenizas... He estado en Alemania y he visto cómo todos los alemanes separan cuidadosamente en la calle las basuras: en este contenedor se echa el vidrio transparente de las botellas; aquí, el rojo. Las tapas de las cajas de leche, a un lado, donde va el plástico, y el propio paquete de cartón, donde se tira el papel. Las pilas de la máquina de fotos, a otro contenedor diferente. Los restos orgánicos, a otro. El hombre se esfuerza.

No me imagino a nuestro hombre haciendo lo mismo: que si vidrio transparente, que si vidrio de color; valiente estupidez, esto es el colmo del aburrimiento y de la humillación. La madre que os... A nuestro hombre lo que le encantaría es cambiar el rumbo de los ríos siberianos o algo parecido. «Un poderoso movimiento de brazo, un manotazo colosal...» Pero, cuando se trata de sobrevivir, de cambiar..

Pero este ya no es mi tema. Sino el de ustedes. Es una cuestión de cultura. De mentalidad. De toda nuestra vida.

Y aquí es donde callan. Callan mis oponentes... *[Se queda pensativa.]*

A veces una tiene ganas de ponerse a soñar. Soñar que en un futuro no lejano cerrarán la central de Chernóbil. La derruirán. Y la plaza que se forme en su lugar la convertirán en un verde prado.

SLAVA KONSTANTÍNOVNA FIRSAKOVA,
doctora en Ciencias Agrícolas

MONÓLOGO JUNTO A UN POZO CEGADO

Llegué a duras penas a aquella vieja aldea por un camino destrozado por las lluvias primaverales. Por suerte, nuestro decrépito coche de policía se paró definitivamente junto a una hacienda rodeada de poderosos arces y encinas. Vine a visitar a Maria Fedótovna Velichko, cantora y narradora popular muy conocida en la región de Polesie.

En el patio de la casa me encontré a sus hijos. Nos presentamos: el mayor, Matvéi, era maestro, y el menor, Andréi, ingeniero. Intervienen animados en la charla y, como descubro por la conversación, todos andan alterados por el inminente traslado.

—Un invitado llega y en cambio la dueña se ha de ir. Nos llevamos a mamá a la ciudad. Estamos esperando el coche. ¿Qué libro dice que está escribiendo?

—¿Sobre Chernóbil?

—Ahora tiene su interés recordar Chernóbil. Yo estoy al tanto de lo que escriben en los periódicos sobre el tema. Aunque libros aún hay pocos. Yo, como maestro, he de estar enterado, pues nadie nos enseña cómo hablar del tema a los niños. A mí no me preocupa la física. Doy clases de literatura. A mí me preocupan cuestiones como la siguiente: ¿Por qué el académico Legásov, uno de los que dirigió los trabajos de liquidación de la avería, acabó suicidándose? Regresó a casa a Moscú y se pegó un tiro. Y el ingeniero jefe de la central atómica se volvió loco. Que si partículas beta, partículas alfa... Que si cesio, que si estroncio... Elementos que se descomponen, se diluyen, se trasladan... Todo esto está muy bien, pero con el hombre ¿qué pasa?

—¡Pues yo estoy a favor del progreso! ¡De la ciencia! Porque ninguno de nosotros puede renunciar ya a la bombilla eléctrica. Ahora se han puesto a comerciar con el miedo. Venden miedo a Chernóbil, porque ya no nos queda nada más que vender en el mercado internacional. Esta es nuestra nueva mercancía: vendemos nuestros sufrimientos.

—Han evacuado centenares de aldeas. Decenas de miles de personas. Toda una Atlántida campesina... que se ha diseminado por toda la ex Unión Soviética y que ya no se puede reunir de nuevo. No hay modo de salvarla. Hemos perdido todo un mundo. Un mundo así ya no lo habrá nunca más, no se va a repetir. Escuche, escuche a nuestra madre.

Una conversación que inesperadamente había comenzado tan seriamente, para mi desgracia, no prosiguió. A esta gente le esperaba una tarea llena de zozobra... Comprendí que abandonaban para siempre su casa natal.

Pero en aquel momento apareció la dueña de la casa. Esta me abrazó como si fuera su hija. Y me besó.

Hija mía, ya ves, dos inviernos que llevo sola aquí. La gente no venía..., en cambio, los animales, sí. Una vez se me presentó una zorra, me vio y se extrañó. En invierno, el día es largo y la noche dura toda una vida. Con gusto te cantaría y te contaría cuentos. La gente mayor está ya aburrida de la vida, y la conversación es su trabajo. En cierta ocasión me vinieron a ver de la ciudad unos estudiantes, me grabaron en un magnetófono. Esto sucedió hace mucho. Antes de Chernóbil.

¿Qué quieres que te cuente? Y eso si tengo tiempo. Hace unos días estuve mirando mi suerte en el agua y vi que me esperaba el camino. Nuestras raíces abandonan su tierra. Aquí vivieron nuestros abuelos y tatarabuelos. En estos bosques se instalaron y se fueron turnando aquí durante siglos, pero ahora ha llegado un tiempo en que la desdicha nos echa de nuestras tierras. Una desdicha que ni en los cuentos se cuenta y que nadie antes conoció.

Te recordaré, hija mía, cómo cuando éramos jóvenes adivinábamos el porvenir. Te recordaré algo bueno. Alegre. Cómo empezó aquí nuestra vida. Mi madre y mi padre llevaban alegres a cuestas sus diecisiete años cuando tuvieron que casarse. Llamaron a un casamentero para que les cantara.

En verano se adivinaba en el agua y en invierno en el humo; hacia el lado que se fuera el humo, de esa dirección te vendría el marido. A mí me gustaba adivinar con el agua. En el río. El agua es lo primero que hubo en la tierra, ella lo sabe todo. Y te puede descubrir tu futuro. Se llevaban unas velas al río, se vertía en el agua la cera. Si la vela flotaba es que el amor no estaba lejos, pero si la vela se hundía, aquel año también te quedabas soltera. De doncella te quedabas.

¿Dónde se escondía tu suerte? ¿Dónde mi dicha? Adivinábamos de muchos modos. Unas tomaban un espejo y se iban al baño, donde se pasaban toda la noche, y si en el espejo aparecía alguien, había que dejarlo de inmediato sobre la mesa, porque si no de allí saldría el diablo. Al diablo le gusta venir a este mundo por la puerta del espejo. Por ella.

Adivinábamos en las sombras. Sobre un vaso de agua se quemaba un papel y se miraba la sombra que se formaba en la pared. Si aparece una cruz, es que te espera la muerte; si la cúpula de una iglesia, una boda. Unos lloran, otros ríen. A cada cual su suerte. Por la noche nos quitábamos el calza-

do y guardábamos una bota debajo de la almohada. Puede que por la noche venga tu prometido a descalzarte, tú entonces le miras y te acuerdas de su cara. A mí me vino a ver otro, no mi Andréi, uno alto y de cara blanca, en cambio mi Andréi no era alto de estatura. Tenía las cejas negras y todo él era risas: «Oh, mi querida señora. Mi señora querida...».
[Se ríe.] Vivimos juntos, el uno con el otro, sesenta añitos. Y tres hijos trajimos al mundo. Cuando nos dejó el abuelo, los hijos le llevaron a descansar. Antes de morir me besó por vez postrera y me dijo: «Oh, mi querida señora..., sola te vas a quedar».

¿Qué es lo que sé? Si vives mucho, hasta la vida se te olvida e incluso el amor se te borra. Ya ves, hija mía. ¡Alabado sea Dios! Aún de doncella, me metía dentro de la almohada un peine. Te soltabas el pelo y a dormir. Y vendrá tu prometido disfrazado en sueños. Te pide agua para beber o para saciar la sed de su caballo.

Sembramos amapolas alrededor del pozo. Un círculo hacíamos, y al atardecer nos reuníamos y gritábamos al interior del pozo: «¡suerte, uh, uh, uh...! ¡Suerte, oh, oh, oh...». Y regresaba el eco y cada una lo entendía a su modo. Aún hoy quisiera ir al pozo. Para preguntar por mi suerte. Aunque poca es la suerte que me queda. Migajas. Un granito seco. Y, además, los soldados han cegado todos nuestros pozos. Los han tapado con tablones. Son pozos muertos. Cegados. Solo ha quedado una fuente de hierro junto a la oficina del koljós. Vivía en la aldea una curandera que también te adivinaba la suerte, pero también ella se fue a la ciudad a casa de su hija. Unos sacos... Dos sacos de los de patatas se llevó consigo llenos de hierbas medicinales. ¡Alabado sea Dios! Ya ve. Las viejas ollas en las que preparaba sus pócimas. Las telas blancas. ¿A quién le harían falta allí en la ciudad? En la ciudad lo que se hace es ver la tele y leer libros. Eso nosotros aquí... Como los pájaros, leíamos las señales en la tierra, en la hierba o en los árboles. Si la tierra se abre mucho tiempo en primavera y no se descongela, puedes esperar sequía en verano. Si la luna brilla mortecina, oscura, el ganado se pondrá a parir. Si las cigüeñas se retiran pronto, esperad frío. *[La mujer cuenta y se balancea al ritmo de sus palabras.]*

Tengo unos buenos hijos y unas nueras cariñosas. Y los nietos también. Pero ¿con quién te pondrás a hablar en la ciudad? Todos te son extraños. Es un lugar vacío para el corazón. ¿Qué podrás recordar con gente extraña? Me gustaba ir al bosque, vivíamos de él, y allí siempre me encontraba acompañada. Como entre la gente. Pero al bosque no te dejan ir. Allí están los guardias, vigilando la radiación.

Dos años. ¡Alabado sea Dios! Dos años se pasaron mis hijos tratando de convencerme: «Mamá, vente a la ciudad». Y al fin me han convencido. Al fin. Qué lugares tan buenos los nuestros; bosques y, alrededor, lagos. Lagos limpios, con sus ondinas.

La gente anciana contaba que las niñas que mueren pronto se convierten en ondinas. Y les dejan en las ramas ropa, camisas de mujer. Se colgaba en los arbustos y en cuerdas. Y las ondinas salían del agua y corrían entre las cuerdas.

¿Me crees? Hubo un tiempo en que la gente se lo creía todo. Y obedecía. Entonces no había televisión, aún no la habían inventado. *[Se ríe.]* Ya ves.

¡Qué tierra más hermosa la nuestra! Aquí hemos vivido; en cambio los nuestros ya no van a vivir aquí. Nooo...

Me gusta este tiempo. El sol se eleva alto por el cielo, las aves han regresado ya. Estaba ya harta del invierno. Por la noche no hay modo de salir de casa. Los jabalíes triscan por la aldea, ni que estuvieran en el bosque. Ya he recogido la patata. Quería plantar cebolla. Porque hay que trabajar, no te vas a quedar sentada, cruzada de brazos, esperando que te llegue la muerte. Entonces nunca vendría.

Pues en cuanto me acuerdo del duende... Porque hace mucho que vive en casa. No sé muy bien por dónde, pero sale del horno. Vestido de negro, con una zamarra negra y con los botones brillantes. No tiene cuerpo, pero se mueve. En un tiempo pensé que era mi hombre que me venía a ver. Ya ve. Pero no. Es el duendecillo. Sola vivo y con nadie puedo hablar, de manera que por la noche me cuento el día que ha quedado atrás: «He salido de temprano. Y el solecito brillaba talmente que lo miraba y me asombraba de la hermosura de este mundo. Me sentía alegre. Tanta dicha había en mi corazón». Ahora en cambio ya ve: hay que partir. Abandonar tu tierra.

El Domingo de Ramos siempre cortaba unas ramas de sauce. Y como no teníamos santo padre, me iba al río y allí yo misma las bendecía. Una la colocaba en mi puerta. También en casa las ponía y con ellas la adornaba. Las colocaba en las paredes, en las puertas, en el techo. Y, mientras las repartía por la casa, salmodiaba: «Oh, ramita, salva a mi vaca. Para que el cereal crezca alto y el manzano me dé buenos frutos. Que tenga muchos pollitos y las ocas muchos polluelos». Hay que recorrer así la casa y pronunciar largo rato el encanto.

Antes recibíamos la primavera con alegría. Tocábamos, cantábamos. Empezábamos a partir del día en que las mujeres sacaban a las vacas por primera vez al prado. Entonces se tenía que expulsar a las brujas. Para que estas hechiceras no le echasen mal de ojo a las reses, no las ordeñábamos, porque si no se iban corriendo a casa ordeñadas. Y asustadas. No lo olvides, porque puede que todo esto regrese de nuevo, así se dice en los libros santos.

Cuando en el pueblo teníamos pope, este nos leía los libros sagrados. La vida puede acabar, pero puede empezar desde el principio. Escucha lo que te digo. Son pocos los que lo recuerdan, y pocos los que te lo puedan contar.

Delante del primer rebaño, conviene extender en el suelo un mantel blanco para que el ganado pase por encima de él, y luego han de pasar por encima las pastoras. Y, cuando pasen, han de pronunciar las palabras siguientes: «Bruja malvada, cómete ahora esta piedra. Cómete la tierra. En cambio, vosotras, vaquitas, podéis correr tranquilas por los prados y los charcos. Y no temáis a nadie, ni a las gentes taimadas ni a las fieras feroces». En primavera, no solo la hierba sale de la tierra, todo se mueve. También todo lo malo. En el desván se esconde al calor. Del lago se viene a la casa y, al llegar la mañana, se arrastra por el rocío. ¡Y el hombre se ha de defender! Es bueno enterrar la tierra de un hormiguero delante de la cancela, pero lo más seguro es enterrar junto a la puerta un viejo candado. Y así cerrarles la boca a todas las bichas. La boca y la panza. ¿Y la tierra? A la tierra no le basta con el arado y la grada, también ella necesita protegerse. De los espíritus malignos. Para eso hay que recorrer por dos veces tu campo, ir y decir el conjuro: «Siembro, siembro, siembro el grano. Y espero una buena cosecha. Que los ratones no se me coman el grano».

¿Qué quieres que te recuerde más? La cigüeña también requiere su respeto. Hay que darle las gracias por haber regresado a su viejo nido. Pues esta ave te protege de los incendios y trae nuestras criaturas. Así se llama a la cigüeña: «Kle, kle, kle. Ven, avecilla. ¡Ven con nosotros!». Y los jóvenes recién casados, piden por su lado: «Kle, kle, kle. ¡Ven, avecilla, con nosotros, con nosotros! Para que reine entre nosotros el amor y la armonía. Y para que los niños crezcan sanos y suaves, como el sauce».

Por Pascua, todos pintábamos huevos. Huevos rojos, azules, amarillos. Y si alguien tenía un difunto en casa, pintaba un huevo negro. Un huevo de llanto. Para llorar su tristeza. El rojo es para el amor; el azul, para una larga vida.

Ya ves, hija. Como te cuento. Vivo y vivo. Tantos años que ya lo sé todo: lo que vendrá en primavera y lo que pasará en verano. En otoño y en invierno. Pero ¿para qué vivo? Miro el mundo que me rodea. Y no te diré que no me alegro. Pero, hija mía...

Oye también esto que te voy a contar. Colocas por Pascua

un huevo rojo en el agua, que se quede allí unos días, y tú lávate con esa agua y la cara se te pondrá hermosa. Limpia. Si quieres que alguno de los tuyos te venga en sueños, uno de tus difuntos me refiero, ve a su tumba, deja rodar un huevo por el suelo y di: «Mamita mía, ven a verme, que quiero llorar tu suerte». Y le cuentas tus penas. Tu vida. Y si tu marido te ofende, ella te aconsejará como es debido. Pero, antes de echar a rodar el huevo, mantenlo un rato en la mano. Cierra los ojos y piensa. No tengas miedo de las tumbas, que solo asustan cuando se lleva a un difunto. Se cierran ventanas y las puertas para que la muerte no entre volando.

La muerte siempre va de blanco, toda de blanco y con una guadaña. Yo no la he visto, pero la gente me lo ha contado. Los que se han encontrado con ella. Pero mejor que no te cruces en su camino. *[Y se ríe:]* Ja, ja, ja...

Cuando voy a visitar a mis difuntos, llevo dos huevos: uno rojo y otro negro. Uno con el color del lamento. Me siento junto a mi marido, allí en la losa está su foto, un retrato ni de viejo ni de joven, una buena foto: «He venido a verte, Andréi. Charlemos un rato». Le comunico todas las novedades. Y de pronto alguien me llama. Y me llega de allí una voz: «Oh, mi querida señora».

Después de visitar a Andréi, me voy a ver a mi hijita, que murió a los cuarenta años; fue el cáncer que se le metió dentro, y a pesar de los muchos lugares adonde la llevamos, nada le fue de ayuda. Y se fue a descansar tan joven como era. Y guapa.

De todo se va al otro mundo: tanto gente vieja como gente joven. Gente guapa y gente fea. Y hasta criaturas pequeñas. Pero ¿quién les llama? ¿Qué podrán contar de este mundo en el otro? No lo comprendo. Aunque tampoco la gente sabia lo entiende. Los profesores de la ciudad, por ejemplo. Puede que el padre de la iglesia. Cuando lo encuentre, se lo pregunto. Ya ves. Y con mi hijita hablo de esta manera: «¡Hijita mía! ¡Preciosa mía! ¿Con qué pajarillos vendrás volando desde tierras lejanas? ¿Con los ruiseñores o con los cuclillos? ¿De qué lado he de esperarte?».

Así le canto y espero. Por si de pronto se presenta. O por si me manda alguna señal. Pero no hay que quedarse junto a las tumbas hasta la noche. A las cinco... después de comer... hay que marcharse. El sol aún debe estar bien alto, pues cuando empieza a bajar, a rodar cuesta abajo..., cuesta abajo..., hay que despedirse. Pues los difuntos quieren quedarse a solas. Como nosotros. De igual modo.

Los muertos llevan su vida, como nosotros. No lo sé, pero me lo imagino. Así lo creo. Porque si no... Y te diré otra cosa. Cuando un hombre muere y sufre mucho y en la casa hay mucha gente, todos han de salir al patio, para que el pobre se quede solo. Hasta el padre y la madre han de salir, y los niños.

Hoy he estado dando vueltas desde el amanecer, recorro el patio, el huerto y recuerdo mi vida. Tengo unos buenos hijos, fuertes como robles. He sido feliz, pero poco, toda la vida me la he pasado trabajando.

¿Cuántas patatas han pasado por estas manos? ¿Cuántas patatas? ¿Cuánto habré sembrado y segado... *[Repite:]* sembrado y segado... hasta hoy? Sacaré el cedazo con las simientes. Pues me han quedado semillas de judías, girasoles... Los tiraré aquí mismo sobre la tierra desnuda. Que sigan vivas. Y las semillas de las flores las tiraré por el patio. Porque no sabes cómo huelen al llegar el otoño. El guisante de olor. Pero ha llegado un tiempo, hija mía, que no puedes tocar la simiente; la arrojas al suelo y te crece, cobra fuerza, pero no es buena para el hombre.

Ya ves qué tiempos. Dios nos ha mandado una señal. Y el día en que se produjo este Chernóbil maldito yo soñé con abejas, vi muchas, muchas abejas. Abejas que, una colmena tras otra, se iban volando muy lejos, muy lejos. Y cuando sueñas con abejas es que habrá un incendio. La tierra que se va a incendiar. Dios nos mandó la señal de que

el hombre ya no vive en la tierra como en su propia casa, sino que es un huésped. Somos unos invitados de ella. *[Se echa a llorar.]*
—Mamá —se oyó la voz de uno de los hijos—. ¡Mamá! Ha llegado el coche.

MONÓLOGO ACERCA DE LA AÑORANZA DE UN PAPEL Y DE UN ARGUMENTO

Se han escrito ya decenas de libros. Muchas películas. Comentarios diversos. Y, sin embargo, el suceso supera igualmente todo género de comentarios.

En cierta ocasión oí o leí que Chernóbil se nos plantea ante todo como un problema de autoconocimiento. Y estuve de acuerdo, pues coincide con lo que siento. Sigo confiando en que alguien muy inteligente me lo explique todo. Me lo aclare. De igual modo como me ilustran en todo lo referente a Stalin, a Lenin, al bolchevismo. O como nos machacan sin parar: «¡El mercado! ¡El mercado! ¡El mercado libre!». En cambio, nosotros... Nosotros, que nos hemos formado en un mundo sin Chernóbil, vivimos, en cambio, con Chernóbil.

Yo de hecho soy un especialista profesional en cohetes, experto en combustible de propulsión. He trabajado en Baikonur.* Los programas Cosmos e Intercosmos representan una gran parte de mi vida. ¡Una época maravillosa! ¡Conquistemos el cielo! ¡Conquistemos el Ártico! ¡Las tierras vírgenes! ¡El cosmos! Todo el pueblo soviético voló con Gagarin al cosmos, se lanzó al espacio. ¡Todos nosotros! ¡Hasta hoy sigo enamorado de él! ¡Un maravilloso hombre

* Centro espacial de la antigua URSS, situado en Kazajistán. Base de lanzamiento de naves espaciales. *(N del T.)*

ruso! ¡Con una espléndida sonrisa! Hasta su muerte parece fruto de un guión. Todos soñando con volar, con flotar en el aire, con la libertad. Deseando escapar a alguna parte. ¡Fue un tiempo maravilloso!

Por circunstancias familiares me trasladé a Belarús y aquí seguí trabajando. Cuando llegué, me sumergí en este espacio de Chernóbil, y este ambiente sometió mis sentimientos a un serio correctivo. Era imposible imaginar algo parecido, aunque siempre he estado en contacto con la técnica moderna, con la técnica del cosmos. De momento, cuesta pronunciar..., es imposible imaginar... algo... *[Se queda pensativo.]*

Un instante antes me parecía haber cazado el sentido. Hace un instante. Me siento impelido a filosofar. Hables con quien hables de Chernóbil, a todo el mundo le da por filosofar.

Pero mejor le cuento de mi trabajo. ¡Lo que no habremos hecho! Estamos construyendo una iglesia. La iglesia de Chernóbil, en honor al icono de la Madre de Dios «Gloria a los Caídos». Recogemos donaciones, visitamos a los enfermos y a los moribundos. Escribimos una crónica. Estamos construyendo un museo.

En un principio pensé que, con mi corazón, no podría trabajar en un lugar como este. Pero me dieron una primera misión: «Toma este dinero y repártelo entre 35 familias. Entre 35 viudas, cuyos maridos hayan muerto». Todos habían sido liquidadores. Había que ser justos. Pero ¿cómo? Una viuda tenía una niña pequeña, que estaba enferma; otra viuda tenía dos niños; una tercera mujer era ella la que estaba enferma; otra vivía en un piso de alquiler, y aún había otra más que tenía cuatro hijos. Por la noche me despertaba pensando: «¿Cómo hacer para que nadie salga perjudicado?». Pensaba y contaba el dinero, contaba y pensaba. ¿Se imagina? Y no pude resolverlo. Repartimos el dinero a todos por igual, siguiendo el orden de la lista.

Pero mi gran obra es el museo. El museo de Chernóbil. *[Calla.]*

Aunque a veces me parece que lo que habrá aquí no es un museo sino una oficina de pompas fúnebres. ¡Yo trabajo en el servicio de sepelios! Esta mañana, aún no había tenido tiempo de quitarme el abrigo, que se abre la puerta y desde el umbral una mujer que, más que sollozar, chillaba: «¡Quédense con su medalla, con todos los diplomas! ¡Quédense con las compensaciones! ¡Pero devuélvanme a mi marido!». Se pasó mucho rato gritando. Y al irse me dejó la medalla, los diplomas. Pues bien, allí se quedarán, en el museo, en la vitrina. La gente los verá. Pero los gritos, sus gritos, no los ha oído nadie más que yo, y cuando hable sobre estos documentos lo recordaré.

Ahora se está muriendo el coronel Yaroshuk. Un químico-dosimetrista. Era un tipo enorme y ahora está paralizado en la cama. La mujer le da la vuelta como a una almohada. Le da de comer con la cuchara. Además, tiene piedras en los riñones, habría que deshacerle los cálculos, pero no tenemos dinero para costear la operación. Somos muy pobres, subsistimos con las donaciones. El Estado, en cambio, se porta como un sinvergüenza, ha abandonado a esta gente. Cuando el coronel se muera, pondrán su nombre a una calle, a una escuela o a una unidad militar; pero esto será cuando se muera. El coronel Yaroshuk... Había recorrido a pie toda la zona, determinando los límites de los puntos máximos de contaminación; es decir se había empleado a una persona, en el pleno sentido de la palabra, como si fuera un robot. El hombre era plenamente consciente de ello, pero, de todos modos, se hizo toda la zona, empezando desde la misma central, en círculos de radio creciente y por sectores. Llevando los aparatos de dosimetría encima. «Palpaba» una «mancha» y se movía siguiendo la frontera de la «mancha» para marcarla exactamente en el mapa.

¿Y los soldados que trabajaron en el mismo techo del reactor? En la liquidación de las consecuencias de la avería, se destinaron, en total, 210 unidades militares: cerca de 340.000 militares.

A los que limpiaron el tejado les tocó la peor parte de aquel infierno. Les habían dado delantales de plomo, pero la emisión venía de abajo y en esa parte el hombre estaba al descubierto. Llevaban las botas de faena más corrientes. Permanecían de un minuto y medio a dos al día, subidos al tejado. Y luego, cuando los licenciaban, les entregaban un diploma y un premio: 100 rublos. Y desaparecían en los espacios infinitos de nuestra patria. Sobre el tejado rastrillaban el combustible y el grafito del reactor, pedazos de cemento y del encofrado. Eran veinte o treinta segundos para cargar unas parihuelas y otros tantos para arrojar la «basura» desde el techo. Solo que aquellas parihuelas especiales pesaban 40 kilos. De manera que imagínese: el delantal de plomo, las máscaras, esas parihuelas y todo a una velocidad endiablada. ¿Se imagina?

En el museo de Kíev hay una maqueta de grafito del tamaño de una gorra; dicen que si fuera de verdad pesaría dieciséis kilos, así de denso y pesado es.

Los manipuladores teledirigidos se negaban a menudo a ejecutar las órdenes que se les daba o hacían algo completamente distinto, pues sus circuitos electrónicos quedaban destrozados bajo el efecto de los altos campos electromagnéticos. Los «robots» más fiables eran los soldados. Los bautizaron con el nombre de «robots verdes» (por el color del uniforme militar).

Por el techo del reactor destruido han pasado 3.600 soldados. Aquellos hombres dormían en el suelo; todos contaban cómo en los primeros días echaban la paja sobre el suelo en las tiendas de campaña. Y recogían esa paja de los almiares cercanos al reactor.

Eran muchachos jóvenes. Ahora también ellos se están muriendo; pero comprenden que sin ellos no lo hubieran hecho. Además eran personas de una cultura especial. La cultura de la hazaña. Unas víctimas.

Hubo un momento en que existió el peligro de una explosión termonuclear, y entonces se impuso la necesidad de soltar el agua de debajo del reactor. Para que el uranio y el grafito fundidos no cayeran allí dentro, donde, junto con el agua, podrían alcanzar la masa crítica. Y provocar, por tanto, una explosión de hasta tres o cinco megatones. Entonces no solo hubiera perecido la población de Kíev y de Minsk, sino que no se hubiera podido vivir en una zona enorme de Europa. ¿Se imagina? Una catástrofe europea.

De modo que esta era la misión: ¿A ver quién se zambullía en aquel agua y abría allí el pestillo de la compuerta de desagüe? Les prometieron coche, piso, dacha y mantener a los familiares hasta el fin de sus días. Se pidió voluntarios. ¡Y aparecieron! Y los muchachos se tiraron, se zambulleron muchas veces y abrieron aquella compuerta. Y les dieron 7.000 rublos para todo el equipo. Aunque se olvidaron de los coches y de los pisos prometidos. ¡Pero es que además no lo hicieron por eso! No lo hicieron por razones materiales. Lo que menos importaba era lo material. *[Se emociona.]*

Esta gente ya no existe. Solo quedan sus documentos en nuestro museo. Los apellidos. Pero si ellos no lo hubieran hecho... Nuestra disposición al sacrificio. En eso no tenemos rival.

Un día discutí con uno. El hombre me quería demostrar que una actitud como aquella se explicaba por el poco valor que le damos a la vida. Que era cosa de nuestro fatalismo asiático. Una persona que sacrifica su vida, me venía a decir, no se percibe a sí misma como una personalidad única, irrepetible, como un ser que ya no volverá a existir nunca más. Es la añoranza de un papel. Hasta entonces era una persona sin texto; un figurante. Un ser que no tenía un guión, que solo servía de telón de fondo. Y aquí de pronto se convierte en el personaje principal. La añoranza de un sentido. ¿Qué es nuestra propaganda? ¿Nuestra ideología? Le proponen a uno morir para dar un sentido a su vida. Lo encumbran. ¡Le dan un papel! Un gran valor a su muerte, porque tras la muerte llega la eternidad. Esto es lo que me quería demostrar. Me daba ejemplos.

¡Pero yo no estoy de acuerdo! ¡Rotundamente, no! Sí, es verdad, se nos ha educado para ser soldados. Así nos han enseñado. Siempre en estado de movilización, siempre dispuestos a realizar algo imposible.

Mi padre, cuando, después de la escuela, quise ingresar en una universidad civil, se quedó de piedra. «¿Yo un militar de carrera y tú llevarás un traje de chaqueta? ¡Tu deber es defender la Patria!» Estuvo varios meses sin hablarme, hasta el día en que entregué mis papeles en un centro militar.

Mi padre luchó en la guerra; ya ha muerto. Siempre viviendo con lo puesto, sin fortuna alguna, como toda su generación. Tras su muerte, no quedó nada, ni casa, ni coche, ni tierras. ¿Qué tengo yo de él? Su macuto de campaña —se lo dieron antes de la guerra finlandesa— y, dentro de él, sus condecoraciones ganadas en combate. Y además conservo en una bolsa las trescientas cartas de mi padre desde el frente, empezando desde el 41; mi madre las guardó. Esto es todo lo que me ha quedado de él. ¡Y sin embargo, a mí me parece un capital de un valor incalculable!

¿Ahora entiende cómo veo nuestro museo? Allí tiene un bote con tierra de Chernóbil. Un puñado de tierra. Allí, un casco de minero. También de Chernóbil. Enseres campesinos de la zona. En este lugar no se puede dejar entrar a los dosimetristas. ¡Todo esto aúlla! ¡Pero todo aquí debe ser autentiquísimo! ¡Nada de reproducciones! Es necesario que nos crean. Y solo se puede creer lo verdadero, porque hay demasiadas mentiras en torno a Chernóbil. En el pasado y en el presente. El átomo, apareció un dicho así, el átomo se puede emplear no solo para fines militares o civiles, se puede aplicar también para fines personales. Todo se ha llenado de fundaciones, de estructuras comerciales.

Ya que escribe un libro así, debe usted ver nuestro material en vídeo, que es único. Lo vamos recogiendo a migajas.

¿La crónica de Chernóbil? Cuente que no existe. No nos la dejaban filmar. Todo estaba bajo secreto. Y si alguien lograba grabar algo, al instante, nuestros bien conocidos órganos competentes te retiraban este material y te devolvían las cintas borradas. Tampoco tenemos la crónica de cómo evacuaron a la gente, de cómo se sacó el ganado. Estaba prohibido filmar la tragedia, solo se grababa el heroísmo. A pesar de todo se han editado álbumes sobre Chernóbil, pero ¡cuántas veces les han destrozado las cámaras a los operadores de cine y de televisión! ¡Cuántas los han machacado en los despachos de arriba!

Para contar honestamente lo que pasó en Chernóbil hacía falta valor; aún ahora se necesita. ¡Créame! Pero tiene que verlas. Estas imágenes. Las caras negras como el grafito de los primeros bomberos. ¿Y sus ojos? Son los ojos de una gente que ya sabe que nos va a dejar. En un fragmento se ven las piernas de una mujer que a la mañana siguiente de la catástrofe se fue a trabajar a un huerto cercano a la estación nuclear. Anduvo campo a través, por la hierba cubierta de rocío. Sus piernas parecen un cedazo, todas perforadas hasta las rodillas. Esto hay que verlo, ya que escribe usted un libro así.

Yo llego a casa y no puedo coger en brazos a mi hijo pequeño. He de tomarme 50 o 100 gramos de vodka para poder tomar a mi niño en brazos.

Hay toda una sección del museo dedicada a los pilotos de helicóptero. El coronel Vodolazhski. Héroe de Rusia; está enterrado en tierra bielorrusa, en la aldea Zhúkov Lug. Cuando superó la dosis límite, debieron haberlo evacuado inmediatamente, pero se quedó e instruyó a otros 33 equipos de pilotos. Realizó personalmente 120 vuelos, arrojó 200 o 300 toneladas de carga; la temperatura en la cabina alcanzaba los 60 grados. ¿Qué pasaba abajo cuando se arrojaban los sacos de arena? Imagíneselo. Un horno. La radiación alcanzaba los 1.800 roentgen a la hora. Los pilotos llegaban a sentirse mal en el aire. Para hacer un lanzamiento ajustado, para acertar en el objetivo —en la boca ardiente— sacaban la cabeza de la cabina y apuntaban a ojo. Miraban hacia abajo. No había otro modo de hacerlo.

En las sesiones de la comisión gubernamental se informaba simplemente, como si tal cosa: «Para esto hay que perder dos o tres vidas. Y para esto, una vida». Así de sencillo, como si tal cosa.

Murió el coronel Vodolazhski. En su cartilla de dosis acumuladas sobre el reactor los médicos le apuntaron siete rems. ¡Cuando en realidad fueron seiscientos!

¿Y los cuatrocientos mineros que taladraron el túnel de debajo del reactor? Hacía falta abrir un túnel para inyectar nitrógeno líquido en la base y congelar una almohadilla de tierra: así se dice en el lenguaje técnico. De otro modo, el reactor se hubiera desplomado en las aguas subterráneas. Mineros de Moscú, de Kíev, de Dnepropetrovsk. No he leído nada sobre ellos. Y, en cambio, aquellos muchachos, desnudos, a 50 grados de temperatura, empujaban a cuatro patas las vagonetas. Allí dentro había aquellos mismos cientos de roentgen.

Ahora se están muriendo. Pero ¿y si ellos no lo hubieran hecho? Yo creo que son unos héroes y no víctimas de una guerra, una guerra que como si no la hubiera habido. Lo llaman avería, catástrofe. Cuando fue una guerra. Hasta nuestros monumentos de Chernóbil parecen militares.

Hay cosas que no está permitido comentar: el pudor eslavo. Pero usted lo debe saber. Con el libro que está escribiendo. A las personas que trabajan en un reactor o en sus inmediaciones, por norma general, se les daña... Es un síntoma similar al que se da entre los técnicos de armas estratégicas. Se trata de algo bien sabido. Por regla general, les queda afectado el sistema genitourinario. Los atributos masculinos. Pero del tema no se habla en voz alta. No está bien visto.

En una ocasión acompañé a un periodista inglés; el hombre preparó unas preguntas muy interesantes. Justamente sobre este tema; le interesaba el aspecto humano del problema. ¿Qué le ocurre a la persona después de todo eso en casa, en la vida cotidiana, en la vida íntima? Y lo bueno es que no obtuvo ninguna respuesta sincera. Por ejemplo, pidió que reunieran a algunos pilotos de helicóptero para charlar entre hombres. Se presentaron unos cuantos, algunos ya jubilados a los treinta y cinco, cuarenta años. A uno lo trajeron a pesar de tener una pierna rota; se le había producido una fisura típica de la gente mayor; es decir, en su caso por el efecto de la radiación, los huesos se reblandecen. Pero lo trajeron.

El inglés les hace sus preguntas: ¿Cómo os va ahora con la familia..., qué tal con vuestras jóvenes esposas? Los pilotos permanecen callados. Ellos han venido a contar cómo realizaban hasta cinco vuelos al día. Y este ¿qué les pregunta? ¿Sobre sus mujeres? De estos temas... Entonces, el tipo se pone a sonsacarles uno a uno. Pero ellos, como un solo hombre: la salud es normal, el Estado valora su gesta y en casa reina el amor y la concordia. Y ni uno solo... Ni uno se sinceró.

Los pilotos ya se habían marchado, pero yo noto que el inglés está deprimido.

«¿Entiendes ahora por qué nadie os cree? —me dice—. Os engañáis a vosotros mismos.»

El caso es que el encuentro se había realizado en un café, donde servían dos atractivas camareras. Las chicas ya estaban recogiendo las mesas y el inglés va y les pregunta:

—¿Al menos ustedes me podrían contestar a unas cuantas preguntas?

Y las dos muchachas le pusieron las cartas boca arriba. Él les pregunta:

—¿Quieren casarse?

—Sí, pero sobre todo no aquí. Todas soñamos con casarnos, pero con un extranjero, para dar a luz un niño sano.

Entonces, el inglés se anima y se atreve a ir más allá:

—Pero, a ver, ¿tienen ustedes amigos? ¿Cómo son? ¿Ellos les satisfacen? ¿Entienden a lo que me refiero?
—Mire, ahora estaban con ustedes unos pilotos. Unos tipos de dos metros. Con todas sus medallas. Pues bien, estos tipos son buenos para las tribunas, pero no para la cama.

El periodista fotografió a aquellas chicas, y a mí me repitió la misma frase:

—¿Entiendes ahora por qué nadie os cree? Os engañáis a vosotros mismos.

Fuimos con él a la zona. La estadística es conocida: en torno a Chernóbil hay ochocientas fosas. El hombre esperaba encontrarse con unas instalaciones técnicas fantásticas; cuando lo que hay son unas zanjas de lo más corriente. Y en ellas, el «bosque anaranjado», los árboles talados en 150 hectáreas alrededor del reactor (a los dos días de la avería, los pinos y los abetos se pusieron rojos y luego de color naranja). Yacían allí miles de toneladas de metal y acero, pequeñas tuberías, trajes de trabajo, construcciones de hormigón.

El periodista me mostró una foto de una revista inglesa. Una vista panorámica. Desde arriba. Miles de máquinas, tractores, aviones. Coches de bomberos, ambulancias.

La fosa más grande se halla junto al reactor. Quería fotografiarla ahora, pasados diez años. Le habían prometido una buena suma de dinero por la foto. De modo que damos vueltas y más vueltas, y cada director nos manda a otro: unas veces te dicen que no tienen el mapa; otras, no nos dan permiso.

Dimos vueltas hasta no poder más de agotamiento, cuando de pronto se me ocurrió: comprendí que la fosa ya no existía, que ya no existía en la realidad, sino solo en los listados. Hacía tiempo que lo habían robado todo y repartido por los mercados, convertido en piezas de recambio para los koljoses y en leña para la casa. Lo habían robado todo y se lo habían llevado. El inglés no podía comprenderlo. ¡No me creyó! ¡Cuando le dije toda la verdad, el hombre no me creyó!

Y hasta yo ahora, cuando leo incluso el artículo más valiente, no me lo creo. De forma constante me viene subconscientemente la idea: «¿Y si de pronto también esto es mentira? ¿O algún cuento?». Recordar la tragedia se ha convertido en un lugar común. ¡En un tópico! ¡O en un espantajo! *[Concluye en tono desesperado. Calla durante largo rato.]*

Todo lo llevo al museo. Cargo con todo. Pero hay días en que se me ocurre pensar: «¡Lo mando todo al diablo! ¡Me largo!». ¿Cómo se puede soportar todo esto, dígame?

Un día tuve una conversación con un sacerdote joven. Estábamos junto a la tumba recién cubierta de Sasha Goncharov. Uno de los muchachos que estuvieron en el tejado del reactor. Nevaba. Hacía viento. Un tiempo infernal. El sacerdote oficia el funeral. Lee la oración con la cabeza descubierta.

—Cualquiera diría que no nota usted el frío —le comenté más tarde.

—Así es —me contestó—; en momentos como este soy todopoderoso. Ninguna otra ceremonia religiosa me transmite tanta energía como los funerales.

Lo recuerdo ahora: eran las palabras de un hombre que siempre se encuentra cerca de la muerte.

Más de una vez les he preguntado a los periodistas extranjeros que vienen a vernos, muchos de ellos nos han visitado ya varias veces: ¿Por qué vienen, por qué piden que les manden a la zona? Sería estúpido pensar que es solo por dinero o para hacer carrera.

«Nos gusta esto —confiesan—. Aquí recibimos una potente carga de energía.»

¿Se imagina? Una respuesta inesperada, ¿no es cierto? Para ellos, seguramente, nuestros hombres, sus sentimientos, su mundo es algo nunca antes visto. La enigmática alma rusa. A nosotros también nos encanta beber y discutir en la cocina. Uno de mis amigos dijo en cierta ocasión: «En cuanto nos llenemos la panza y nos olvidemos de lo que es sufrir, ¿para quién resultaremos entonces interesantes?». No puedo olvidar estas palabras. Pero tampoco he podido aclarar qué es lo que más les atrae a los demás: ¿Nosotros mismos? ¿O lo que se puede escribir sobre nosotros? ¿O entender, a través de nosotros?

¿Qué es eso de dar vueltas continuamente alrededor de la muerte?

Chernóbil. Ya no tendremos otro mundo más que este. Al principio, cuando arrancaban la tierra de debajo de los pies, soltábamos este dolor nuestro sin más; pero ahora te invade la evidencia de que no hay otro mundo: de que no hay adónde ir. La sensación de asentamiento trágico en esta tierra de Chernóbil. Una visión del mundo radicalmente distinta.

De la guerra había regresado la generación «perdida». ¿Recuerda a Remarque? Pero con Chernóbil vive la generación «desconcertada». Vivimos en el desconcierto. Lo único que no ha cambiado es el sufrimiento humano. Nuestro único capital. ¡Un tesoro que no tiene precio!

Llego a casa... después de todo eso. Mi mujer me escucha. Y luego me dice con voz queda: «Te quiero, pero no te daré a mi hijo. No se lo daré a nadie. Ni a Chernóbil, ni a Chechenia. ¡A nadie!». También en ella se ha instalado ya este miedo.

SERGUÉI VASÍLIEVICH SÓBOLEV,
vicepresidente de la asociación republicana
Escudo para Chernóbil

CORO DEL PUEBLO

Klavdia Grigórievna Barsuk, esposa de un liquidador; Tamara Vasílievna Beloókaya, médico; Yekaterina Fiódorovna Bobrova, evacuada de la ciudad de Prípiat; Andréi Burtis, periodista; Iván Naúmovich Berguéichik, pediatra; Yelena Ilínichna Voronkó, habitante del poblado rural Braguin; Svetlana Góvor, esposa de liquidador; Natalia Maxímovna Goncharenko, evacuada; Tamara Ilínichna Dubikóvskaya, habitante del poblado rural Narovlia; Albert Nikoláyevich Zaritski, médico; Alexandra Ivánovna Kravtsova, médico; Eleonora Ivánovna Ladutenko, radiólogo; Irina Yúrievna Lukashévich, comadrona; Antonina Maxímovna Larivónchik, evacuada; Anatoli Ivánovich Polischuk, hidrometeorólogo; Maria Yákovlevna Savélieva, madre; Nina Jantsévich, esposa de liquidador.

Hace tiempo que no veo a mujeres embarazadas felices. Mamás felices. Mire, una de las que ha dado a luz ahora mismo, vuelve en sí y llama: «¡Doctor, enséñemelo! ¡Tráigamelo!». Le palpa la cabecita, la frente, todo el cuerpo. Cuenta los dedos de los pies y de las manos. Comprueba. Quiere estar segura: «Doctor, ¿mi niño ha nacido normal? ¿Todo está bien?». Se lo traen para que le dé de comer. Tiene miedo:

«Vivo no lejos de Chernóbil. He ido allí a ver a mi madre. Me cayó encima aquella lluvia negra».

Te cuentan sus sueños: unas veces, una ternera que ha nacido con ocho patas, otras un cachorro con cabeza de erizo. Unos sueños tan extraños. Antes las mujeres no tenían sueños así. Yo no los había oído. Y eso que llevo treinta años de comadrona.

Toda mi vida la vivo en la palabra... Con la palabra... Enseño lengua y literatura rusa en la escuela. Sería, creo recordar, a principios de junio; había exámenes. De pronto, el director de la escuela nos reúne para anunciarnos: «Mañana venid todos con palas». Al fin se aclaró que debíamos arrancar la capa superior, la capa contaminada de la tierra en torno a los edificios de la escuela, y luego vendrían los soldados y lo asfaltarían. Preguntamos: «¿Qué medios de protección nos darán? ¿Nos traerán trajes especiales, respiradores?». Nos contestaron que no. «Tomad las palas y a cavar.» Solo dos maestros jóvenes se negaron, el resto fue y se puso a cavar. Nos sentíamos deprimidos y a la vez con la sensación de cumplir con nuestro deber; es algo que está en nosotros: estar allí donde hay dificultades, donde hay peligro, defender la patria.

¿O no es esto lo que yo les enseño a los alumnos? Solo eso: dar un paso adelante, lanzarse al fuego, defender, sacrificarse. La literatura que yo enseñaba no trataba de la vida, sino de la guerra. Sobre la muerte. Shólojov, Serafimóvich, Fúrmanov, Fadéyev, Borís Polevói...*

Solo dos maestros jóvenes se negaron. Pero son de la nueva generación. Ya son otro tipo de personas.

Cavamos la tierra de la mañana a la noche. Cuando regre-

---

* Autores estudiados en el programa escolar por su exaltación del heroísmo y el valor del hombre soviético. *(N. del T.)*

sábamos a casa nos pareció raro ver que las tiendas estuvieran abiertas: las mujeres compraban medias, perfumes. Nosotros ya estábamos sumergidos en una sensación de guerra. Mucho más comprensible resultaba comprobar que de pronto aparecieron las colas para comprar el pan, la sal, las cerillas... Todos se pusieron a secar pan. Lavaban el suelo cinco y seis veces al día, tapaban las rendijas de las ventanas. Se pasaban el día escuchando la radio. Este comportamiento me resultó conocido, aunque he nacido después de la guerra. Yo intentaba analizar mis sentimientos y me asombré al descubrir la rapidez con que se había adaptado mi psique; de un modo que no alcanzo a comprender, la experiencia de la guerra me resultó ser familiar. Me podía imaginar cómo abandonaría la casa, cómo nos iríamos con los niños, qué cosas me llevaría y qué escribiría a mi madre. Aunque alrededor transcurría la vida pacífica de siempre y por la tele daban comedias. Pero nosotros siempre hemos vivido sumidos en el terror; sabemos vivir en el terror; es nuestro medio natural de vida.

Y en esto, nuestro pueblo no tiene igual.

Yo no he vivido una guerra. Pero todo esto me la recordó. Los soldados entraban en las aldeas y evacuaban a la gente. Las calles de los pueblos estaban a rebosar de maquinaria militar: blindados, camiones con lonas verdes, hasta tanques. La gente abandonaba sus casas en presencia de los soldados; y esto tenía un efecto deprimente, sobre todo para aquellos que han vivido la guerra. Primero culpaban a los rusos: «Ellos tienen la culpa; la central es suya». Pero luego: «La culpa la tienen los comunistas».

El corazón te latía presa de un terror inhumano.

Nos han engañado. Nos prometieron que regresaríamos a los tres días. Dejamos la casa, el baño, el pozo y el viejo jardín. Por la noche, antes de partir, salí al jardín y vi cómo se habían abierto las flores. Por la mañana cayeron todas. Mi madre no pudo soportar la evacuación. Murió al cabo de un año. A mí se me repiten dos sueños. En el primero veo nuestra casa vacía, y en el segundo, junto a nuestra cancela, se alza mi madre rodeada de georgianas. Mi madre viva. Y sonriente.

Todo el tiempo comparamos lo sucedido con la guerra. Pero la guerra se puede entender. Sobre la guerra me ha contado mi padre y he leído libros. ¿Pero esto? De nuestra aldea han quedado tres cementerios: en uno descansan los hombres, es el viejo; en otro, los perros y los gatos que hemos abandonado y que se han sacrificado, y en el tercero están nuestras casas.

Han enterrado incluso nuestras casas.

Cada día... Cada día recorro mis recuerdos. Voy por las mismas calles, junto a las mismas casas. Era una ciudad tan tranquila, una ciudad calmada. Nada de fábricas, solo una de caramelos.

Era domingo. Estaba tumbada, tomando el sol. Vino corriendo mamá: «Ha explotado Chernóbil; la gente anda escondiéndose en sus casas, y tú, hija mía, aquí, al sol». Me reí de ella: de Narovlia hasta Chernóbil había 40 kilómetros.

Por la noche, se detuvo un automóvil junto a nuestra casa. Entró una conocida mía con su marido: ella, en bata de casa; él, en chándal de deporte y con unas zapatillas viejas. Habían escapado de Prípiat, bosque a través, por caminos vecinales. Habían huido. En las carreteras, la milicia hacía guardia, había controles militares, no dejaban salir a nadie. Lo primero que me dijo a gritos: «¡Hay que buscar cuanto antes leche y vodka! ¡Ahora mismo!». Gritaba y gritaba: «Justo ahora que me había comprado los muebles, una nevera nueva. Me había hecho un abrigo de piel. Lo he dejado todo; lo he envuelto en plástico. No hemos dormido en toda la noche. ¿Qué va a pasar? ¿Qué va a pasar?». El marido la calmaba. Decía que los helicópteros sobrevolaban la ciudad, que los coches militares patrullaban por las calles echando una espuma al suelo. A los hombres los enrolaban por medio año en el ejército, como si estuviésemos en guerra. Se pasaban los días delante del televisor, esperando la intervención de Gorbachov.

Pero las autoridades callaban. Solo después de que se celebraran las fiestas, Gorbachov dijo: «No se preocupen, camaradas, la situación está bajo control. Es un incendio, un simple incendio. No es nada grave. Allí la gente vive, trabaja».

Y nosotros lo creíamos.

Tengo estas imágenes. Me daba miedo dormir por las noches. Cerrar los ojos.

Condujeron todo el ganado de las aldeas evacuadas a nuestro centro de distrito, a los lugares de recogida. Las vacas, las ovejas, los cerdos, los animales enloquecidos, corrían por las calles. Quien quería, los atrapaba. Desde la fábrica de productos cárnicos los camiones iban con las canales a la estación Kalínovichi, allí los cargaban para Moscú. Pero Moscú rechazó la carga. Y estos vagones, convertidos ya en sarcófagos, regresaron a nuestra ciudad. Convoyes enteros. Aquí los enterraron. El olor a carne podrida me perseguía por las noches. «¿Es posible que este sea el olor de una guerra atómica?», pensaba yo. La guerra debe oler a humo.

Los primeros días evacuaban a los niños por la noche; para que lo viera menos gente. Ocultaban la desgracia, la escondían. Pero de todos modos la gente se enteraba de todo. Unos sacaban a la carretera bidones con leche, otros cocían pan. Como durante la guerra. ¿Con qué más lo puedes comparar?

Reunión del Comité Ejecutivo Regional del Partido. Situación de guerra. Todos esperan la intervención del jefe de defensa civil, porque quien había logrado recordar algo sobre la radiación era a partir de algunos retazos del manual de física de la décima clase. El individuo aparece en la tribuna y empieza a decir lo que ya se sabía de los libros y de los manuales sobre la guerra atómica: que después de recibir 50 roentgen, un soldado debía abandonar el combate; sobre cómo construir refugios, cómo usar las máscaras antigás, sobre el radio de la explosión...

Pero esto no es ni Hiroshima ni Nagasaki, aquí todo es distinto. Ya empezamos a intuirlo.

Viajamos a la zona contaminada en helicóptero. Con el equipo que mandan las normas: sin ropa interior, un mono de algodón, como los cocineros, sobre el traje una película de protección, guantes y una mascarilla de gasa. Todos cubiertos de aparatos colgando. Descendemos del cielo junto a una aldea y vemos a unos chiquillos revolcándose en la arena, como los gorriones. En la boca un guijarro, una rama. Los críos sin pantalones, con el culo al aire. Pero las órdenes son que no tratemos con la gente para no provocar el pánico.

Y ya ve, ahora vivo con esto sobre mi conciencia.

De pronto empezaron a aparecer esos programas por la tele. Uno de los temas: una mujer muñe una vaca, lo echa en un bote, el periodista se acerca con un dosímetro militar y lo pasa por el bote. Y le sigue el comentario siguiente: «Ya ven —te vienen a decir—, todo es completamente normal», cuando en realidad se encuentran a solo diez kilómetros del reactor. Te muestran el río Prípiat. La gente bañándose, tomando el sol. A lo lejos se ve el reactor y las volutas de humo que se alzan sobre él. Comentario: como pueden comprobar, las emisoras occidentales siembran el pánico, difunden descarados infundios sobre la avería. Y de nuevo con el dosímetro: ahora junto a un plato de sopa de pescado, luego con una pastilla de chocolate, y después sobre unos bollos en un quiosco al aire libre. Era un engaño. Los dosímetros militares de los que entonces disponía nuestro ejército no estaban preparados para medir alimentos, solo podían medir la radiación ambiental.

Un engaño tan increíble, semejante cantidad de mentiras asociadas a Chernóbil en nuestra conciencia, solo había podido darse en el 41. En los tiempos de Stalin.

Quería dar a luz un hijo fruto del amor. Esperábamos nuestro primer hijo. Mi marido quería un niño, y yo una niña. Los médicos me habían intentado convencer: «Debe decidirse a abortar. Su marido ha estado durante largo tiempo en Chernóbil». Es conductor y los primeros días lo llamaron para que fuera allí. Para transportar arena y hormigón. Pero yo no le hice caso a nadie. No quise creer a nadie. Había leído en los libros que el amor podía vencerlo todo. Incluso a la muerte.

La criatura nació muerta. Y sin dos dedos. Una niña. Y yo lloraba: «Si al menos tuviera todos los dedos. No ven que es una niña».

Nadie entendía qué había pasado. Llamé al servicio de reclutamiento. Nosotros, los médicos, siempre estamos en activo. Y me ofrecí voluntaria. No recuerdo su apellido, pero su rango era el de capitán, y me dijo: «Necesitamos gente joven». Yo intenté convencerle: «Los médicos jóvenes, primero, no están preparados, y segundo, para ellos es más peligroso, el organismo joven es más sensible al efecto de las radiaciones». Y él me contesta: «Las órdenes son reclutar a jóvenes».

Recuerdo que a los enfermos les empezaron a cicatrizar

mal las heridas. Otra cosa: recuerdo aquella primera lluvia radiactiva después de la que los charcos se volvieron amarillos. Amarillos al sol. Ahora esta luz siempre que la veo me alarma. Por un lado, la mente no está preparada para nada parecido, y por otro, ¿acaso no somos los mejores? Los más extraordinarios. Vivimos en el país más poderoso. Mi marido, que es una persona con estudios superiores, es ingeniero, me quería convencer con toda seriedad de que se trataba de un acto terrorista. Un sabotaje perpetrado por el enemigo. Eso es lo que creíamos. Así nos habían educado. Yo, en cambio, recuerdo cómo, en un tren, hablando con un economista, este me contaba sobre la construcción de la central nuclear de Smolensk. Qué cantidades de cemento, madera, clavos, arena y demás desaparecían de la obra en dirección a las aldeas vecinas. A cambio de algún dinero o de una botella de vodka.

En las aldeas. En las fábricas. Intervenían los responsables del Partido, que viajaban a los lugares, se relacionaban con el pueblo. Pero ninguno de ellos era capaz de responder a preguntas como: ¿Qué es esto de la desactivación? ¿Cómo proteger a los niños? ¿Cuáles son los coeficientes de transmisión de los radionúclidos a las cadenas alimenticias? Sobre las partículas alfa, beta y gamma, sobre radiobiología, sobre las radiaciones ionizantes, ya por no hablar de los isótopos.

Para aquellos hombres, todo eso eran cosas de otro mundo. Pronunciaban discursos sobre el heroísmo del hombre soviético, los símbolos del valor militar, las añagazas de los servicios secretos occidentales.

Cuando un día intenté replicar en una reunión del Partido y preguntar: ¿dónde están los profesionales?, ¿dónde están los físicos?, ¿los radiólogos?, me amenazaron con retirarme el carné.

Hubo muchas muertes inexplicables. Inesperadas. A mi hermana le dolía el corazón. Y cuando oyó lo de Chernóbil presintió su final: «Vosotros sobreviviréis a esto, yo no». Murió al cabo de varios meses. Los médicos no se explicaban nada. Con su diagnóstico podía haber vivido muchos más años.

Contaban que a las ancianas les empezó a salir leche de los pechos, como a las parturientas. El término médico para este fenómeno es «relajación». Pero ¿y para los campesinos? Aquello era el fin del mundo. Un castigo de Dios. Algo parecido le pasó a una anciana que vivía sola. Sin marido. Sin hijos. Y le ocurrió que... iba por la aldea acunando un fardo en los brazos. Cantando una canción de cuna.

Me da miedo vivir en esta tierra. Me han dado un dosímetro, ¿y para qué me hace falta? Lavo la ropa, la tengo blanca como la nieve y, sin embargo, el dosímetro pita. Preparo la comida, hago una empanada: también pita. Hago la cama y pita. ¿Para qué lo quiero? Doy de comer a los niños y lloro. «¿Por qué lloras, mamá?»

Tengo dos niños. Dos chicos. Me paso los días con ellos en los hospitales. De médicos. El mayor no se sabe si es niño o niña. Calvito está. Lo he llevado a los médicos y a los profesores. También a las sanadoras. A los decidores, a los curanderos. Es el más pequeño de la clase. No puede correr, ni jugar; si alguien le da un golpe sin querer, le sale sangre. Se puede morir. Tiene la enfermedad de la sangre; hasta no me sale la palabra. Estoy con él en el hospital y pienso: «Se me va a morir». Luego he comprendido que no se puede pensar de esta manera, porque entonces lo oiría la muerte. Lloraba en el lavabo. Ninguna madre lloraba en las salas. Lo hacían en los lavabos, en el váter. Y luego salía con la cara alegre.

—Tienes las mejillas más sonrosadas. Te estás curando.

—Mamá, sácame del hospital. Aquí me moriré. Aquí todos se mueren.

¿Dónde puedo llorar? ¿En el lavabo? Allí hay cola. Y todas son como yo.

Por la Radunitsa... el día de los difuntos... nos dejaron ir al cementerio. A visitar las tumbas. Pero cuando queríamos entrar en nuestros patios, la milicia decía que estaba prohibido. Los helicópteros volando sobre nuestras cabezas. Al menos vimos de lejos nuestras casas. Les hicimos la señal de la cruz.
Me traigo una rama de lilas de mis tierras, y se me mantiene un año entero.

Ahora le contaré cómo es nuestra gente. Cómo es el hombre soviético.
La cosa transcurre en las «zonas sucias». Los primeros años llenaron las tiendas de alforfón, de carne de cerdo china en lata y la gente se sentía contenta; se felicitaban diciendo: «Ahora sí que no nos sacan de aquí. ¡Estamos bien!». La tierra se había contaminado de manera desigual. En un mismo koljós había campos «limpios» y «sucios». A los que trabajaban en los «sucios» les pagaban más, y todos querían ir allí. Y se negaban a ir a los «limpios».
Hace poco me vino a visitar un hermano del Lejano Oriente. «Sois —me dice— como las "cajas negras". "Hombres-cajas negras". Todos los aviones llevan "cajas negras", en ellas se graba toda la información sobre el vuelo. Cuando un avión tiene un accidente se buscan sus "cajas negras"».
Nos creemos que vivimos. Andamos, trabajamos. Amamos. Pero ¡no! ¡Lo que estamos haciendo es apuntar información para el futuro!

Yo soy pediatra. Los niños lo ven todo diferente a los mayores. Por ejemplo, ellos no tienen noción de que el cáncer significa la muerte. Es una idea que no se les ocurre. Lo saben todo de sí mismos: el diagnóstico, el nombre de todos los tratamientos y las medicinas. Lo saben mejor que sus madres. ¿Y sus juegos? Corren por las salas del hospital uno tras otro y gritan: «¡Soy la radiación! ¡Soy la radiación!». Cuando mueren, ponen unas caras de tanto asombro. Parecen tan perplejos.

Yacen en sus camas con caras de tanta sorpresa.

Los médicos ya me han anunciado que mi marido va a morir. Tiene cáncer en la sangre. Se puso enfermo al regresar de la zona de Chernóbil. Al cabo de dos meses. Lo mandaron allí de la fábrica. Llega por la noche del turno y me dice:

—Por la mañana me voy.

—¿Qué vas a hacer allí?

—Trabajar en un koljós.

Recogían el heno en la zona de los 50 kilómetros. Recogían la remolacha, cavaban los huertos de patata.

Regresó. Y nos fuimos a ver a sus padres. Le estaba ayudando a su padre a enyesar la estufa. Y allí mismo se cayó. Llamamos a la ambulancia y se lo llevaron al hospital: una dosis mortal de leucocitos. Lo mandaron a Moscú.

Regresó de Moscú con una sola idea: «Me voy a morir». Se volvió más callado. Yo lo intentaba convencer. Le imploraba. Pero no creía en mis palabras. Le hice una hija, para que me creyera. Yo no interpreto mis sueños. Unas veces me llevan al cadalso, otras voy toda de blanco. No leo el Libro de los Sueños. Me despierto por la mañana y lo miro y pienso: «¿Cómo me voy a quedar sin él? Si al menos la niña consiguiera hacerse mayor y alcanzara a acordarse de él». Es pequeña, ha echado a andar hace poco. Y corre a su encuentro: «Paaa...». Ahuyento estos pensamientos.

De haber sabido que... Hubiera cerrado todas las puertas, me hubiera cruzado ante la entrada. Y hubiera cerrado la casa con diez candados.

Ya hace dos años que mi niño y yo vivimos en la clínica. Las niñas pequeñas, con sus batas de hospital, juegan a las muñecas. Sus muñecas cierran los ojos. Así mueren las muñecas.
—¿Por qué se mueren?
—Porque son nuestros hijos, y nuestros hijos no vivirán. Nacerán y se morirán.
Mi Artiom tiene siete años, pero le echan cinco.
El chico cierra los ojos y a mí me parece que se ha dormido. Entonces me pongo a llorar; creo que no me ve.
Pero el niño me dice:
—Mamá, ¿ya me estoy muriendo?
Se duerme y casi no respira. Me coloco a su lado, de rodillas. Junto a la cama.
—Artiom, abre los ojos. Dime algo...
«Aún estás calentito», me digo.
Abre los ojos y se vuelve a dormir. Y tan callado. Como si se hubiera muerto.
—Artiom, abre los ojos...
Yo no le dejo que se muera.

No hace mucho celebramos el Año Nuevo. Preparamos una buena mesa. Todo era nuestro: ahumados, tocino, carne, pepinillos marinados, solo el pan era de la tienda. Hasta el vodka era nuestro, hecho en casa. Todo nuestro, como se dice en broma, nuestro de Chernóbil. Con cesio y estroncio de propina. Porque, ¿de dónde podemos sacar todo esto? Las tiendas en los pueblos están vacías, y si aparece algo, con nuestras pensiones y salarios, una no puede ni soñar en comprarlo.
Vinieron los invitados. Nuestros buenos vecinos. Gente joven. Un maestro y el mecánico del koljós con su esposa. Bebimos. Comimos. Y luego nos pusimos a cantar. Sin proponérnoslo, cantamos canciones revolucionarias. Sobre la

guerra. «Tiñe el alba dulcemente las murallas del Kremlin...», mi canción preferida. Y pasamos una buena velada, agradable. Como las de antes.

Le conté la fiesta a mi hijo. Está estudiando en la capital. Es estudiante. Y recibo la siguiente respuesta: «Mamá, me he imaginado la escena. La tierra de Chernóbil. Nuestra casa. Brilla el árbol de Año Nuevo. Y una gente sentada a la mesa cantando canciones revolucionarias, canciones de la guerra. Como si en su pasado no hubiera existido ni el gulag, ni Chernóbil».

Y sentí pánico. No por mí, sino por mi hijo. No tiene ya a dónde regresar.

TERCERA PARTE
LA ADMIRACIÓN DE LA TRISTEZA

MONÓLOGO ACERCA DE LO QUE NO SABÍAMOS: QUE LA MUERTE PUEDE SER TAN BELLA

Los primeros días, la cuestión principal era: «¿Quién tiene la culpa?». Necesitábamos un culpable.

Luego, cuando ya nos enteramos de más cosas, empezamos a pensar: «¿Qué hacer?», «¿Cómo salvarnos?». Y ahora, cuando ya nos hemos resignado a la idea de que la situación se prolongará no un año, ni dos, sino durante muchas generaciones, hemos emprendido mentalmente un regreso al pasado, retrocediendo una hoja tras otra.

Sucedió en la noche del viernes al sábado. Por la mañana, nadie sospechaba nada. Mandé al crío al colegio; el marido se fue a la peluquería. Y yo me puse a preparar la comida. Mi marido regresó pronto diciendo: «En la central se ha producido no sé qué incendio. Las órdenes son no apagar la radio».

He olvidado decir que vivíamos en Prípiat, junto al reactor. Hasta hoy tengo delante de mis ojos la imagen: un fulgor de un color frambuesa brillante; el reactor parecía iluminarse desde dentro. Una luz extraordinaria. No era un incendio como los demás, sino como una luz fulgurante. Era hermoso. Si olvidamos el resto, era muy hermoso. No había visto nada parecido en el cine, ni comparable. Al anochecer, la gente se asomaba en masa a los balcones. Y los que no tenían, se iban a casa de los amigos y conocidos. Vivíamos en un noveno piso, con una vista espléndida. En línea recta habría unos tres kilómetros. La gente sacaba a los niños, los levantaba en brazos. «¡Mira! ¡Recuerda esto!» Y fíjese que eran personas que trabajaban en el reactor. Ingenieros, obreros. Hasta había profesores de física. Envueltos en aquel polvo negro. Charlando. Respirando. Disfrutando del espectáculo.

Algunos venían desde decenas de kilómetros en coches, en bicicleta, para ver aquello. No sabíamos que la muerte podía ser tan bella. Y yo no diría que no oliera. No era un olor de primavera, ni de otoño, sino de algo completamente diferente, tampoco olor a tierra. No. Picaba la garganta, y los ojos lloraban solos. No dormí en toda la noche, oía las pisadas de los vecinos de arriba, que tampoco dormían. Arrastraban algo, daban golpes, es probable que empaquetaran sus cosas. Pegaban con cola las rendijas de las ventanas. Yo ahogaba el dolor de cabeza con Citramon.

Por la mañana, cuando amaneció, miré a mi alrededor —no es algo que me invente ahora o que lo pensara después— y fue entonces cuando supe que algo no iba bien, que la situación había cambiado. Para siempre. A las ocho de la mañana, por las calles ya circulaban militares con máscaras antigás.

Cuando vimos a los soldados y los vehículos militares por las calles, no nos asustamos, sino al contrario, recobramos la calma. Si el ejército ha venido en nuestra ayuda, todo será normal. En nuestra cabeza aún no cabía que el átomo de uso pacífico pudiera matar. Que toda la ciudad había podido no haberse despertado aquella noche. Alguien reía bajo las ventanas, sonaba la música.

Después del mediodía, por la radio anunciaron que la gente se preparara para la evacuación: que nos sacarían de la ciudad para tres días, que lo lavarían todo y harían sus comprobaciones. A los niños les mandaron que se llevaran sin falta los libros. Mi marido, a pesar de todo, guardó en la cartera los documentos y nuestras fotos de boda. Yo, en cambio, lo único que me llevé fue un pañuelo de gasa por si hacía mal tiempo.

Desde los primeros días sentimos sobre nuestra piel que nosotros, la gente de Chernóbil, éramos unos apestados. Nos tenían miedo. El autobús en que nos evacuaron se detuvo durante la noche en una aldea. La gente dormía en el suelo en la escuela, en el club. No había dónde meterse. Y una mujer nos invitó a ir a su casa. «Vengan, que les haré una cama. Pobre niño.» Y otra mujer, que se encontraba a su lado, la apartaba de nosotros: «¡Te has vuelto loca! ¡Están contaminados!».

Cuando ya nos trasladamos a Moguiliov y nuestro hijo fue a la escuela, al primer día regresó corriendo a casa llorando. Lo sentaron junto a una niña, y la muchacha no quería estar a su lado, porque era radiactivo, como si por sentarse a su lado se pudiera morir. El chico estudiaba en la cuarta clase, donde resultó ser el único de Chernóbil. Todos le tenían miedo y lo llamaban «luciérnaga»..., «erizo de Chernóbil»... Me asusté al ver qué pronto se le había acabado al chico la niñez.

Nosotros abandonábamos Prípiat y a nuestro encuentro avanzaban columnas militares. Carros blindados. Y allí sí que tuve miedo. No entendía nada y sentía miedo. Aunque no me abandonaba una sensación, la impresión de que todo aquello no me ocurría a mí sino a otra gente. Una sensación extraña. Yo lloraba, buscaba comida, dónde pasar la noche, abrazaba y calmaba a mi hijo, pero en mi interior, no era ni siquiera una idea, sino la constante impresión de ser una espectadora. De mirar a través de un cristal. Y veía a alguien distinto.

Solo en Kíev nos entregaron el primer dinero; pero no se podía comprar nada con él: centenares de miles de personas en movimiento ya lo habían comprado y consumido todo. Mucha gente tuvo infartos, ataques; allí mismo en las estaciones, en los autobuses.

A mí me salvó mi madre. En su larga existencia, mi madre

había perdido su hogar en más de una ocasión, quedándose sin nada de lo que había conseguido en su vida. La primera vez, la represaliaron en los años treinta, se lo quitaron todo: la vaca, el caballo, la casa. La segunda vez fue un incendio: solo logró salvarme a mí, entonces una niña.

—Hay que sobreponerse a esto —me calmaba—. Lo importante es que hemos sobrevivido.

Recuerdo que íbamos en el autobús. Llorando. Y un hombre en el asiento delantero reñía a grandes voces a su mujer:

—¡Serás idiota! ¡Todo el mundo se ha llevado al menos alguna cosa, y tú y yo acarreando botes vacíos de tres litros!

La mujer decidió que, ya que viajábamos en autobús, por el camino le llevaría a su madre los botes vacíos para la salazón. Llevaban a su lado unas enormes redes panzudas, contra las que tropezábamos a cada rato. Y con aquellos botes de vidrio viajaron hasta Kíev.

Yo canto en el coro de la iglesia. Leo los Evangelios. Voy a la iglesia porque solo allí hablan de la vida eterna y reconfortan a la gente. En ninguna otra parte escucharás palabras de consuelo, y tienes tantas ganas de escucharlas. Cuando viajábamos camino de la evacuación, si por el camino aparecía una iglesia, todos se dirigían hacia el templo. No había modo de abrirse paso. Ateos, comunistas, todos iban.

A menudo sueño que mi hijo y yo vamos por las soleadas calles de Prípiat. Un lugar que hoy es ya una ciudad fantasma. Vamos y contemplamos las rosas; en Prípiat había muchas rosas; grandes parterres con rosas. Ha sido un sueño. Toda nuestra vida es ya un sueño. Era entonces tan joven. Mi hijo era pequeño. Amaba.

Ha pasado el tiempo, todo se ha convertido en un recuerdo. Pero aún me veo como una espectadora.

NADEZHDA PETROVNA VIGÓVSKAYA,
evacuada de la ciudad de Prípiat

MONÓLOGO ACERCA DE QUÉ FÁCIL ES CONVERTIRSE EN TIERRA

He llevado un diario. Me esforzaba por recordar aquellos días. Eran muchas las sensaciones nuevas. El miedo, claro. Como si hubiera irrumpido en un mundo desconocido, como en Marte.

Soy de Kursk, en el 69 nos construyeron no lejos una central nuclear. En la ciudad de Kurchátov. Íbamos allí desde Kursk de compras. A por salchichas. A los trabajadores de la central nuclear los abastecían de primera. Recuerdo un gran estanque donde se pescaba. No lejos del reactor. Después de lo de Chernóbil lo recuerdo a menudo. Ahora esto ya es imposible.

De modo que esta es la cosa: me entregan la citación y, como persona disciplinada que soy, me presento el mismo día en la oficina de reclutamiento. El comandante hojea mi «causa» y me dice: «A ti nunca te han reclutado para los ejercicios. Pero ahora resulta que hacen falta químicos. ¿No quieres ir a un campamento cerca de Minsk durante unos veinticinco días?». Y yo pensé: «¿Y por qué no? Así descanso de la familia, del trabajo. Pasaré unos días al aire libre».

El 22 de junio de 1986, a las once de la mañana, me presenté con mis cosas, la escudilla y el cepillo de dientes, en el punto de encuentro. Me extrañó comprobar que para ser tiempos de paz fuéramos tantos. Me pasaron por la cabeza algunos recuerdos. De las películas de guerra. Y además, siendo justo aquella fecha, el 22 de junio. El principio de la guerra.*

Nos mandaron formar, luego romper filas, así una y otra vez, hasta la noche. Subimos a los autobuses cuando empezó a oscurecer. Y nos dieron la siguiente orden: «Quien lleve alcohol, que se lo beba. Por la noche llegaremos al tren y por la mañana estaremos en la unidad. Os quiero por la mañana frescos como una rosa y sin equipaje sobrante». Pero, claro, el follón duró toda la noche.

Por la mañana encontramos en el bosque a nuestra unidad. Nos hicieron formar de nuevo y nos llamaron por orden alfabético. Reparto de uniformes especiales. Nos dieron un equipo, luego otro y más tarde un tercero. Vaya, pensé, la cosa se pone seria. Y además nos entregaron un capote, un gorro, un colchón y una almohada: todo de invierno. Y eso que estábamos en verano; además, nos habían prometido soltarnos a los veinticinco días. «Pero ¿qué decís, estáis tontos? —se ríe el capitán que nos conduce—. ¡Veinticinco días! ¡Os vais a cascar aquí, en Chernóbil, medio año!» Nos quedamos atónitos. Estábamos furiosos.

Y, al instante, con el ánimo de convencernos, nos dicen lo siguiente: «A quien lo manden a más de veinte kilómetros, recibirá salario doble; a quien a diez, salario triple, y quien llegue hasta el reactor mismo, que multiplique por seis». Unos empezaron a calcular que en esos meses podían volver a casa en su propio coche; otros, en cambio, querían salir corriendo, pero la disciplina militar...

¿Qué era la radiación? Nadie había oído nada. Yo, en cambio, acababa de hacer unos cursos de defensa civil; allí nos dieron unos datos que tenían treinta años de antigüedad: 50 roentgen es una dosis mortal. Nos enseñaron cómo tumbarnos en el suelo para que la onda explosiva te pasara por

---

* De la invasión alemana en 1941. (N. del T.)

encima sin tocarte. La irradiación, la onda térmica... Pero sobre que la contaminación radiactiva del medio ambiente era el factor más letal ni una palabra.

Tampoco los oficiales de carrera que nos llevaron a Chernóbil entendían demasiado del asunto. Solo sabían una cosa: había que tomar cuanto más vodka mejor, porque ayudaba contra la radiación.

Los seis días que pasamos cerca de Minsk, los seis, nos los pasamos bebiendo. Yo coleccionaba etiquetas de botellas. Primero bebíamos vodka, pero luego miré y vi que empezaban a correr unas bebidas muy raras: nitquinol y otros limpiacristales varios. Como químico, el experimento me resultaba interesante. Después del nitquinol se te quedan las piernas como de guata, pero la cabeza se mantiene clara. Te dan la orden: «¡En pie!», y en cambio te caes.

De modo que esta es la cosa: a mí, un ingeniero químico, a todo un doctor en ciencias químicas, me obligan a abandonar mi empleo de responsable de un laboratorio químico en un importante complejo industrial. ¿Y cómo me utilizan? Me dan una pala. Éste sería prácticamente mi único instrumento. Aquí fue donde nació el aforismo: contra el átomo, la pala.

Teníamos elementos de protección: respiradores, máscaras antigás, pero nadie los usaba, porque el calor llegaba a los 30 grados. En cuanto te pusieras aquello te morías al instante. Firmamos haber recibido todo aquello como si se tratara de equipo suplementario, pero luego nos olvidamos de aquel material. Y otro detalle más. Cómo viajamos. De los autobuses subimos al tren: en el vagón había 45 asientos, y nosotros éramos setenta. Dormimos por turnos. No sé por qué me ha venido este recuerdo a la cabeza.

Y bien, ¿qué era todo esto de Chernóbil? Coches militares, soldados. Puestos de lavado. Una situación de guerra. Nos alojaron en tiendas de campaña, diez en cada una. Unos habían dejado en casa a sus hijos; otro a la mujer a punto de parir; otro que no tenía piso. Pero nadie se quejaba. Hay que hacerlo, pues se hace. La patria te llama; la patria te lo ordena. Así es nuestro pueblo.

Alrededor de las tiendas, montañas gigantes de latas de conserva. Montblanc enteros. En algún lugar tenía guardadas el ejército estas reservas de emergencia. A juzgar por las etiquetas se conservaban durante veinte, treinta años. Por si había guerra. Conservas de carne, de gachas... De pescado. Y manadas de gatos. Los había como moscas. Las aldeas habían sido evacuadas. Ni un alma. Oyes cómo una puerta chirría con el viento y te das la vuelta al instante esperando ver a una persona. Pero en lugar de un hombre, te sale un gato.

Retirábamos la capa superior de la tierra contaminada, la cargábamos en camiones que la transportaban a unas fosas comunes. Yo me creía que una fosa de estas era una complicada instalación técnica, resultó ser un simple hoyo que se convertiría en un túmulo. Arrancábamos la tierra y la enrollábamos en grandes rollos. Como una alfombra. Una capa de césped con las hierbas, las flores, las raíces... Con los escarabajos, las arañas, las lombrices... Un trabajo de locos. Porque es imposible despellejar toda la tierra, arrancar todo lo vivo. Si no hubiéramos bebido a muerte y cada noche, dudo que lo hubiéramos podido aguantar. Se nos habría ido el coco.

Centenares de kilómetros con la tierra arrancada, estéril. Las casas, los cobertizos, los árboles, las carreteras, las guarderías, los pozos se quedaban como desnudos. Entre la arena, la arena. Por las mañanas, cuando te ibas a afeitar, te daba miedo mirarte al espejo, verte la cara. Porque te venían a la cabeza las ideas más disparatadas. Todo género de ideas. Costaba imaginar que la gente pudiera volver a vivir allí de nuevo. Y sin embargo, nosotros cambiábamos los tejados, los lavábamos. Todo el mundo comprendía que nuestro esfuerzo era inútil. Miles de personas. Pero nos levantábamos por la mañana y vuelta a lo mismo.

Te encontrabas a un viejo analfabeto y te decía: «Dejad este trabajo, muchachos. Que esto es malo. Sentaos a la mesa. Venid a comer con nosotros».

Sopla el viento. Corren las nubes. El reactor sigue sin cubrirse. Quitamos una capa y, al cabo de una semana, de vuelta al mismo lugar; y puedes empezar de nuevo. Pero ya no había nada que arrancar. Solo arena que se deshace. Solo le vi sentido a una cosa: cuando desde los helicópteros lanzaban una mezcla especial para que se formara una película de polímero; aquello impedía que la tierra se moviera de lugar, pues el viento la levantaba con facilidad. Esto me resultó lógico. En cambio, nosotros seguimos cavando y cavando.

La población había sido evacuada pero en algunas aldeas aún quedaban viejos. Ya ves. ¡Qué ganas de entrar en una de esas casas y sentarte a la mesa! Más que nada por el propio ritual. Al menos media hora de una vida normal, una vida humana. Aunque no se podía comer nada. Estaba prohibido. Y, de todos modos, qué ganas te daban de sentarte a una mesa. En una vieja casa.

Detrás dejábamos solo los túmulos. Decían que, al parecer, los iban a cubrir después con planchas de hormigón y a rodear de alambre de espino. Allí dejábamos los volquetes, los todoterrenos, las grúas con las que habíamos trabajado, pues el metal tiene la propiedad de acumular, de absorber la radiación. Pero cuentan que todo esto desapareció luego en alguna parte. Que lo robaron. Y me lo creo, porque en nuestro país puede ocurrir cualquier cosa.

En una ocasión cundió la alarma: los dosimetristas comprobaron que nuestro comedor se había construido en una zona donde la radiación era mayor que la del lugar adonde íbamos a trabajar. Y nosotros que estábamos instalados allí desde hacía dos meses. Así es nuestra gente. Unos troncos y unas tablas clavadas a la altura del pecho. A esto le llamaban un comedor. Comíamos de pie. Nos lavábamos en un barreño. El váter era una larga zanja en medio del campo. Con una pala en las manos. Y a tu lado, el reactor.

Al cabo de dos meses ya empezamos a comprender algo. Y comenzaron a surgir las preguntas: «¿Qué pasa, o es que somos unos condenados a muerte? Nos hemos pasado aquí dos meses, y basta. Ya es hora de que nos sustituyan».

El general-mayor Antoshkin se reunió con nosotros para una charla y nos dijo con toda franqueza: «No nos sale a cuenta sustituiros. Os hemos dado un juego de ropa. Y otros dos más. Ahora ya os habéis acostumbrado a esto. Sustituiros nos saldría caro, y sería además complicado». Y hacía hincapié en que éramos unos héroes.

Un día a la semana, a los que habían trabajado bien con la pala, les entregaban un diploma de honor delante de la formación. Al mejor enterrador de la Unión Soviética. ¿No me dirá que no es una locura?

Las aldeas estaban vacías. Vivían allí las gallinas y los gatos. Entrabas en un cobertizo y estaba lleno de huevos. Los freíamos. Los soldados eran unos tipos valientes. Atrapaban una gallina. Encendían una hoguera. Y la botella de samogón.

Cada día en la tienda nos liquidábamos a coro una garrafa de tres litros de samogón. Unos jugaban al ajedrez, otros tocaban la guitarra. El hombre se acostumbra a todo. Uno se emborrachaba y se metía en la cama, y a otro le daba por ponerse a gritar. Por pelearse. Dos se subieron a un coche borrachos. Y se estrellaron. Los sacaron con un soplete de entre los hierros aplastados.

Yo me salvé porque escribía a casa largas cartas y llevaba un diario. El jefe de la sección política me pescó y quiso sonsacarme: «¿Dónde lo guardas? ¿Qué escribes?». Hasta convenció a un vecino para que me espiara. El hombre me avisó:

—¿Qué escribes?

—He escrito una tesis. Ahora trabajo en otra.

El tipo se echó a reír.

—Así se lo diré al coronel. Pero tú guarda bien esos papeles.
Eran buenos muchachos. Ya se lo he dicho, ni un quejica. Ni un cobarde. Créame: nadie nos vencerá nunca. ¡Nunca! Los oficiales no salían de las tiendas. Tumbados en zapatillas de casa. Y bebían. Pues bueno, ¡que les parta un rayo! En cambio, nosotros a cavar. Qué importa que les den más estrellas para sus galones. ¡Me importa un rábano! Ya ve, así es nuestra gente.
Los dosimetristas eran dioses. Todos intentaban hacer buenas migas con ellos.
—A ver, sé bueno y dime: ¿Cuánta radiación tengo?
Un muchacho emprendedor se las ingenió para agarrar un palo y atarle un alambre. Llama a una casa y empieza a pasar su palo por las paredes. Y la vieja que va tras él:
—Hijo mío, ¿qué es lo que tengo?
—Secreto militar, abuela.
—Dímelo, por Dios, hijo mío. Y te daré un vaso de samogón.
—Bueno, venga el vaso. —Se lo zampa y le dice—: Todo en orden, abuela.
Y a otra casa.
Hacia la mitad de nuestra estancia, por fin nos dieron dosímetros a todos, unas cajitas pequeñas y dentro un cristal. A algunos se les ocurrió una idea: por la mañana llevaban el dosímetro a la fosa y por la noche lo recogían. Cuanta más radiación tenías más pronto te daban un permiso. O te pagaban más. Algunos se los ataban a la bota —había allí una correa— para que estuvieran más cerca del suelo. ¡Un teatro del absurdo! ¡Un absurdo! Porque los aparatos esos no estaban cargados. Para que empezaran a contar, había que cargarlos con una dosis inicial de radiación. O sea que nos habían dado esos trastos, esos cachivaches, para distraer al personal. Psicoterapia. En realidad resultó ser un artilugio de silicio, un trasto que se había pasado tirado cincuenta

años en los almacenes. Al final, en la cartilla militar nos apuntaron a todos la misma cantidad: multiplicaron la dosis media de radiación por los días de estancia. Y la dosis media la midieron en las tiendas de campaña donde vivíamos.

No sé si es un chiste o fue verdad. Llama un soldado a su novia. Ella está preocupada: «¿Qué haces allí?». Y el tipo decide echarse un farol: «Acabo de salir del reactor, me he lavado las manos». Y de pronto, unos pitidos. Se corta la comunicación. El KGB al aparato.

Dos horas para descansar. Te tumbas bajo un arbusto y ves que las guindas están maduras. Son grandes, dulces; las frotas con la mano y a la boca. Y moras; era la primera vez que veía una morera.

Cuando no había trabajo, nos hacían desfilar. Por un territorio contaminado. ¡Un absurdo! Por las noches mirábamos películas. Indias. De amor. Hasta las dos o las tres de la madrugada. Entonces, el cocinero se quedaba al día siguiente dormido, y la comida se quedaba cruda.

Nos traían la prensa. En ella escribían que éramos unos héroes. Voluntarios. ¡Herederos de Pável Korchaguin!* Se publicaban fotografías. Qué daría por encontrarme con aquel fotógrafo.

No lejos se habían instalado unas unidades internacionales. Tártaros de Kazán. Vi uno de sus juicios de honor. Hicieron pasar a un soldado ante la formación, si se paraba o se apartaba a un lado, le sacudían. A patadas. Era un tipo que entraba en las casas y las limpiaba. Le encontraron una bolsa con trastos. Los lituanos se instalaron aparte. Al cabo de un mes se amotinaron y exigieron que los mandaran de vuelta a casa.

Una vez realizamos una misión especial: nos ordenaron que laváramos urgentemente una casa en una aldea vacía. ¡Absurdo!

* Héroe de la novela *Cómo se templó el acero* de Nikolái Ostrovski, modelo épico del realismo socialista soviético. *(N. del T.)*

—¿Para qué?

—Mañana se va a celebrar en ella una boda.

Rociamos con mangueras el tejado, los árboles, escarbamos la tierra. Segamos las plantas de patata, toda la huerta, la hierba del patio. Dejamos todo aquello hecho un erial.

Al día siguiente trajeron a los novios. Se presentó un autobús lleno de invitados. Con música. Un novio y una novia de verdad, no de película. Entonces ya vivían en otro lugar, se habían mudado, pero los convencieron de que vinieran aquí para filmar la escena para la posteridad. La propaganda funcionaba. La fábrica de sueños defendía nuestros mitos: podemos sobrevivir en cualquier lugar, hasta en una tierra muerta.

Justo antes de partir, el comandante me mandó llamar:

—¿Qué has estado escribiendo?

—Cartas a mi mujer —le contesté. A lo que le siguió la frase:

—Pues al llegar a casa, ándate con cuidado.

¿Qué me ha quedado en el recuerdo de aquellos días? Cómo cavábamos. Y cavábamos. En alguna parte del diario tengo escrito qué es lo que comprendí allí. En los primeros días. Comprendí lo fácil que es convertirte en tierra.

Iván Nikoláyevich Zhmíjov,
ingeniero químico

MONÓLOGO ACERCA DE LOS SÍMBOLOS Y LOS
SECRETOS DE UN GRAN PAÍS

Lo recuerdo como si fuera la guerra. Ya hacia finales de mayo, algo así como un mes después del accidente, nos empezaron a llegar para su examen productos de la zona, del área de los 30 kilómetros. El instituto trabajaba las veinticuatro horas. Como un organismo militar. En toda la república, en aquel momento, solo nosotros disponíamos de profesionales y de los aparatos necesarios. Nos traían las vísceras de animales domésticos y salvajes. Comprobábamos la leche. Después de las primeras pruebas, quedó bien claro que lo que nos llegaba no era carne sino residuos radiactivos.

En la zona pastaban rebaños por el sistema de turnos de guardia. Los pastores realizaban su turno y se marchaban; las ordeñadoras solo iban a la zona para ordeñar las vacas. Las fábricas lecheras cumplían sus planes de producción. Comprobamos la leche. No era leche, sino residuos radiactivos. Lo mismo pasaba tanto con la leche en polvo como con la condensada y la concentrada. Durante mucho tiempo presentamos en las clases a la fábrica de leche Rogachov como una muestra arquetípica. Y mientras tanto su leche se vendía en las tiendas. En todos los tenderetes de comestibles. Cuando la gente veía en las etiquetas que la leche era de Rogachov, no la compraba; entonces la retiraban del mercado, pero de pronto aparecían unos botes sin etiqueta. No creo que la causa fuera la falta de papel. Se engañaba a la gente. Y la engañaba el Estado.

Toda la información se convertía en un secreto guardado bajo siete sellos, para «no provocar el pánico». Y esto durante las primeras semanas. Justamente los días en que los elementos de corta vida emitían su mayor radiación, y todo «irradiaba». Escribíamos notas de servicio sin parar. Sin parar. No hablar abiertamente de los resultados. Te privaban de tu título y hasta del carné del Partido. *[Empieza a ponerse nervioso.]* Pero no era el miedo... El miedo no era la razón, aunque influía, claro. Sino el que éramos hombres de nuestro tiempo, de nuestro país soviético. Creíamos en él; toda la cuestión está en la fe. En nuestra fe. *[Enciende un cigarrillo de los nervios.]* Créame, no era por el miedo. No era solo por el miedo. Se lo digo con toda honradez. Para respetarme a mí mismo, he de ser ahora honesto. Quiero.

En nuestra primera expedición a la zona se comprobó que, en el bosque, el umbral era de cinco a seis veces superior que en el campo abierto y en la carretera. Trabajaban los tractores. Los campesinos cultivaban sus huertos. En algunas aldeas medimos la tiroides a niños y mayores. Resultado: cien, doscientas, trescientas veces por encima de las dosis tolerables.

En nuestro grupo había una mujer. Una radióloga. Le dio un ataque de histeria al ver que los niños jugaban en la arena. Echaban barquitos a navegar en los charcos.

Las tiendas seguían abiertas y, como de costumbre en nuestras tierras, las manufacturas y los alimentos se presentaban todos juntos; trajes, vestidos y, al lado, salchichas, margarina. Estaban ahí al alcance de todos, a la intemperie, ni siquiera cubiertos con un plástico. Tomamos un salchichón, un huevo... Los pasamos por los rayos X: no eran alimentos, sino residuos radiactivos.

Veías a una mujer joven sentada en un banco junto a su casa, dándole el pecho a su hijo. Comprobamos la leche del pecho: es radiactiva. ¡La Virgen de Chernóbil!...

Y a nuestra pregunta: «¿Qué se puede hacer?», nos respondían: «Hagan sus mediciones y miren la tele». Por la tele aparecía Gorbachov calmando los ánimos: «Se han tomado medidas urgentes». Yo le creía. Yo, un ingeniero, con veinte años de experiencia, buen conocedor de las leyes de la física. Porque lo que soy yo, sí sabía que de aquella zona se debía sacar a todo ser vivo. Al menos por un tiempo. Y, no obstante, realizábamos a conciencia nuestras mediciones y luego mirábamos la tele.

Nos hemos acostumbrado a creer. Yo soy de la generación de la posguerra y estoy educado en esta creencia. ¿De dónde viene esta fe? Habíamos salido victoriosos de una guerra monstruosa. Entonces, todo el mundo se postraba ante nosotros. ¡Eso sí que era! En la cordillera de los Andes, sobre las rocas esculpían: «¡Stalin!». ¿Qué era eso? Un símbolo. El símbolo de un gran país.

Respecto a su pregunta sobre por qué, a pesar de saber lo que ocurría, callábamos. ¿Por qué no salimos a la calle, por qué no alzamos la voz? Hacíamos informes, preparábamos documentos explicativos. Pero callábamos y nos sometíamos sin rechistar a las órdenes, por disciplina de partido. Soy comunista. No recuerdo que ninguno de nuestros trabajadores se negara a viajar a la zona. Y lo hacían no por miedo a que los expulsaran del Partido, sino por sus convicciones.

Ante todo estaba la certeza de que vivíamos en un mundo hermoso y justo, y de que el hombre estaba por encima de todo, pues representaba la medida de todas las cosas. Para muchos, el hundimiento de estas convicciones acabó con un infarto o un suicidio. Una bala en el corazón, como el académico Legásov. Porque, cuando pierdes la fe, cuando te quedas sin convicciones, ya no eres un participante, sino un cómplice, y para ti ya no hay perdón. Así lo entiendo yo.

Mire, un signo de... En cada central nuclear de la antigua Unión Soviética se guardaba en una caja fuerte el plan de emergencia en caso de avería. Un plan tipo. Secreto. Sin disponer de un plan como aquel no se podía obtener el permiso para poner en marcha la central. Mucho antes del accidente, este plan se elaboró justamente sobre la base de la central de Chernóbil. ¿Qué se debía hacer y cómo? ¿Quién respondía de cada cosa? ¿Dónde se encontraba esto y aquello? Estaba todo, hasta el menor de los detalles. Y de pronto, allí, en aquella central, se produce un accidente. ¿Qué es esto, una coincidencia? ¿Un suceso místico? Si yo fuera creyente.

Cuando quieres encontrar sentido a algo, notas que te conviertes en una persona religiosa. Yo, en cambio, soy ingeniero. Soy persona de otras convicciones. Y me rijo por otros símbolos.

Marat Filípovich Kojánov,
ex ingeniero jefe del Instituto de Energía Nuclear
de la Academia de Ciencias de Belarús

MONÓLOGO ACERCA DE CÓMO EN LA VIDA LAS COSAS TERRIBLES OCURREN EN SILENCIO Y DE MANERA NATURAL

Fue desde el mismo principio. Algo había pasado no se sabe dónde. Ni siquiera distinguí el nombre; en alguna parte, lejos de nuestro Moguiliov. Mi hermano llegó de la escuela diciendo que a todos los chicos les daban unas pastillas. Se ve que, de verdad, había ocurrido algo. ¡Ay, ay, ay! Y ya está.

Aquel Primero de Mayo todos pasamos maravillosamente el día. En el campo, claro. Regresamos a casa muy entrada la noche; en mi cuarto, el viento había abierto la ventana. Es algo que recordé más tarde.

Yo trabajaba de inspectora en el Servicio para la Protección de la Naturaleza. En la oficina esperábamos algún tipo de instrucciones, pero estas no llegaban. Esperábamos. Entre el personal de la inspección, casi no había profesionales, sobre todo en la dirección: eran coroneles retirados, ex funcionarios del Partido, jubilados y empleados despedidos. Cuando los sancionaban en su trabajo, nos los mandaban a nosotros. Y ahí los veías, removiendo papeles. Valiente follón armaron después de que nuestro escritor bielorruso Alés Adamóvich interviniera en Moscú; Adamóvich hizo sonar la alarma. ¡Cómo lo odiaron! Algo completamente absurdo. Aquí viven los hijos y los nietos de esta gente, y en cambio ha tenido que ser un escritor, y no ellos, quien ha gritado al mundo: «¡Salvadnos!». Una creería que debía haberles funcionado el instinto de conservación. En las reuniones de partido, en los corros, no paraban de hablar de los escritorzuelos. «¡Que se metan en sus asuntos!» «¡Se han desmandado!» «¡Hay órdenes!» «¡La subordinación!» «¿Qué entenderá este?» «¡Pero si no es físico!» «¡Para eso están el Comité Central y el secretario general!»

Tal vez fue entonces cuando comprendí lo que pasó en el 37. Cómo se produjo.

En aquel tiempo, mi idea de la central atómica era por completo idílica. En la escuela, en el instituto, nos enseñaban que eran unas fantásticas «fábricas que producían energía sacada de la nada», donde trabajaban unas personas con batas blancas que apretaban botones.

Chernóbil saltó por los aires alimentado por una conciencia que no estaba preparada para algo semejante, pero que tenía una fe absoluta en la técnica. Y, por añadidura, no se daba ninguna información. Montañas de papeles con el sello de «ultrasecreto»: «Declarar secretos los datos del accidente»; «Declarar secretos los informes sobre los resultados de los tratamientos médicos»; «Declarar secretos los datos sobre los índices de lesiones radiactivas entre el personal que ha intervenido en la liquidación».

Corrían rumores: alguien había leído en un periódico, otro había oído que... A un tercero le habían dicho... De las bibliotecas desaparecieron todos los folletos ridículos (como se demostró a los pocos días) relacionados con la defensa civil. Algunos escuchaban las radios occidentales; solo esas emisoras informaban de qué pastillas había que tomar, cómo usarlas correctamente. Pero la mayoría de las veces la reacción era: «Los enemigos se alegran de nuestras desgracias, cuando, por el contrario, todo va bien». El 9 de mayo,* los

---

* Día de la Victoria contra los nazis en 1945. Fiesta nacional en Rusia. *(N. del T.)*

veteranos irán al desfile y... tocará una orquesta de viento. Hasta aquellos que fueron a apagar el reactor, como se supo, vivían rodeados de rumores. Parece ser que agarrar el grafito con las manos es peligroso. Según dicen algunos.

De no se sabe dónde surgió en la ciudad una loca. Iba por el mercado diciendo: «Yo he visto esta radiación. Es azul-azul y palpita». La gente dejó de comprar leche en el mercado, el requesón. Veías a una abuela con la leche y nadie le compraba. «No tengáis miedo —decía—, que yo no saco la vaca al campo; yo misma le traigo la hierba.» Salías de la ciudad y a lo largo de la carretera asomaban unos espantajos: veías una vaca paciendo, cubierta de un plástico, y a su lado una abuela, también envuelta en plástico. No sabías si reír o llorar.

A nosotros también nos mandaron a la zona para realizar pruebas. A mí me enviaron a una explotación forestal. A los madereros no les redujeron las partidas de madera; el plan que había no se cambió. En el almacén pusimos en marcha un aparato, y el chisme marcaba Dios sabe qué. Junto a las tablas parece que todo es normal, pero al lado, junto a unas escobas recién hechas, el aparato se ponía a cien.

—¿De dónde han salido estas escobas?

—De Krasnopolie (como se supo más tarde, la zona más contaminada de nuestra región de Moguiliov). Esta es la última partida. Las demás ya se han enviado.

—¿Y cómo las vas a localizar por las diferentes ciudades?

¿Qué es lo que no me quería olvidar de decirle? Algo sintomático. ¡Ah!, ahora recuerdo. Chernóbil... De pronto surgió una nueva sensación, la desacostumbrada impresión de que cada uno teníamos nuestra propia vida; hasta entonces era como si esta no hiciera falta. Pero después la gente empezó a preocuparse por lo que comía, por lo que le daba a los niños. Qué resultaba peligroso para la salud, y qué no. ¿Qué hacer: irse a otro lugar o quedarse? Cada uno debía tomar sus propias decisiones. En cambio antes, ¿cómo se solía vivir? Pues con toda la aldea, con toda la comunidad. Lo que diga la fábrica o el koljós. Éramos soviéticos. De espíritu comunitario. Yo, por ejemplo, era muy soviética. Mucho. Estudiaba en la universidad y cada verano me iba con mi unidad comunista. Existía un movimiento juvenil así: las unidades de las juventudes comunistas. En ellas trabajábamos y el dinero ganado lo mandábamos a algún partido comunista latinoamericano. Nuestra unidad, en concreto, a Uruguay.

Hemos cambiado. Todo ha cambiado. Es necesario hacer un gran esfuerzo para comprender. Para apartarte de lo acostumbrado.

Yo soy bióloga. Mi trabajo de fin de carrera fue el comportamiento de las avispas. Me pasé dos meses en una isla deshabitada. Tenía allí mi nido de avispas. Las avispas, después de pasarse una semana vigilándome, me tomaron por una de su familia. No dejaban acercarse a nadie a menos de tres metros, en cambio a mí, ya a la semana, a diez centímetros. Les daba de comer en el mismo nido mermelada con una cerilla. «No destruyáis los hormigueros, es una buena forma de vida distinta a la nuestra», era la frase preferida de nuestro profesor. El nido de avispas estaba unido a todo el bosque, y yo poco a poco también me convertí en parte del paisaje. Pasó un ratón y se me sentó en el borde de la zapatilla; un ratón silvestre, de campo, pero el animal ya me tomaba por una parte del paisaje: ayer estaba aquí, hoy estoy y mañana también estaré.

Después de Chernóbil... En una exposición de dibujos infantiles vi uno en que una cigüeña camina por un campo negro en primavera. Y una nota: «A la cigüeña nadie le ha dicho nada». Estos son mis sentimientos.

Pero también estaba el trabajo. El trabajo diario. Viajamos por la región tomando pruebas del agua, del suelo, que llevábamos a Minsk. Nuestras chicas refunfuñaban: «Vaya bollitos calientes llevamos». Sin protección, sin trajes especiales. Vas en el asiento delantero y a tus espaldas llevas las muestras que «arden».

Levantábamos actas para el enterramiento de tierras radiactivas. Enterrábamos la tierra en la tierra. Ya ve qué extraña ocupación humana. Nadie podía entender aquello. Según las instrucciones, el enterramiento se debía realizar después de una exploración geológica previa, de modo que la profundidad de las aguas subterráneas no se aproximara a menos de cuatro o seis metros, que la profundidad del enterramiento no fuera grande, y que las paredes y el fondo de la zanja se hubieran cubierto con plástico. Pero esto eran las instrucciones. En la realidad, las cosas eran distintas, claro está. Como siempre.

Señalaban con el dedo: «Aquí». Y el de la excavadora cavaba.

—Y bien, ¿a qué profundidad cavamos?

—¡Quién demonios sabe! En cuanto aparezca el agua, para allí va todo.

Descargaban directamente en las aguas subterráneas.

Algunos dicen: un pueblo santo y un gobierno criminal. Luego le diré lo que pienso de esto. Sobre nuestro pueblo, sobre mí misma.

Mi viaje de trabajo más importante fue al distrito de Krasnopolie; como ya le he dicho, el más sucio de todos. Para detener el vertido de radionúclidos de los campos a los ríos, se debía actuar, una vez más, según las instrucciones: arar unos surcos dobles, dejar un espacio, y otros dos surcos, y seguir así con estos intervalos. Había que examinar el recorrido de todos los ríos pequeños. Para hacer las comprobaciones.

Hasta el centro del distrito llegabas en el autobús de línea, pero para seguir necesitabas, como es natural, un coche. Voy a ver al presidente del Comité de Distrito. El hombre está en su despacho, agarrándose la cabeza con las manos. Nadie había retirado el plan de producción, nadie había cambiado el programa de siembra; antes sembraban guisantes, pues seguían sembrando lo mismo, aunque sabían que los guisantes son los que más absorben la radiación, como todas las leguminosas. Y eso cuando por allí llegaban a los 40 curios y más. El hombre no está para escucharme. En las guarderías, los cocineros y las enfermeras se han esfumado. Los niños tienen hambre. Una operación de apendicitis urgente: hay que llevar al enfermo al distrito vecino en ambulancia; 60 kilómetros por una carretera que parece una tabla de lavar. Todos los cirujanos se han marchado. ¿De qué coche le hablo? ¿De qué dobles surcos? Le importa un rábano lo que le diga.

Me dirigí entonces a los militares. Unos chicos jóvenes, que se pasaron allí medio año. Ahora todos están perdidamente enfermos. Los chicos pusieron a mi disposición un blindado con su equipaje; aunque no, no era una tanqueta, sino un vehículo de exploración con ametralladora. Me supo muy mal no haberme fotografiado encima de él. Sobre el blindaje. Otra vez me da la vena romántica. El sargento que mandaba la tanqueta se mantenía en permanente contacto con la base: «¡Halcón! ¡Halcón! Seguimos con la misión».

Emprendimos la marcha; recorríamos nuestros caminos, nuestros bosques; era nuestro país y, en cambio, nosotros íbamos en una máquina de guerra. Las mujeres salían de sus casas para vernos pasar. Y lloraban. La última vez que habían visto este tipo de vehículos fue durante la Guerra Patria. Se las veía espantadas, asustadas ante la idea de que hubiera empezado la guerra.

Según las instrucciones, los tractores destinados a arar aquellos surcos debían tener la cabina protegida, herméticamente cerrada. He visto un tractor así. La cabina en efecto era hermética. Allí estaba el tractor, pero el tractorista se había tumbado en la hierba, para descansar.

—¿Se ha vuelto usted loco? —le digo—. ¿O no le han dicho nada?

—Pero ¿no ve que me tapo la cabeza con la chaqueta? —me responde.

La gente no entendía. Se han pasado los años asustando a la gente, preparándolos para una guerra atómica. Pero no para un Chernóbil.

Aquellos lugares son de una belleza espléndida. Se ha conservado el bosque original, no es replantado, sino el antiguo. Unos riachuelos serpenteantes, el agua del color del té, transparente como el cristal. La hierba verde. La gente se llama a gritos en el bosque. Para ellos era lo normal, igual que salir por la mañana a su jardín. Y tú, en cambio, sabes que todo aquello está envenenado: setas, bayas... Las ardillas corriendo por la avellaneda.

Nos encontramos con una mujer.

—Hijos míos, decidme: ¿me puedo tomar la leche de mi propia vaca?

Nosotros, con la mirada clavada en el suelo; nuestras órdenes eran recoger datos, pero no relacionarnos demasiado con la población.

El primero en salir del paso fue el sargento:

—Abuela, ¿cuántos años tiene?

—Ochenta ya tendré, y más. Los papeles se me quemaron durante la guerra.

—Entonces, bébala, abuela.

La gente del campo es la que más pena da, porque han sufrido sin culpa alguna, como los niños. Porque Chernóbil no lo ha inventado el campesino, que tiene con la naturaleza un trato especial, de confianza, y no una relación rapaz, el mismo contacto de hace cien años, o de mil. Fieles a los designios de Dios. En los pueblos no entendían qué había pasado y querían creer a los científicos, a cualquier persona instruida, como si se tratara de un sacerdote. En cambio no se les decía otra cosa que: «Todo está bien. No pasa nada malo. Lo único es que antes de las comidas lávense las manos».

Y comprendí, aunque no enseguida, sino al cabo de unos años, entonces comprendí que todos nosotros habíamos participado... en un crimen... en un complot... *[Calla.]*

No se puede usted imaginar en qué cantidades se sacaba todo lo que se mandaba allí como ayuda y compensaciones a sus habitantes: café, carnes ahumadas, jamón, naranjas... Cajones, coches, furgones enteros. Porque entonces aquellos comestibles no los había en ninguna parte. Y los vendedores locales, todos los que controlaban, todos esos funcionarios pequeños y medios, se llenaban los bolsillos.

El hombre ha resultado ser peor de lo que creía. Hasta yo misma. He resultado peor. Ahora ya sé lo que soy. *[Se queda pensativa.]* Y lo reconozco, por supuesto. Es algo importante para mí misma.

Mire, otro ejemplo. En un koljós hay, pongamos, cinco pueblos. Tres están «limpios», y dos, «sucios». De un pueblo a otro hay de dos a tres kilómetros. A dos les pagan los subsidios «funerales», a tres no. En una de las aldeas «limpias» se construye un complejo de cría de ganado. Traeremos piensos limpios, dicen. Pero ¿de dónde los van a sacar? El viento arrastra el polvo de un campo a otro. La tierra es la misma. Para construir las instalaciones se necesitan papeles. Una comisión los firma, yo estoy en esta comisión. Aunque todos saben que no se puede aprobar aquello. ¡Que es un crimen! Al final yo encontré una justificación para mí misma: el problema de la limpieza de los piensos no es competencia del inspector de protección de la naturaleza. Yo soy poca cosa. ¿Qué puedo hacer yo?

Cada uno encontraba alguna justificación. Alguna explicación. Yo he hecho el experimento conmigo misma. Y, en una palabra, he comprendido que en la vida las cosas más terribles ocurren en silencio y de manera natural.

Zoya Danílovna Bruk,
inspectora del Servicio para
la Protección de la Naturaleza

MONÓLOGO ACERCA DE QUE EL RUSO SIEMPRE QUIERE CREER EN ALGO

¿No me diga que no se ha dado cuenta de que entre nosotros no hablamos del tema? Dentro de decenas de años, al cabo de siglos, estos serán unos tiempos mitológicos. Llenarán estos lugares de cuentos y mitos. Leyendas.

Tengo miedo de la lluvia. Ya ve: se lo debo a Chernóbil. Me da miedo la nieve. Los bosques. Temo las nubes. Los vientos. ¡Así es! ¿De dónde sopla? ¿Qué trae? No se trata de una abstracción, de una conclusión racional, sino que es una sensación personal. Chernóbil. Está en mi casa. En el ser que más quiero, en mi hijo, que nació en la primavera del 86. Está enfermo. Los animales, hasta las cucarachas, saben cuándo y cuántas veces han de parir. Los hombres no lo pueden saber; el creador no les ha concedido el don del presentimiento.

No hace mucho publicaron en la prensa que, en el año 93, en nuestro país, en Bielorrusia, se practicaron 200.000 abortos. Y la primera causa era Chernóbil. Ahora ya en todas partes vivimos con este miedo. La naturaleza se diría que se ha coagulado, se ha detenido en actitud de espera. Aguardando. «¡Desgraciado de mí! ¿Dónde se ha escondido el tiempo?», exclamaría Zaratustra.

He reflexionado mucho. Buscando un sentido. Una respuesta.

Chernóbil es la catástrofe de la mentalidad rusa. ¿No se

ha parado a pensar en ello? Por supuesto, estoy de acuerdo con aquellos que escriben que no es el reactor lo que ha explotado, sino todo el sistema anterior de valores. Pero en esta explicación hay algo que me falta.

Quisiera referirme a lo que Chaadáyev fue el primero en señalar: nuestra hostilidad hacia el progreso. Nuestra actitud contraria hacia la técnica, hacia los instrumentos. Observe usted Europa. Desde la época del Renacimiento, Europa vive bajo el signo de una relación instrumental con el mundo. Una relación inteligente, racional. Que se traduce en un respeto hacia el artesano, hacia el instrumento que este sostiene en sus manos.

Hay un relato extraordinario de Leskov: *Una voluntad de hierro*. ¿De qué trata? Del carácter ruso: sobre el «puede que sí» o el «tal vez no». Este es el *leitmotiv* ruso.

El carácter alemán se refleja en su apuesta por el instrumento, por la máquina. ¿Y nosotros? ¿Nosotros? Por un lado, tenemos el intento de superar, de encauzar el caos, y por otro, nuestra elementalidad. Vaya usted adonde quiera, por ejemplo a Kizhi, ¿y qué es lo que oirá? ¿De qué se jacta cualquier guía turístico? ¡De que este templo se ha construido solo con un hacha, y por si fuera poco sin un solo clavo! En lugar de construir una buena carretera, herremos una pulga.*
Las ruedas del carro se hunden en el barro, pero, en cambio, hemos logrado atrapar al pájaro de fuego.

Y en segundo lugar —eso es lo que creo, ¡vaya que sí!— es el pago por la rápida industrialización de después de la Revolución. Después de la Revolución de Octubre. Por el salto hacia delante. Miremos de nuevo a Occidente. Tenemos un siglo textil, otro de las manufacturas. La máquina y el hombre avanzaban juntos, cambiaban a la par. Se iban formando una conciencia, un pensamiento tecnológico. En cambio, ¿qué ocurre en nuestro país? ¿Qué tiene nuestro campesino

---

* Referencia a otro relato de Leskov. *(N. del T.)*

en su propia casa aparte de las manos? ¡Hasta el día de hoy! Un hacha, una guadaña y un cuchillo. Y ya está. Sobre ellos se levanta todo su mundo. Bueno, me he dejado la pala.

¿Cómo habla un ruso con una máquina? ¡Solo blasfemando! O dándole con el martillo, o a patadas. No la quiere, a la máquina esta la odia, de hecho la desprecia, porque no entiende muy bien qué tiene entre las manos, de qué poder se trata.

No sé dónde he leído que el personal laboral de las centrales nucleares llamaba al reactor «cazuela», «samovar», «estufa», «hornillo». Todo esto suena a un exceso de orgullo: «freiremos huevos al sol». Entre la gente que trabajaba en la central de Chernóbil había mucho campesino. Por la mañana trabajaba en el reactor y por la tarde, en su huerta, o en la de los padres, en la aldea vecina, donde las patatas todavía se plantan con la pala, y el estiércol se esparce con la horca. Extraen la cosecha también a mano. Su mente existía en estos dos ámbitos, en estas dos eras: en la de piedra y en la atómica. En dos épocas. Y el hombre, como un péndulo, se movía constantemente de un extremo al otro.

Imagínese el ferrocarril, una vía férrea trazada por unos brillantes ingenieros; el tren marcha veloz, pero en el lugar del maquinista tenemos a un cochero del pasado. Este es el destino de Rusia: viajar entre dos culturas. Entre el átomo y la pala.

¿Y la disciplina de la técnica? Para nuestra gente es una parte de la opresión, es un yugo, unas cadenas. Un pueblo elemental, libre. Siempre soñando no con la libertad, sino con hacer lo que se le antoje. Para nosotros, la disciplina es un instrumento represivo. Hay algo peculiar en nuestra ignorancia; algo cercano a la ignorancia oriental.

Yo soy historiador. Antes me había dedicado mucho a la lingüística, a la filosofía de la lengua. No solo pensamos con la lengua, sino que también esta piensa con nosotros. A los dieciocho años, o quizá un poco antes, cuando empecé a leer el *samizdat*,* descubrí a Shalámov, a Solzhenitsyn, y de pronto comprendí que toda mi infancia, la infancia de mi calle —y eso que he crecido en una familia de intelectuales (mi bisabuelo fue sacerdote, mi padre, profesor de la Universidad de Petersburgo)— está impregnada de la mentalidad de los campos de concentración. Incluso todo el léxico de mi niñez salía del lenguaje de los reclusos. Para nosotros, unos chiquillos, era de lo más natural llamar a nuestro padre «paján», y a nuestra madre, «majana».** «A una puta lista no hay culo que se le resista», esto lo entendía yo a los nueve años. ¡Así es! Ni una palabra del mundo civil. Hasta los juegos, los dichos y las adivinanzas eran del ambiente de los campos. Porque los reclusos no constituían un mundo aparte, que solo existía en las cárceles, lejos de nosotros. Todo esto se encontraba a nuestro lado. Como escribía Ajmátova, «medio país encerraba, y el otro medio estaba encerrado». Yo creo que esta mentalidad carcelaria debía chocar inevitablemente con la cultura, con la civilización, con el ciclotrón.

Bueno, claro, y además, hemos sido educados en este peculiar paganismo soviético: el hombre es el amo y señor, es la corona de la creación. Y está en su derecho de hacer con el mundo lo que le plazca. La fórmula de Michurin*** era: «No podemos esperar que la naturaleza nos conceda sus dones; nuestra tarea es apropiarnos de ellos». Me refiero a este propósito de inculcar al pueblo unas cualidades, unas propiedades que no tiene. El sueño de la revolución mundial es el sueño de reformar al hombre y de cambiar todo el mundo que nos rodea. Transformarlo todo. ¡Así es! La conocida con-

---

* *Samizdat*, literalmente «autoedición», reproducción manual o en máquina de escribir de obras prohibidas en la URSS. Alimento espiritual de la disidencia, al margen de las publicaciones oficiales. *(N. del T.)*

** En el argot carcelario, el jefe, ya sea hombre o mujer. *(N. del T.)*

*** I. V. Michurin, biólogo soviético, creador de centenares de plantas cultivables de interés agrícola. *(N. del T.)*

signa bolchevique: «¡Conduzcamos a la humanidad con mano de hierro hacia la felicidad!». La psicología del agresor. Un materialismo de caverna. Un reto a la historia y un reto a la Naturaleza.

Y esto no tiene fin. Se derrumba una utopía y otra ocupa su lugar.

Ahora todo el mundo se ha puesto a hablar de Dios. De Dios y del mercado al mismo tiempo. ¿Por qué no lo buscaron en el gulag, en las celdas del 37, en las reuniones del Partido del 48, cuando aplastaban a los cosmopolitas, o en los tiempos de Jruschov, cuando destruían los templos? El subtexto de la actual búsqueda de Dios rusa es falaz y engañoso. Bombardeamos las casas pacíficas de Chechenia. Se está exterminando a un pueblo pequeño y orgulloso. Y ponen velas en las iglesias. Solo sabemos usar la espada. El kaláshnikov, en lugar de la palabra. Los restos de los tanquistas rusos abrasados los retiran en Grozni con palas y horcas. Lo que queda de ellos. Y, acto seguido, vemos al presidente rezando con sus generales. Y el país contempla este espectáculo por la televisión.

¿Qué hace falta? Dar respuesta a la siguiente pregunta: ¿La nación rusa será capaz de realizar una revisión de toda su historia de manera tan global como resultaron capaces de llevar a cabo los japoneses después de la Segunda Guerra Mundial? O los alemanes. ¿Tendremos el suficiente valor intelectual? Sobre esto casi no se habla. Se habla del mercado, de los cupones de la privatización, de cheques... Una vez más, nos dedicamos a sobrevivir. Toda nuestra energía se consume en esto. Pero el alma se deja a un lado. De nuevo el hombre está solo.

Entonces, ¿para qué todo esto? ¿Para qué su libro? ¿Mis noches de insomnio? Si nuestra vida no es más que la llama de una cerilla, pueden darse varias respuestas. Una es el primitivo fatalismo. Y puede haber grandes respuestas. El ruso siempre quiere creer en algo: en el ferrocarril, en una rana (el nihilista Bazárov),* en la fe bizantina, en el átomo... Y ahora, ya ve, en el mercado.

Un personaje de Bulgákov, en su *Cábala de los beatos*,** dice: «He pecado toda la vida. He sido actriz». Es la conciencia del carácter pecador del arte. De lo inmoral de su esencia. De este asomarse a las vidas ajenas. Pero el arte es como el suero de un infectado: puede convertirse en la vacuna para otra experiencia.

Chernóbil es un tema de Dostoyevski. Un intento de justificación del hombre. ¡O puede que todo sea muy sencillo: entrar en el mundo de puntillas y detenerse en el umbral! Este mundo de Dios.

ALEXANDR REVALSKI,
historiador

* Personaje de la novela *Padres e hijos*, de Iván Turguénev. *(N. del T.)*
** Una de las varias aproximaciones a la vida de Molière del autor de *El Maestro y Margarita*. *(N. del T.)*

MONÓLOGO ACERCA DE CUÁN INDEFENSA RESULTA LA VIDA PEQUEÑA EN ESTE TIEMPO GRANDIOSO

No me pregunte. No le diré nada. No hablaré de esto. *[Calla abstraído.]* No, podría hablar con usted, para comprender. Si usted me ayuda. Lo único que le pido es que no me tenga lástima, no necesito consuelo. No se puede sufrir así tan sin sentido, uno no puede pararse a pensar tanto. ¡Es imposible, imposible! *[Eleva la voz hasta gritar.]*

De nuevo estamos en la reserva, vivimos en el campo de concentración. En el campo de Chernóbil. Gritan como un eslogan en las manifestaciones, o escriben en los periódicos: «Chernóbil ha destruido el imperio». Ha sido la prueba que nos ha liberado del comunismo. De las proezas..., de las hazañas más parecidas a un suicidio..., de las ideas horrorosas. Ahora ya lo comprendo. Proeza es una palabra inventada por los gobernantes. Para personas como yo. Pero yo no tengo nada más, nada más que esto. Yo he crecido entre estas palabras, entre estos hombres. Todo ha desaparecido; esta vida ha desaparecido. ¿A qué asirse? ¿Con qué salvarse? No tiene sentido sufrir de este modo. Solo sé una cosa, que ya nunca más seré feliz.

Cuando él regresó de allá, se pasó varios años como sumido en un sueño, como en una pesadilla.

Y me contaba. Me contaba sin parar.

Y yo lo grababa todo en la memoria.

En medio de la aldea había un charco rojo. Los gansos y los patos lo evitaban.

Los soldados, unos críos, andaban descalzos, desnudos. Se tumbaban en la hierba. A tomar el sol. «¡Levantaos, desgraciados! ¡Que os vais a morir!» Y ellos: «¡Ja, ja, ja!».

Muchos se marchaban de las aldeas en sus propios coches. Los coches contaminados. Les ordenaban: «¡Descarguen el vehículo!». Y el coche iba a parar a una zanja especial. La gente se quedaba allí llorando. Y por la noche regresaba a desenterrarlo a escondidas.

«¡Nina, qué bien que tenemos dos hijos!»

Los médicos me dijeron: tiene el corazón muy dilatado, también tiene dilatados los riñones, como el hígado.

Un día me preguntó: «¿No te doy miedo?». Empezó a tener miedo al contacto físico.

Yo no le preguntaba nada. Lo comprendía, lo comprendía con el corazón. Hubiera querido preguntarle. A menudo eso me parecía. Pero en otras ocasiones me resulta tan insoportable que no quería saber nada de eso. ¡Odio recordar! ¡Lo odio! *[De nuevo brota el grito.]*

En un tiempo... Hubo un tiempo en que envidiaba a los héroes. A los que habían participado en los grandes acontecimientos. A los que habían vivido épocas de ruptura, momentos cruciales de la historia. Soñaba. Así hablábamos entonces, así cantábamos. Había canciones preciosas. *[Se pone a cantar.]* «Águilas, águilas...» Ahora, hasta se me ha olvidado la letra. ¡Soñaba! Lamentaba no haber nacido en el 17 o en el 41. Pero ahora pienso de otro modo; no quiero convertirme en historia, no quiero vivir una época histórica como la de ahora.

¡Mi pequeña vida estaba entonces indefensa! Los grandes acontecimientos la borran sin siquiera notarlo. Sin detenerse. *[Se queda pensativa.]* Después de nosotros, quedará solo la historia. Quedará Chernóbil. ¿Y dónde está mi vida? ¿Y mi amor?

Contaba y contaba. Y yo lo grababa todo en la memoria.

Palomas, gorriones, cigüeñas... Una cigüeña corre, corre por el campo, quiere alzar el vuelo. Pero no puede.

La gente se ha marchado, y en las casas se han quedado a vivir sus fotografías.

Iban por una aldea abandonada y de pronto veían una escena que parecía sacada de un cuento: un viejo y una vieja sentados en la entrada de una casa y a su alrededor corriendo un montón de erizos. Son tantos que parecen una nidada de polluelos. No hay un alma, en el pueblo reina la calma, como en el bosque, y los erizos, que han dejado de tener miedo de la gente, se presentan en el pueblo y piden leche. También vienen zorros, les han contado, y alces.

Uno de los muchachos no pudo más y exclamó:

—¡Yo soy cazador!

—¡Pero qué dices! ¡Quita! —protestaron los viejos entre aspavientos—. ¡No se puede matar a los animales! ¡No se puede! Ahora son nuestros parientes.

Él sabía que iba a morir. Se estaba muriendo. Pero se juró que viviría solo en la amistad y el amor. Yo tenía dos empleos; con un solo sueldo mío y su pensión no nos bastaba. De modo que me rogó: «¿Por qué no vendemos el coche? No está nuevo, pero algo nos darán por él. Así estarás más en casa. Y yo te veré más rato».

Llamaba a los amigos. Vinieron sus padres, que se quedaron una larga temporada en casa. Se ve que comprendió algo. Comprendió alguna cosa de la vida que antes no había entendido. Empezó a hablar con unas palabras nuevas. «Nina, qué bien que tenemos a nuestros dos hijos. Una niña y un niño. Ellos quedarán.»

Un día le pregunté:

—¿Has pensado en nosotros, en mí y en los niños? ¿En qué pensabas allí?

—He visto a un niño nacido a los dos meses de la explosión. Le pusieron de nombre Antón. Pero todos lo llamaban «Atómchik».

—¿Pensaste en...?

—Allí todo te daba pena. Hasta las moscas te daban lástima, hasta los gorriones. Querías que todo viviera. Que las moscas volasen, que las avispas picasen, que las cucarachas corrieran.

—¿Tú...?

—Los niños dibujaban Chernóbil. Los árboles en los cuadros crecían con las raíces hacia arriba. El agua en los ríos era roja o amarilla. Dibujaban algo y al verlo se ponían a llorar.

Su amigo... Su amigo me contó que todo allí era terriblemente interesante, divertido. Leían versos, cantaban y tocaban la guitarra. Los mejores ingenieros y científicos fueron allí. La élite de Moscú y Leningrado. Se dedicaban a filosofar. La Pugachova* fue a actuar ante ellos. En el campo. «Muchachos, si no os quedáis dormidos, os cantaré hasta que amanezca.»

Los llamaba «héroes». Todos los llamaban «héroes». *[Llora.]*

Su amigo murió el primero. Bailaba en la boda de su hija, hacía reír a todo el mundo con sus chistes. Cogió una copa para hacer un brindis y se derrumbó. Y... Nuestros hombres... Nuestros hombres mueren como en la guerra, pero en tiempos de paz.

¡No quiero! No quiero recordar. *[Se tapa los ojos y se balancea en silencio.]* No quiero hablar de esto. Él murió y me dio tanto miedo. Como quien está a oscuras en un bosque.

«Nina, qué bien que tenemos a nuestros dos hijos. Una niña y un niño. Ellos quedarán.»

[Prosigue:] ¿Qué quiero comprender? Yo misma no lo sé. *[Sonríe sin darse cuenta.]*

Un amigo suyo me ha pedido la mano. Ya me había preten-

---

* Alla Pugachova, famosa cantante de música ligera. *(N. del T.)*

dido cuando éramos estudiantes, cuando estudiábamos; luego se casó con una amiga mía, pero pronto se separó. Algo no les fue bien. Me vino a ver con un ramo de flores: «Te trataré como a una reina». Tiene una tienda, un piso espléndido en la ciudad y una casa en el campo. Pero le he dicho que no. Se ha ofendido: «Han pasado cinco años. ¿Y no hay modo de que te olvides de tu héroe? Ja, ja, ja... ¡Vives con un monumento!».

[Se pone a gritar.] Lo eché de casa. ¡Fuera! «¡Estúpida! —me soltó—. Vive con tu sueldo de maestra, con tus cien dólares.» Y así vivo. *[Se tranquiliza.]*

Chernóbil me ha llenado la vida y mi alma se ha ensanchado. Siente dolor. La llave secreta. Te pones a hablar después de este dolor y te salen hermosas palabras. Yo he dicho estas cosas..., con estas palabras, solo cuando he amado. Y ahora. Si no creyera que está en el cielo, ¿cómo lo podría soportar?

Él contaba y yo recordaba *[Habla ensimismada.]*

Nubes de polvo. Tractores en el campo. Mujeres con las horcas. El dosímetro que zumba.

No hay gente y el tiempo se mueve de otro modo. El día es largo, inacabable, como en la infancia.

Prohibido quemar hojas. Las enterraban.

No se puede sufrir así, tan sin sentido. *[Llora.]* Sin palabras hermosas conocidas. Ni siquiera sin la medalla que le dieron. Allí está, en casa. Nos la dejó a nosotros.

Pero hay una única cosa que sé, y es que ya nunca más seré feliz.

Nina Prójorovna Kovaliova,
esposa de un liquidador

MONÓLOGO ACERCA DE LA FÍSICA, DE LA QUE TODOS ESTUVIMOS ENAMORADOS

Yo soy la persona que usted necesita. No se ha equivocado usted. De joven tenía la costumbre de apuntarlo todo. Por ejemplo, cuando murió Stalin: qué pasaba en las calles, qué se escribía en los periódicos. Y sobre Chernóbil también lo apunté todo desde el primer día; sabía que pasaría el tiempo y muchas cosas se olvidarían, desaparecerían para siempre, como ha sucedido. Mis amigos, que se encontraron en el centro de los acontecimientos, físicos nucleares, se han olvidado de lo que sintieron entonces, de qué hablaban conmigo. Yo en cambio lo tengo todo apuntado.

Aquel día... Yo era director de un laboratorio del Instituto de Energía Nuclear de la Academia de Ciencias de Belarús. Aquel día llegué al trabajo. Nuestro centro está en las afueras de la ciudad, en el bosque. ¡Hacía un tiempo magnífico! Era primavera. Abrí la ventana. El aire era limpio, fresco. Me extrañó una cosa: ¿Por qué no se acercaban los herrerillos, a los que yo había dado de comer durante el invierno colgando tras la ventana trocitos de salchichón? ¿Habrían encontrado un manjar mejor?

Pero en aquel momento en el reactor de nuestro instituto cundió el pánico: los aparatos de dosimetría mostraban un crecimiento de la actividad; la radiación en los filtros de depuración del aire aumentó doscientas veces. La potencia de la dosis junto a la entrada era de cerca de tres milirroentgen a la hora. Estaba pasando algo muy serio. Este grado de radiación se considera la máxima permitida en locales peligrosos durante un tiempo de trabajo no superior a las seis horas. La primera hipótesis: en la zona activa se había deshermetizado la envoltura de los elementos refrigeradores. Lo comprobaron: todo estaba en orden. ¿A lo mejor es que habían transportado un contenedor del laboratorio de radioquímica y le habían dado tal trastazo por el camino que habían dañado su envoltura interna y habían contaminado el territorio? ¡Prueba ahora a limpiar la mancha dejada en el asfalto! ¿Qué habría pasado? Y por si fuera poco, por los altavoces anunciaron: «Se recomienda al personal que no salga del edificio». Entre los edificios, todo quedó desierto. Daba no sé qué. Era algo inusual.

Los dosimetristas comprueban mi despacho: «arde» la mesa, «arde» mi ropa, «arden» las paredes. Me levanto de la silla, no tengo ganas de quedarme allí sentado. Me lavo la cabeza en el lavabo. Miro el dosímetro: el efecto está a la vista. ¿Será posible que, a pesar de todo, venga de aquí? ¡Un accidente en nuestro instituto! ¿Una fuga? ¿Cómo desactivar ahora los autobuses que nos llevan a la ciudad? ¿Y al personal? Habría que estrujarse los sesos. Yo me sentía muy orgulloso de nuestro reactor; lo había estudiado hasta el milímetro.

Llamamos a la Central Atómica de Ignalinsk, que está al lado. También sus aparatos se han desmadrado. Y ha cundido también el pánico. Llamamos a Chernóbil. En la central no responde ni un teléfono. Hacia el mediodía, la cosa está clara. Sobre todo Minsk se cierne una nube radiactiva. Establecimos que la actividad era yódica. Es decir, la avería se había producido en algún reactor.

La primera reacción fue llamar a mi mujer a casa y avisarla. Pero todos nuestros teléfonos del instituto están pinchados. ¡Oh, este eterno miedo! Un miedo que te han metido durante decenios. Aunque esta gente de allí aún no sabe nada. Mi hija se va a pasear con sus amigas por la ciudad después de sus clases en el conservatorio. Comen helados. ¿Llamar? Sin embargo, puedo tener problemas. No me permitirán trabajar en proyectos secretos. De todos modos, no lo soporto y levanto el auricular.

—Escúchame con atención.

—¿De qué me hablas? —me preguntó en voz alta mi mujer.

—Más bajo. Cierra las ventanas; mete todos los alimentos en bolsas de plástico. Ponte guantes de goma y pásale un trapo húmedo a todo lo que puedas. El trapo también lo metes en una bolsa y lo tiras cuanto más lejos mejor. La ropa tendida, ponla de nuevo a lavar. No compres más pan. Y nada de pastelillos en la calle.

—¿Qué os ha pasado?

—Más bajo. Disuelve dos gotas de yodo en un vaso de agua. Lávate la cabeza.

—¿Qué?

Pero yo no la dejo acabar y cuelgo. Ya se hará cargo; también ella trabaja en nuestro instituto.

A las quince horas y treinta minutos, el asunto se aclaró: un accidente en el reactor de Chernóbil.

Por la tarde regresamos a Minsk en el autobús del trabajo. Durante la media hora del viaje permanecemos callados o hablamos de otros asuntos. Tememos comentar en voz alta con los amigos lo sucedido. Todos llevamos el carné del Partido en el bolsillo.

Delante de la puerta de casa había un trapo mojado. O sea que mi mujer lo había entendido todo. Entro en el recibidor, me quito el traje, la camisa, hasta quedarme en calzoncillos. De pronto me invade la rabia. ¡Al diablo con el secretismo! ¡Maldito miedo! Tomo el listín de teléfonos. Las agendas telefónicas de mi hija, de mi mujer. Y me pongo a llamar a todo el mundo.

Digo que trabajo en el Instituto de Energía Nuclear, que

sobre Minsk se alza una nube radiactiva. Y seguidamente enumero qué es lo que hay que hacer: lavarse la cabeza con jabón de cocina, cerrar las ventanas... Cada tres o cuatro horas frotar el suelo con un trapo mojado. Sacar la ropa húmeda de los balcones y volverla a lavar. Tomar yodo. Cómo tomarlo correctamente. La reacción de la gente era de agradecimiento. Ni preguntas, ni expresiones de miedo. Tengo la impresión de que no me creían o no estaban en condiciones de hacerse cargo de la inmensidad del suceso. Nadie se asustó. Una reacción asombrosa. ¡Asombrosa!

Por la noche me llama un amigo. Un físico nuclear, doctor él. ¡Con qué despreocupación! ¡Qué crédulos éramos! Uno solo lo comprende ahora. El amigo me llama y, como si tal cosa, me dice que durante las fiestas de mayo tiene intención de visitar a los padres de su mujer, que viven en la región de Gómel, ¡una zona que se encuentra a un paso de Chernóbil! Que iría con sus hijos pequeños. «¡Una decisión genial! —grité—. ¡Te has vuelto loco!» Eso, sobre nuestro profesionalismo. Sobre nuestra fe. Cómo le grité. Y él seguramente ni se acuerda de que aquel día salvé a sus hijos. *[Después de darse un respiro.]*

Nosotros. Me refiero a todos nosotros. No hemos olvidado Chernóbil; sencillamente no lo hemos comprendido. ¿Qué podían entender los salvajes de los relámpagos?

En el ensayo de Alés Adamóvich está su conversación con Andréi Sájarov sobre la bomba atómica. «¿Sabe usted lo bien que huele después de una explosión nuclear? Huele a ozono», comentaba el académico, el «padre» de la bomba de hidrógeno. Unas palabras llenas de romanticismo. Para mí. Para mi generación.

Perdóneme, por su cara veo la reacción. A usted esto le parece un gesto de admiración ante una pesadilla cósmica. Y no ante el genio humano. Pero esto lo pienso ahora, ahora que la física nuclear se ha cubierto de vergüenza y de oprobio. En cambio, mi generación...

En el 45, cuando hicieron explotar la bomba atómica, yo tenía diecisiete años. Me encantaba la ciencia ficción, soñaba con volar a otros planetas, y creía que la energía nuclear nos lanzaría al cosmos. Ingresé en el Instituto de Energía de Moscú y allí me enteré de que existía una facultad ultrasecreta, la de física energética. Eran los años cincuenta, sesenta. Los físicos nucleares. La élite. Qué entusiasmo ante el futuro. Los humanitarios al desván.

En la moneda de tres cópecs, decía nuestro maestro en la escuela, había tanta energía que con ella podía funcionar una central eléctrica. ¡Se le cortaba a uno el aliento!

Me tragué el libro del estadounidense Smith, que contaba cómo se inventó la bomba atómica, cómo se realizaron los experimentos, los detalles de la explosión. En nuestro país todo estaba bajo secreto.

Yo leía. Mi imaginación volaba.

Se había hecho la película sobre los científicos atómicos soviéticos, *Nueve días de un año,* y la había visto todo el país. Los altos sueldos, el secretismo, todo eso le añadía romanticismo. ¡El culto a la física! ¡La era de la física!

Incluso cuando Chernóbil voló por los aires, qué lentamente nos desprendíamos de este culto. Cuando llamaron a los científicos, estos llegaron al reactor en un vuelo especial, pero muchos de ellos no se llevaron consigo ni siquiera la máquina de afeitar; se creían que era algo de pocas horas. De tan solo unas cuantas horas. Aunque se les había informado que en la central nuclear se había producido una explosión. Pero ellos tenían tanta fe en su física; todos ellos pertenecían a la generación que compartía esta fe.

La era de la física se acabó en Chernóbil.

Ahora ya miran ustedes al mundo de otra manera. Hace poco me he encontrado con esta reflexión de mi filósofo preferido, Konstantín Leóntiev:* las consecuencias de la depra-

---

* Pensador y filósofo ruso del siglo XIX. *(N. del T.)*

vación físico-química algún día obligarán a una inteligencia cósmica a intervenir en nuestros asuntos terrestres. En cambio, nosotros, que hemos sido educados en la época de Stalin, no podíamos tolerar la idea de la existencia de unos poderes sobrenaturales. De mundos paralelos. La Biblia la leí más tarde.

Hasta me casé con la misma mujer dos veces. La dejé y volví con ella. Nos encontramos de nuevo en este mundo. ¿Quién me puede explicar este milagro? ¡La vida es algo asombroso! ¡Es un misterio! Ahora creo... ¿En qué creo? En que el mundo tridimensional ya se ha quedado demasiado estrecho para el hombre actual. ¿Por qué despierta hoy tanto interés la otra realidad? Los nuevos conocimientos. El hombre se desprende de la Tierra. Opera con otras categorías de tiempo, se remite no solo a la Tierra, sino a otros mundos. El Apocalipsis. El invierno nuclear.

En el arte occidental, todo esto ya se ha escrito. Lo han pintado. Lo han filmado. Los occidentales se preparaban para el futuro. La explosión de grandes cantidades de armas nucleares dará lugar a colosales incendios. La atmósfera se saturará de humo. Los rayos solares no podrán alcanzar la Tierra, y se producirá una reacción en cadena: frío, más frío y aún más frío.

Esta versión mundana sobre el «fin del mundo» se ha estado introduciendo desde la época de la revolución industrial del siglo XVIII. Pero las bombas atómicas no desaparecerán ni siquiera cuando se destruya la última ojiva nuclear. Quedarán los conocimientos.

Usted calla. Yo, en cambio, no paro de discutir con usted. Es una disputa entre generaciones. ¿Lo ve? La historia del átomo no es solo un secreto militar, un enigma o una maldición. Es nuestra juventud, nuestro tiempo. Nuestra religión. Pero ¿y ahora?

Ahora a mí también me parece que son otros quienes gobiernan el mundo, que nosotros, con todas nuestras armas y con nuestras naves cósmicas, somos como niños. Pero aún no estoy convencido del todo de ello. No estoy seguro.

¡Qué cosa más sorprendente la vida! He amado la física y antes pensaba: nunca me dedicaré a otra cosa que no sea la física; ahora, sin embargo, quiero escribir. Por ejemplo, sobre que el hombre no le sirve a la ciencia, el hombre de carne y hueso, me refiero; que el hombre es para ella una molestia. El pequeño hombre con sus pequeños problemas. Otro ejemplo, quiero escribir sobre cómo unos cuantos físicos podrían cambiar el mundo entero. Sobre la nueva dictadura. La dictadura de la física y de las matemáticas. Se me ha abierto una nueva vida.

Antes de la operación, yo ya sabía que tenía cáncer. Pensaba que solo me quedaban pocos días de vida, y me resultaba terriblemente odiosa la idea de que me iba a morir. Y, de pronto, me empecé a fijar en cada hoja, en los colores brillantes de las flores, en la claridad del cielo, en el asfalto, de un gris cegador, veo las grietas que tiene y, entre ellas, cómo corren las hormigas. No, me digo, no las tengo que pisar. Me dan pena. ¿Por qué tienen que morir? Del olor del bosque me daba vueltas la cabeza. Percibía el olor con más fuerza que los colores. Los vaporosos abedules. Los pesados abetos. ¿Y todo esto lo dejaré de ver? ¡Siquiera un segundo, un minuto más, vivir algo más!

¿Para qué me he pasado tanto tiempo, horas enteras, días, delante del televisor, entre montones de periódicos? Lo principal es la vida y la muerte.

No existe nada más. No hay nada más que colocar en la balanza. He comprendido que solo tiene sentido el tiempo vivido. Nuestro tiempo vivido.

Valentín Alexéyevich Borisévich,
ex director del laboratorio del Instituto de Energía
Nuclear de la Academia de Ciencias de Belarús

MONÓLOGO ACERCA DE LO QUE ESTÁ MÁS ALLÁ DE KOLIMÁ, DE AUSCHWITZ Y DEL HOLOCAUSTO

He de contárselo todo a alguien. Los sentimientos me desbordan. Los primeros días. Las sensaciones se mezclaban. Recuerdo las sensaciones más poderosas: el miedo y la humillación. Había sucedido todo aquello y no había información alguna: las autoridades callaban, los médicos no decían nada. Ninguna respuesta. En el distrito esperaban órdenes de la región; en la región, de Minsk, y en Minsk, de Moscú. Una interminable cadena. Cuando la realidad es que nos encontrábamos indefensos. Esta era la sensación principal aquellos días. Allá a lo lejos se encontraba Gorbachov. Y unas cuantas personas más. Dos o tres hombres decidían nuestra suerte. Decidían por todos. La suerte de millones de personas. Del mismo modo que también otro puñado de hombres podía matarnos. No unos maníacos ni unos criminales con un plan terrorista en mente, sino los más corrientes operadores de guardia de la central nuclear. Seguramente unos buenos muchachos.

Cuando comprendí esto experimenté una fuerte conmoción. Yo misma descubrí algo. Comprendí que Chernóbil se hallaba más allá de Kolimá, de Auschwitz. Y del Holocausto. ¿Me expreso con claridad? El hombre armado de un hacha y un arco, o con los lanzagranadas y las cámaras de gas, no había podido matar a todo el mundo. Pero el hombre con el átomo... En esta ocasión toda la Tierra está en peligro.

Yo no soy una filósofa y no me voy a poner a filosofar. Mejor le cuento lo que recuerdo.

Recuerdo el pánico de los primeros días: unos salían corriendo a la farmacia y se llevaban el yodo; otros habían dejado de ir al mercado, de comprar allí la leche, la carne, especialmente la de vaca. En nuestra familia, aquellos días hacíamos lo posible por no economizar, comprábamos el salchichón más caro, confiando que estaría hecho de una carne buena. Pero al poco nos enteramos de que era justamente en el caro donde añadían la carne contaminada; al parecer, con el argumento de que lo compraban menos y de que lo comía menos gente. Nos encontramos indefensos. Aunque esto, como es natural, usted ya lo sabe. Quiero contarle otra cosa. Sobre nosotros, sobre que la nuestra fue una generación soviética.

Mis amigos son médicos, maestros. La intelectualidad local. Teníamos nuestro grupo. Un día nos reunimos en mi casa. A tomar café. Con dos amigas íntimas; una de ellas era médico. Las dos tenían niños pequeños.

La primera comentó:

—Mañana voy a ir a ver a mis padres. Me llevaré a los niños. Si de pronto enferman, no me lo perdonaría el resto de mi vida.

La otra:

—En los periódicos dicen que dentro de unos cuantos días la situación volverá a la normalidad. Han mandado a las tropas. Helicópteros, carros blindados. Lo han dicho por la radio.

La primera:

—Pues a ti también te lo recomiendo: ¡llévate a los niños! ¡Sácalos de aquí! ¡Escóndelos! Ha sucedido algo peor que una guerra. ¡Ni siquiera podemos imaginarnos lo que ha pasado!

De pronto, las dos levantaron la voz y la cosa acabó en pelea. Acusándose mutuamente:

—¿Dónde está tu instinto maternal? ¡Una fanática es lo que eres!

—¡Y tú una traidora! ¿Qué sería de nosotros si el resto de la gente actuara como tú? ¿Hubiéramos ganado la guerra?

Discutían dos mujeres jóvenes, atractivas, que adoraban a sus hijos. Algo parecía volverse a repetir. Una partitura conocida.

Y todos los que estábamos allí, incluida yo, teníamos la sensación de que mi amiga nos contagiaba su alarma. Nos privaba del equilibrio. De la confianza hacia todo aquello en que estábamos acostumbrados a confiar. Había que esperar, hasta que dijeran algo. Hasta que anunciasen algo. Pero ella era médico y sabía más: «¡No sois capaces de proteger a vuestros propios hijos! ¿Que nadie os amenaza? Entonces ¿por qué tenéis miedo?».

Cómo la odiamos en aquel momento. Nos había estropeado la velada. ¿Me explico con claridad? No solo nos engañaban las autoridades, tampoco nosotros queríamos saber la verdad. En algún lugar... En lo más hondo de nuestro subconsciente... Ahora, claro está, no queremos reconocerlo, nos resulta más agradable reñir a Gorbachov. Echar la culpa a los comunistas. Ellos son los culpables, y nosotros, los buenos. Las víctimas.

Aquella mujer se marchó al día siguiente. Nosotros, en cambio, vestimos de gala a nuestros hijos y los llevamos a la manifestación del Primero de Mayo. Tanto podíamos haber ido como no. En nuestra mano estaba el elegir. Nadie nos obligaba, nadie nos lo exigía. Pero nosotros creímos que era nuestro deber. ¡Cómo iba a ser de otro modo! En aquellos tiempos, para aquella fiesta, todos teníamos que estar juntos. Salimos a la calle, con la muchedumbre.

En la tribuna se encontraban todos los secretarios del Comité de Distrito, y junto al primer secretario, su hija pequeña; la colocaron en un lugar bien visible. La niña llevaba una capa con capucha, aunque brillaba el sol; y el padre, capote militar de campaña. Pero allí estaban. Eso lo recuerdo.

No solo se ha «contaminado» nuestra tierra, sino también nuestra conciencia. Y también por muchos años.

En estos años he cambiado más que en toda mi vida anterior, en cuarenta años. He pensado mucho.

Estamos encerrados en la zona. En una trampa. Vivimos en un gulag, en el gulag de Chernóbil. Trabajo en una biblioteca infantil. Los niños esperaban que les dijéramos algo. Chernóbil está en todas partes, en todo lo que nos rodea, y no tenemos elección: hemos de aprender a vivir con él. Ocurre sobre todo con los escolares de los cursos superiores: tienen preguntas. Dígannos cómo... ¿Dónde enterarnos de todo esto? ¿Qué leer? No hay libros. Películas. Ni siquiera cuentos. Mitos.

Yo enseñaba con el amor y quería vencer con el amor. Estaba delante de los niños y les decía: «Amo nuestro pueblo, amo nuestros ríos, nuestros bosques... que son los más... los más... No hay nada mejor para mí». Y no los engañaba. Les enseñaba con el amor. ¿Me explico con claridad?

Me estorba mi experiencia de maestra. Siempre hablo y escribo en un tono algo elevado, con una emoción hoy algo pasada de moda. Pero contestaré a su pregunta: ¿Por qué nos vemos impotentes? Yo me siento impotente. Había una cultura antes de Chernóbil, pero no existe una cultura después de Chernóbil. Vivimos inmersos en las ideas de la guerra, del hundimiento del socialismo y de un futuro indefinido. Nos faltan nuevas ideas, nuevos objetivos y pensamientos. ¿Dónde están nuestros escritores, nuestros filósofos? ¿Por qué callan? Y ya no digo nada sobre que nuestra intelectualidad, los hombres que más han esperado la libertad y que más han hecho para que llegara la libertad, hoy se hayan visto abandonados, arrojados a la cuneta. Una gente empobrecida y humillada. De pronto hemos descubierto que no somos necesarios. Que no hacemos ninguna falta. Yo ni siquiera me puedo comprar los libros más imprescindibles. Cuando los libros son mi vida. Yo necesito... Necesitamos más que nunca nuevos libros, porque a nuestro alrededor nace una vida nueva. Pero nosotros somos en esta vida una gente extraña. Y no hay modo de resignarse a ello. No me abandona nunca la pregunta: ¿Por qué? ¿Quién va a hacer nuestro trabajo? El televisor no va a educar a los niños, quienes deben educar a los niños son los maestros. Pero este es ya otro tema.

He recordado... Para recobrar la verdad de aquellos días y de nuestros sentimientos. Para no olvidar cómo hemos cambiado. Y nuestra vida.

Liudmila Dmítrievna Polénskaya,
maestra rural

MONÓLOGO ACERCA DE LA LIBERTAD Y DEL DESEO DE UNA MUERTE CORRIENTE

Aquello era la libertad. Allí me sentí un hombre libre. ¿Le asombra lo que digo? Ya lo veo. Está usted sorprendida. Eso solo lo puede entender alguien que haya estado en la guerra. Esos tipos se ponen a beber, me refiero a los que han combatido, y recuerdan. Los he escuchado, y hasta hoy sienten añoranza. Recuerdan aquella libertad, aquella sensación de volar. ¡Ni un paso atrás!, era la orden de Stalin. Los batallones de contención.* Ya se sabe. Eso ya es historia. Tú en cambio vas disparando, sobrevives y recibes tus merecidos 100 gramos de vodka, el tabaco... Puedes morir mil veces, salir volando en mil pedazos, pero si te empeñas y engañas al diablo, al demonio, a tus jefes, a aquel que lleva un casco ajeno, una bayoneta ajena, si engatusas al mismísimo Altísimo, ¡puedes salir con vida!

Yo he estado en el reactor. Estuve allí como en una trinchera de primera línea. ¡El miedo y la libertad! Vives a todo trapo.

* Unidades creadas durante la guerra (como en la guerra civil rusa) que «contenían» (con las armas) el posible retroceso de las unidades de choque, frecuentemente formadas, estas últimas, por batallones de castigo. *(N. del T.)*

En la vida corriente esto no se puede comprender. Ni captar. ¿Recuerda cómo no paraban de repetir: vendrá la guerra? Y sin embargo nuestra conciencia resultó no estar preparada. Yo no estaba preparado.

Aquel día... Me disponía a ir aquella noche con mi mujer al cine. En la fábrica se presentaron dos militares. Me llamaron a mí: «¿Sabes distinguir el disolvente de la gasolina?». Y yo les pregunto:

—¿Adónde me mandáis?

—¿Cómo que adónde? De voluntario a Chernóbil.

Mi profesión militar es especialista en combustible para cohetes. Una especialidad secreta. Se me llevaron directamente de la fábrica, con solo lo puesto, no me dejaron ni pasar por casa. Se lo pedí:

—He de avisar a mi mujer.

—Ya se lo comunicaremos.

En el autobús éramos unas quince personas, oficiales de la reserva. Los compañeros me gustaron. Que nos llaman, pues en marcha; que hace falta hacer tal cosa, pues manos a la obra. Nos mandan al reactor, pues nos subimos al techo del reactor.

Junto a las aldeas evacuadas se alzaban unas torres; soldados armados sobre ellas. Las armas cargadas. Barreras. Carteles: «El arcén está contaminado. Se prohíbe terminantemente entrar y detenerse». Árboles de un blanco grisáceo, rociados de líquido de desactivación. Un líquido blanco. Como la nieve. ¡Y no te das cuenta que se te nubla la sesera!

Los primeros días nos daba miedo sentarnos en el suelo, sobre la hierba, no andábamos sino que corríamos; en cuanto pasaba un coche, nos enfundábamos los respiradores. Acabado el turno de trabajo, nos metíamos en las tiendas de campaña. ¡Ja, ja, ja!

Pero al cabo de un par de meses, aquello ya era algo normal, ya era tu vida cotidiana. Arrancábamos las ciruelas, pescábamos, había unos lucios que ni le cuento. Y bremas. Las secábamos para acompañar la cerveza. Seguramente ya lo habrá escuchado. Jugábamos al fútbol. Nos bañábamos. ¡Ja, ja, ja! *[Se vuelve a reír.]*

Creíamos en nuestra suerte; en el fondo de nuestra alma todos somos fatalistas, y no boticarios. No racionalistas. La mentalidad eslava. ¡Yo confiaba en mi buena estrella! ¡Ja, ja, ja! Y hoy soy un inválido de segundo grado. Enfermé enseguida. Los malditos «rayos». Ya se sabe. Hasta entonces no tenía ni siquiera una ficha en la clínica. ¡Que los parta un rayo! Y no era yo solo. La mentalidad.

Yo, un soldado, he cerrado una casa ajena, he allanado una casa ajena. Es un sentimiento que... Es como si espiaras a alguien. O la tierra en la que no se puede sembrar. Una vaca que da con el morro en la verja, pero la valla está cerrada; la casa, bajo candado. La leche le gotea al suelo. ¡Es un sentimiento que...!

En las aldeas que aún no habían evacuado, los campesinos se dedicaban a fabricar samogón. Era su manera de ganarse la vida. Y nos lo vendían. Y nosotros, que llevábamos los bolsillos llenos: el triple del sueldo te pagaban y las dietas también eran triples. Luego dictaron una orden: a los que beban, los dejarán un segundo reemplazo. ¿Entonces, en qué quedamos, era o no una ayuda el vodka? Aunque fuera psicológica. Allí creíamos a ciegas en aquella receta. Ya se sabe.

La vida campesina transcurría como de ordinario: se plantaba, se cultivaba y se recogía, y el resto seguía su curso. A aquella gente le importaban un rábano los asuntos de la corte, los líos del poder. Las cosas del primer secretario del Partido o del presidente. Las naves espaciales, las centrales atómicas y los mítines en la capital. Y no se podían creer que en un día el mundo se había puesto patas arriba y que vivían en uno distinto. En el mundo de Chernóbil. ¿Acaso ellos se habían movido de sus lugares?

La gente enfermaba por el impacto de la conmoción. No se resignaban; querían seguir viviendo como lo habían hecho siempre. Se llevaban la leña a escondidas. Arrancaban los tomates verdes. Los envasaban. Los botes explotaban y los volvían a hervir. ¿Cómo se puede destruir todo esto, enterrarlo, convertirlo en basura? Que era a lo que justamente nos dedicábamos nosotros. Es decir a destruir su trabajo, el secular sentido de su vida. Nosotros éramos para ellos sus enemigos.

Yo, en cambio, tenía unas ganas locas de ir al reactor. «Calma, no tengas prisa —me prevenían—, que el último mes antes de acabar verás como nos mandan a todos al tejado». Estuvimos allí seis meses. Y exactamente al quinto mes, nos trasladaron justo al lado del reactor.

Se hacían todo tipo de bromas, aunque también se hablaba en serio de que de un momento a otro nos mandarían a atravesar el techo. Y que después de aquello quizá aguantaríamos cinco años. O siete. O diez. Ya se sabe. La cifra que más se repetía era, no sé por qué, el cinco. ¿De dónde había salido? Pero nada de follones, sin pánico.

«¡Los voluntarios, un paso adelante!» Y toda la unidad daba un paso adelante. Ante el jefe había un monitor, lo enchufaba y en la pantalla aparecía el tejado del reactor; pedazos de grafito, alquitrán fundido. «Mirad aquí, muchachos, ¿veis estos cascotes? Pues limpiad eso. Y aquí, en este cuadrado, abrid un agujero.»

La duración era de cuarenta o cincuenta segundos. Eso decían las instrucciones. ¡Pero era algo imposible! Se necesitaban al menos unos cuantos minutos. Ida y vuelta, hacías una carrera y tirabas la carga. Unos cargaban las parihuelas. Otros arrojaban la carga. Allá abajo, con los demás cascotes, por el orificio. Tirabas los cascotes, pero que no se te ocurriera mirar abajo, estaba prohibido. Algunos, de todos modos, se asomaban.

En los periódicos decían: «El aire sobre el reactor está limpio». Leíamos aquello y nos reíamos, no sin dedicarles algunas maldiciones. El aire está limpio, y nosotros metiéndonos unas dosis de órdago.

Nos dieron dosímetros. Uno, que medía cinco roentgen, se ponía a 100 al minuto; y otro, como una pluma, para 100 roentgen, también en algunos lugares se salía de madre. Cinco años de vida, nos dijeron, y que no podríamos tener hijos. Si en cinco años no cascamos. ¡Ja, ja, ja! *[Se ríe.]* Se hacían todo tipo de bromas. Pero sin meter ruido, nada de pánico. Cinco años. Y yo ya he vivido diez. ¡Ja, ja, ja! *[Se ríe.]*

Nos entregaron todos esos diplomas. Yo tengo dos. Con todos esos cromos: Marx, Engels, Lenin. Banderas rojas.

Un chaval desapareció; pensamos que se había largado. Al cabo de dos días lo encontraron entre unos arbustos. Se había colgado. No sabe usted cómo nos sentimos. Ya me comprende. Entonces, el responsable político pronunció unas palabras diciendo que esto y aquello, que el muchacho había recibido una carta de casa, que la mujer lo había engañado. Cualquiera sabe. Al cabo de una semana nos soltarían. En cambio a él lo encontraron entre los arbustos.

Teníamos un cocinero, pasaba tanto miedo que no vivía en la tienda, sino en el almacén, donde se excavó un refugio debajo de las cajas de mantequilla y de conservas de carne. Se llevó allí la colchoneta, la almohada. Vivía bajo tierra. Un día vinieron a formar un nuevo equipo para mandarlo al tejado. ¡A ver, que busquen a más gente! Pero ya habíamos estado allí todos. De manera que lo pescaron. Subió una sola vez. Y se ganó el segundo grado de invalidez.

Me llama a menudo. No hemos perdido el contacto, nos ayudamos los unos a los otros, mantenemos vivo el recuerdo, que perdurará mientras nosotros sigamos con vida. Escríbalo así mismo.

Los periódicos mienten. Mienten sin parar. No he leído en ninguna parte cómo nos hacíamos las armaduras. Unas camisas de plomo. Calzoncillos. Nos daban unas batas de goma impregnadas de plomo. Pero los taparrabos nos los hacíamos nosotros, con plomo. Controlábamos el asunto. Ya se sabe. En una aldea nos enseñaron dos casas de citas clandestinas. Ya comprende, unos hombres lejos de casa, seis meses sin mujeres: una situación límite. Todos iban. Y las chicas del lugar se dejaban de todos modos; lloraban y decían que pronto nos moriríamos. Esos calzones de plomo. Nos los poníamos encima de los pantalones. Escríbalo.

Y cuántos chistes. Ahí tiene uno. Mandan un robot estadounidense al tejado, trabaja cinco minutos y va y se para. El robot japonés también trabaja nueve minutos y se para. En cambio, el robot ruso se pone a trabajar y está dos horas. Y en eso que se oye por la radio: «¡Soldado Ivanov, puede bajar para un descanso!» ¡Ja, ja, ja! *[Se ríe.]*

Antes de dirigirnos al reactor, el jefe nos dio las instrucciones. Estábamos formados. Y algunos muchachos se amotinaron: «Ya hemos estado allí; deben mandarnos a casa». Mi campo de trabajo, por ejemplo, es el combustible, la gasolina, en cambio también a mí me mandaron al tejado. Y a pesar de todo no dije nada. Yo mismo quería ir. Me resultaba interesante. En cambio ellos se rebelaron. Entonces, el comandante dice: «Solo irán al tejado los voluntarios; el resto salgan de la formación, que tendrán una charla con el fiscal». Y los muchachos esos se lo pensaron, hablaron entre ellos y aceptaron. ¿No has prestado el juramento? ¿No has besado la bandera? Te has arrodillado ante ella. Pues apechuga. Me parece que ninguno de nosotros dudó de que te podían enchironar unos cuantos años. Se filtró el rumor de que te podían caer de dos a tres años.

Si un soldado recibía más de 25 roentgen, podían encerrar al jefe de su unidad por irradiar al personal. De manera que nadie tenía más de 25 roentgen. Todos recibían menos. ¿Comprende?

Pero la gente me gustaba. Dos se pusieron enfermos y encontraron a un sustituto, él mismo se ofreció: «¡Va, voy yo!». Y eso que aquel día ya había subido una vez al tejado. El tipo se ganó el respeto. Un premio de 500 rublos. Otro se subió al tejado a perforar el agujero; ya le tocaba bajar, pero el tipo seguía. Nosotros le hacíamos señas: «¡Baja!». Pero el hombre, de rodillas, seguía machacando. Había que agujerear el techo en este lugar para introducir un canalón y así poder tirar por ahí los residuos. Hasta que no lo perforó no se levantó. De premio, 1.000 rublos. Con este dinero entonces se podía comprar dos motos. Ahora tiene la invalidez de primer grado. Ya se sabe. Pero, por si acaso, nos pagaban al momento.

Y le llega la hora de morir. Se está muriendo. Sufre lo indecible. Por entonces lo visitaba los días de fiesta.

—¿A ver si sabes cuál es mi mayor deseo?
—¿Cuál?
—Una muerte corriente y no como las de Chernóbil.

Tenía cuarenta años. Le gustaban las mujeres. Tenía una esposa hermosa.

Llegó el último día. Nos subimos a los coches. Y mientras recorrimos la zona, nos pasamos todo el rato dándole a la bocina. Recuerdo como si fuera hoy aquellos días. Estuve presente ante algo... algo fantástico. Me faltan las palabras. Y todas estas expresiones de «gigantesco», «fantástico» no trasmiten lo suficiente aquello. Sentías algo... ¿Como qué? *[Se queda pensativo.]*

Una sensación que no he experimentado ni siquiera en el amor.

ALEXANDR KUDRIAGUIN,
liquidador

MONÓLOGO ACERCA DEL NIÑO DEFORME AL QUE DE TODOS MODOS VAN A QUERER

No tenga vergüenza. Pregunte. Se ha escrito tanto que ya estamos acostumbrados. Una vez me mandaron el periódico con un autógrafo. Pero yo no los leo. ¿Quién nos va a comprender? Para eso hay que vivir aquí.

Mi hija me dijo no hace mucho: «Mamá, si doy a luz a un niño deforme, lo querré igualmente». ¿Se imagina algo así? Estudia en la décima clase* y ya tiene estas ideas. Como sus amigas. Todas piensan en eso.

Unos conocidos nuestros han tenido un niño. Lo esperaban; era su primer hijo. Una pareja joven, guapa. Pero el niño tiene una boca que le llega a las orejas; aunque no tiene orejas. Yo no voy a verlos como antes, no puedo. En cambio mi hija, un día sí y otro también, va corriendo a verlos. Le tira esa casa; no sé si se imagina su futuro o se prepara.

Pudimos marcharnos de aquí, pero mi marido y yo lo sopesamos y decidimos que no. Nos ha dado miedo irnos. Aquí todos somos de Chernóbil. No nos asustamos el uno del otro, si alguien nos ofrece sus pepinos y las manzanas del huerto o del jardín, lo aceptamos y nos lo comemos, no lo escondemos tímidamente en el bolsillo, o en una bolsa, para luego tirarlo.

---

* A los dieciséis años de edad. *(N. del T.)*

Todos tenemos los mismos recuerdos. Compartimos la misma suerte. En cambio, en todas partes, en cualquier otro lugar, somos unos extraños. Unos apestados. Ya nos hemos acostumbrado a que nos llamen: «gente de Chernóbil», «niños de Chernóbil», «evacuados de Chernóbil».

Ahora la palabra «Chernóbil» acompaña toda nuestra vida. Pero ustedes no saben nada de nosotros. Nos tienen miedo. Puede ser, incluso, que si no nos dejaran salir de aquí, si se hubieran colocado controles policiales, mucho de ustedes se sentirían más tranquilos. *[Se queda callada.]*

Y no me demuestre lo contrario. No intente convencerme. Yo eso lo he vivido.

Los primeros días... Agarré a mi hija y salí corriendo a Minsk, a casa de mi hermana. Y mi hermana, una persona de mi misma sangre, no me dejó entrar en su casa porque tenía un niño pequeño y lo estaba amamantando. ¿Se imagina?

Pasamos la noche en la estación. Me venían unas ideas locas por entonces. ¿Adónde huir? Puede que lo mejor sea acabar con una misma, pensaba, para así dejar de sufrir. Eso fue los primeros días. Todos se imaginaban no sé qué terribles enfermedades. Males inimaginables. Y eso también lo pensaba yo, que soy médico. Solo puedo adivinar lo que les estaba pasando por la cabeza a los demás.

Miro a nuestros hijos: vayan adonde vayan se sienten extraños entre sus compañeros. En los campamentos, donde mi hija pasó un verano, tenían miedo de tocarla. «Erizo de Chernóbil. Luciérnaga. Das luz por la noche», le decían. Al llegar la noche, la querían sacar a la calle para comprobar si daba o no luz.

La gente dice que la guerra... La generación de la guerra... Y las comparan... ¿La generación de la guerra? ¡Pero si esa gente era feliz! Vivió la victoria. ¡Salieron vencedores! Esto les infundió una gran energía vital o, dicho en los términos de ahora, una poderosa carga de supervivencia. No tenían miedo de nada. Querían vivir, estudiar, traer hijos al mundo.

En cambio, nosotros... Nosotros tenemos miedo de todo. Tememos por nuestros hijos. Por los nietos que aún no han nacido. Aún no han nacido y ya tememos por ellos.

La gente sonríe menos, no canta como antes lo hacía en las fiestas. No solo ha cambiado el paisaje, pues donde antes se extendían los campos han crecido de nuevo los bosques, se ha llenado de arbustos, sino que también se ha alterado el carácter nacional. Todos sufren depresiones. El sentimiento dominante es el de estar condenados.

Para algunos, Chernóbil es una metáfora. Un símbolo. En cambio, para nosotros es nuestra vida. Simplemente la vida.

Algunas veces pienso que sería mejor que no escribieran sobre nosotros. Que no nos observaran desde fuera. Que ni nos hicieran diagnósticos: radiofobia o yo qué sé más; que no nos destacaran entre los demás. Entonces nos tendrían menos miedo. Pues tampoco en casa de un enfermo de cáncer se habla de esta terrible enfermedad. Como tampoco en las celdas de los condenados a cadena perpetua se cuentan los años que les quedan por cumplir. *[Calla.]*

Cuánto he hablado... No sé si le hará falta todo esto que digo o no. *[Pregunta.]* Mejor que ponga la mesa. ¿Comemos? ¿O le da miedo? Respóndame sinceramente, porque aquí ya no nos ofendemos. Las hemos visto de todos los colores. Una vez vino a verme un corresponsal. Veo que tiene ganas de beber. Le traigo una taza con agua, y él, en cambio, se saca su agua del bolso. Agua mineral. Le da vergüenza. Se justifica. La conversación, claro, fue un fracaso, yo no pude ser sincera con aquel hombre. Porque yo no soy un robot, una computadora. ¡No soy un pedazo de hierro! Él allí tomándose su agua mineral, temiendo tocar mi taza y yo, en cambio, le tengo que abrir de par en par mi alma... entregarle mi alma.

[Ya a la mesa. Estamos comiendo. Habla de muchas cosas. Y de pronto...]

Ayer me pasé la noche llorando. Mi hombre me dice:

«Eras tan guapa». Entiendo a qué se refiere. Me miro en el espejo. Cada mañana. Aquí la gente envejece pronto; tengo cuarenta años y me echarían sesenta. Por eso las chicas tienen prisa en casarse. Lástima de juventud, es tan corta.

[Explota:] Pero ¿qué saben de Chernóbil? ¿Qué se puede apuntar?... Perdone. *[Calla.]*

¿Cómo poder apuntar lo que dice mi alma? Si ni yo misma sé siempre leerla.

Nadezhda Afanásievna Burakova,
habitante del poblado urbano Jóiniki

MONÓLOGO ACERCA DE QUE A LA VIDA COTIDIANA HAY QUE AÑADIRLE ALGO PARA ENTENDERLA

¿Quiere usted hechos, detalles de aquellos días? ¿O mi historia?

Allí me hice fotógrafo. Hasta entonces nunca me había dedicado a la fotografía, pero allí de pronto me puse a hacer fotos; por casualidad tenía una máquina de fotos. Pensé que serían para mí. Pero ahora se han convertido en mi profesión. No podía desprenderme de las nuevas sensaciones que experimenté; no se trataba de vivencias breves, sino de toda una historia del alma. He cambiado. El mundo se me ha aparecido de otro modo. Mi sentido de la vida... ¿Me entiende?

[Habla y coloca las fotografías sobre la mesa, las sillas y la repisa de la ventana; un girasol gigante, del tamaño de la rueda de un carro; un nido de cigüeña en una aldea desierta; un solitario cementerio rural con una tablilla en la entrada que reza: «ALTA RADIACIÓN. SE PROHÍBE LA ENTRADA A PIE Y EN VEHÍCULO»; *un cochecito en el patio de una casa con las ventanas tapiadas; sobre el coche de niño se sienta una chova como si estuviera en su nido; una bandada de grullas en formación triangular sobre unos campos abandonados...]*

Algunos me preguntan: «¿Por qué no usas película de color?». Pues porque las fotos son de Chernóbil, que significa «Negra realidad». Los demás colores no existen.

¿Mi historia? Es un comentario a esto. *[Señala las fotos.]*

Bueno. Voy a intentarlo. Todo está aquí, ¿comprende? *[De nuevo señala las fotos.]* Por entonces yo trabajaba en una fábrica y estudiaba en la universidad a distancia, en la facultad de Historia. Era tornero de segunda. Nos metieron en un grupo y nos mandaron urgentemente. Como si nos fuéramos al frente.

—¿Adónde vamos?
—Adonde os manden.
—¿Qué vamos a hacer?
—Lo que os manden.
—Pero si somos constructores.
—Pues iréis a construir. A alguna obra.

Construimos locales auxiliares: lavanderías, almacenes, cobertizos. A mí me mandaron a descargar cemento. Qué cemento era, de dónde venía, es algo que nadie comprobaba. Cargábamos y descargábamos. Te pasabas el día dándole a la pala, de manera que a la noche solo te brillaban los dientes. El hombre de cemento. Gris. Tú mismo y la ropa de trabajo, todo. Por la noche te sacudías la ropa, ¿comprende?, y por la mañana te la volvías a poner.

Nos organizaron algunas charlas políticas. Que si sois héroes, que si esto es una hazaña, que si estamos en primera línea... El léxico era militar. Pero, ¿qué es un rem? ¿Y los curios? ¿Qué es un milirroentgen? A nuestras preguntas, el superior no podía contestarnos nada: en la escuela militar no le habían enseñado nada de eso. Mil, micro... Como si fuera chino. «¿Para qué os hace falta? Vosotros cumplid las órdenes. Aquí sois como soldados.» Seremos soldados, pero no reclusos.

Llegó una comisión. «Bueno —nos tranquilizan—. Aquí todo está normal. El fondo es normal. Porque a unos cuatro kilómetros de aquí, sí que no se puede vivir, van a evacuar de allí a la gente. En cambio, aquí todo está tranquilo.»

Venía con ellos un dosimetrista. El tipo va y enchufa el cajón que le colgaba del hombro. Y cuando, con un gesto bien amplio, nos pasa el aparato por las botas, de pronto da un salto a un lado: una reacción involuntaria. Y aquí empieza lo más interesante; para usted, como escritora, sobre todo. ¿Cuánto tiempo, se preguntará, recordamos este incidente? Como mucho, unos cuantos días. Ya ve, nuestra gente es incapaz de pensar solo en ellos, en su propia vida; es incapaz de sentirse a sí misma como un sistema así, cerrado. Nuestros políticos son incapaces de pensar en el valor de la vida, pero la gente tampoco. ¿Me entiende? Estamos hechos de otro modo. De otra pasta.

Por supuesto, todos allí bebíamos, y además de veras. Por la noche no quedaba ni uno sobrio. Pero no bebíamos para emborracharnos, sino para hablar. Después de las dos primeras copas, alguien se angustiaba, se acordaba de su mujer, de los niños, o contaba algo de su trabajo. Cubría de mierda a los jefes. Pero luego, después de una o dos botellas... Se hablaba solo del destino del país y sobre el orden del universo. Se discutía sobre Gorbachov y Ligachov.* Sobre Stalin. Si éramos o no una gran potencia, si adelantaríamos o no a los estadounidenses. Era el año 86. Sobre qué aviones eran los mejores, qué naves espaciales las más seguras. Bueno, Chernóbil ha volado por los aires, pero los nuestros han sido los primeros en viajar al cosmos. ¿Comprende? Y así hasta quedar roncos, hasta el amanecer. Pero sobre por qué razón no teníamos dosímetros o por qué no nos daban ningún tipo de pastillas preventivas... Por qué no había lavadoras para lavar los trajes cada día y no dos veces al mes... Todo esto se planteaba en último lugar. De pasada. Así estábamos hechos, ¿comprende? ¡Maldita sea!

El vodka se cotizaba más que el oro. Imposible comprarlo. Nos bebimos todo lo bebible de las aldeas cercanas: el

* Yegor Ligachov, entonces secretario del Comité Central y miembro del Politburó del Partido. Contrario a la perestroika de Mijaíl Gorbachov. *(N. del T.)*

vodka, el samogón, las lociones, llegamos hasta las lacas y los aerosoles. Sobre la mesa un bote de tres litros de samogón o una bolsa llena de botellas de colonia Shipr... Y hablar y hablar... Había entre nosotros maestros, ingenieros... Toda una Internacional: rusos, bielorrusos, kazajos, ucranianos...

Conversaciones filosóficas. Sobre que habíamos caído prisioneros del materialismo y que este nos reducía al mundo de los objetos. Que Chernóbil era una puerta abierta al infinito. Me acuerdo cómo discutíamos sobre el destino de la cultura rusa, sobre su inclinación a lo trágico. Sin la sombra de la muerte no se podía entender nada. Solo sobre la base de la cultura rusa se podría entender la catástrofe. Solo nuestra cultura estaba preparada para entenderla. Vivía con este presentimiento. Temíamos la bomba del hongo nuclear y mira lo que había pasado. Hiroshima era algo pavoroso, pero comprensible. En cambio esto. Se sabe cómo se quema una casa, por culpa de una cerilla o por un proyectil. En cambio, esto no se parecía a nada. Nos llegaban voces de que era un fuego extraterrestre, que hasta no era fuego, sino una luz. Una reverberación. Como una aurora. De un azul brillante. Y que no era humo.

Los científicos, que antes ocupaban el trono de los dioses, ahora se habían convertido en ángeles caídos. ¡En demonios! Y la naturaleza humana seguía siendo, tal como lo había sido en el pasado, un misterio para ellos.

Yo soy ruso; de la región de Briansk. En nuestro país ves a un viejo sentado en el umbral de su casa, la casa se ha torcido, está a punto de derrumbarse, y él en cambio se dedica a filosofar, a organizar el mundo. En cualquier pausa en la fábrica hallarás sin falta a un Aristóteles. O en la cervecería. Como nosotros, filosofando pegados al reactor.

Como caídos del cielo, nos venían a visitar reporteros de los periódicos. Sacaban fotos. Con temas inventados. Uno tomaba la ventana de una casa abandonada, le colocaba delante un violín. Y titulaba a aquello «sinfonía de Chernóbil». Cuando allí no había necesidad de inventar nada.

Yo tenía ganas de grabarlo todo en la memoria: un globo terrestre aplastado por un tractor en medio del patio de una escuela; ropa lavada ennegrecida, colgada desde hace varios años en un balcón; muñecas envejecidas por la lluvia... Fosas comunes abandonadas... La hierba alcanzaba la altura de los soldados de yeso —los monumentos— y, sobre las estatuas, los nidos de los pájaros. Las puertas de una casa aparecen destruidas, por lo que se ve ya la han visitado los merodeadores, pero las cortinas de las ventanas están echadas. La gente se ha marchado, y en la casa se han quedado a vivir sus fotografías. Como quien dice, sus almas.

No había nada que no fuera importante, nada intrascendente. Quería recordarlo todo con exactitud y detalle: la hora y el día en que lo había visto, el color del cielo, mis sensaciones... ¿Comprende? El hombre se había ido para siempre de aquellos lugares. Y nosotros éramos los primeros seres que experimentábamos este «para siempre». No podías dejar escapar ni el más mínimo detalle.

Las caras de los viejos campesinos, semejantes a iconos... Ellos eran quienes menos comprendían de verdad lo sucedido. Nunca habían abandonado sus casas, su tierra. Aparecían en este mundo, se amaban, conseguían su pan de cada día con el sudor de su frente y prolongaban la especie. Esperaban la llegada de los nietos. Y después de vivir la vida, abandonaban resignados esta tierra, volviendo a ella, convirtiéndose en ella.

¡La casa campesina bielorrusa! Para nosotros no es más que una casa, una construcción en la que vivir. Pero para ellos era todo su mundo. Su cosmos. Atraviesas las aldeas vacías y te entran unos deseos tan grandes de ver a un ser humano. Ves una iglesia desvalijada. Entrábamos en ella: olía a cera. Te daban ganas de rezar.

Yo quería recordar todo eso. Y me puse a fotografiarlo. Esta es mi historia...

No hace mucho, enterré a un conocido que estuvo allí. Murió de cáncer en la sangre. Se celebra el funeral. Y, según la costumbre eslava, la gente bebe, come, ya me entiende. Y empiezan las conversaciones, hasta medianoche. Primero sobre él, sobre quién nos ha dejado. Pero ¿y luego? Luego, de nuevo sobre el destino del país o sobre el orden del universo. ¿Se irán las tropas rusas de Chechenia o no se irán? ¿Empezará una segunda guerra del Cáucaso, o en realidad ya ha empezado? ¿Qué posibilidades tiene Zhirinovski de convertirse en presidente? ¿Y Yeltsin? Sobre la Corona inglesa y la princesa Diana. Sobre la monarquía rusa... Sobre Chernóbil.

Ahora ya hay diversas conjeturas. Una de ellas es que los extraterrestres ya estaban enterados de la catástrofe y nos han ayudado; otra que se ha tratado de un experimento cósmico y que dentro de un tiempo empezarán a nacer niños con unas facultades geniales. Unos seres insólitos. O puede que los bielorrusos desaparezcan, como en su tiempo desaparecieron otros pueblos: los escitas, los kázaros, los sármatas, los kimerios o los huastecas...

Somos metafísicos. No vivimos en la tierra sino en nuestras quimeras, en las conversaciones. En las palabras. Debemos añadirle algo más a la vida cotidiana para comprenderla. Incluso cuando nos encontramos junto a la muerte.

Esta es mi historia. Se la he contado. ¿Por qué me he hecho fotógrafo? Porque me faltaban palabras.

VÍKTOR LATÚN,
fotógrafo

MONÓLOGO ACERCA DEL SOLDADO MUDO

Ya no voy a regresar a lo que es la zona, aunque antes me tiraba... Si veo de nuevo todo esto, si vuelvo a pensar en ello, me pondré enferma y me moriré. Morirán mis fantasías.

¿Se acuerda de la película sobre la guerra *Ve y mira*?* No pude terminarla de ver, me desmayé. En ella mataban una vaca. Aparecía una pupila que ocupaba toda la pantalla. Una pupila... Cómo mataban a la gente; yo ya no lo miré. ¡No! ¡El arte es amor, estoy absolutamente convencida de ello!

No quiero encender la televisión ni leer los periódicos de ahora. Matan y matan... En Chechenia, en Bosnia... En Afganistán... Pierdo la razón, se me echa a perder la vista. El horror... Se ha vuelto algo acostumbrado, hasta banal. Y nosotros hemos cambiado tanto que el horror que aparece en la pantalla hoy ha de ser más pavoroso que el de ayer. Si no, ya no da miedo. Nos hemos pasado de la raya.

Ayer iba en el trolebús. Esta es la escena: un chico no le cede el asiento a un viejo. Y el anciano le reconviene:

—Cuando seas mayor, tampoco a ti te cederán el asiento.

—Yo nunca seré viejo —replica el chaval.

* Filme de Elem Klímov, titulado en España *Masacre* (1985), con un guión basado en dos obras de Alés Adamóvich, *El relato de Jatýn* y *Tropas de castigo*, y en que se muestra el exterminio de una aldea bielorrusa por las tropas alemanas. *(N. del T.)*

—¿Por qué?

—Porque pronto moriremos todos.

No se habla de otra cosa que de la muerte. Los niños piensan en la muerte. Cuando es algo en lo que se piensa al final de la vida, no cuando esta comienza.

Veo el mundo en pequeñas escenas. La calle es para mí un teatro, mi casa es un teatro. Nunca me acuerdo de un hecho por entero. Sino que los capto en algunos detalles o gestos.

Todo se ha mezclado en mi memoria, todo se ha revuelto. No sé si lo he visto en el cine, en los periódicos... O lo habré oído, visto o vislumbrado en alguna parte.

Veo cómo por una calle abandonada de un pueblo se mueve una zorra que se ha vuelto loca. Se la ve calmada, buenecita. Como un niño. Se acerca cariñosa a los gatos asilvestrados, a las gallinas.

Silencio... ¡Hay allí un silencio! Nada que ver con el de aquí. Y de pronto dentro de este silencio se oye una extraña voz humana: «Gosha es bueno. Gosha es bueno». Sobre un viejo manzano se balancea una jaula oxidada con la portezuela abierta. Un papagayo domesticado habla consigo mismo.

Empieza la evacuación. Han sellado la escuela, la oficina del koljós, el sóviet local. Durante el día, los soldados sacan las cajas fuertes, los documentos. Y, por la noche, los lugareños desvalijan la escuela, se llevan todo lo que queda en ella. Los libros de la biblioteca, los espejos, las sillas, los lavabos, un globo enorme... Uno de los últimos en llegar... Llega por la mañana y ya no queda nada. Se lleva las probetas vacías del laboratorio de química.

Aunque todos saben que dentro de tres días a ellos también se los llevarán. Y todo esto se quedará aquí.

¿Para qué recojo todo esto, para qué lo guardo? Nunca montaré una obra sobre Chernóbil. Como no he puesto en escena ninguna obra sobre la guerra. Nunca en mis obras mostraré en escena a un hombre muerto. Ni siquiera un animal o un pájaro muertos.

En el bosque, me acerco a un pino y veo algo blanco. Me había parecido que eran setas, en cambio me he encontrado con unos gorriones caídos con el pecho hacia arriba. Allí, en la zona...

Yo no comprendo qué es la muerte. Ante ella me detengo, para no volverme loca. Para no irme al otro lado... Al otro lado de la vida. La guerra se debería mostrar de forma tan pavorosa que hiciera vomitar a la gente. Hasta ponerla enferma. Esto no es un espectáculo.

Durante los primeros días... Aún no se había mostrado ni una foto, y yo ya me imaginaba los tejados desmoronados, las paredes derruidas, el humo, los cristales rotos. No se sabe adónde se llevan a unos niños callados. Una cadena de coches. Los mayores lloran, pero los niños no. Aún no habían publicado ni una fotografía. Seguramente, si preguntásemos a la gente, veríamos que no disponemos de otra imagen del Apocalipsis: explosiones, incendios, cadáveres, pánico.

Esto lo que recuerdo de mi infancia... *[Calla.]* Pero de esto, más tarde... Aparte...

Lo que ha pasado es algo desconocido. Es otro miedo. No se oye, no se ve, no huele, no tiene color; en cambio nosotros cambiamos física y psíquicamente. Se altera la fórmula de la sangre, varía el código genético, cambia el paisaje. Pensemos lo que pensemos, hagamos lo que hagamos... Por ejemplo, yo por la mañana me levanto, tomo un té. Voy a los ensayos. Con los estudiantes. Y este algo pende sobre mí. Como un signo. Y como un interrogante. No tengo con qué compararlo. Los recuerdos de mi infancia no se parecen en nada a esto.

Solo he visto una buena película sobre la guerra. He olvidado el título. Es un filme sobre un soldado mudo. No abre la boca en toda la película. Lo acompaña una alemana embarazada, preñada por otro soldado ruso. Y nace un niño. La mujer pare en el camino, sobre un carro. El soldado alza a la criatura, la sujeta con las manos, y el niño hace pipí en su fusil. El hombre ríe. Estas son como si dijéramos sus palabras: su risa. Mira al niño, a su fusil y se ríe. Fin de la película. En ella no hay rusos, no hay alemanes. Solo aparece un monstruo: la guerra. Y un milagro: la vida.

Pero ahora, después de Chernóbil, todo ha cambiado. También esto. Ha cambiado el mundo, que ahora ya no nos parece eterno, como lo ha sido hasta hace muy poco. De pronto la Tierra se ha vuelto pequeña. Nos hemos visto privados de la inmortalidad. Esto es lo que nos ha pasado. Hemos perdido el sentido de la eternidad. En cambio, por el televisor veo cómo cada día se mata. Gente que dispara. Hoy disparan unos hombres sin inmortalidad. Un hombre mata a otro hombre. Después de Chernóbil.

Lo recuerdo muy vagamente, como algo lejano... Tenía tres años cuando a mi madre y a mí nos deportaron a Alemania. A un campo de concentración. Recuerdo que todo era bonito. Puede que esta fuera mi manera de ver las cosas. Una montaña alta. No sé si llovía o nevaba. La gente reunida en un gran semicírculo negro, todos con un número. Un número en el calzado. Muy claramente, con una pintura de un amarillo chillón en los zapatos. En la espalda. Por todas partes, números y más números. Y el alambre de espino. Sobre una torre se alza un hombre con casco, corren unos perros, que ladran muy fuerte. Y ni gota de miedo. Dos alemanes, uno grande, gordo, de negro, y el otro, pequeño, en traje marrón. El que va de negro señala con la mano hacia alguna parte. Del oscuro semicírculo sale una sombra negra y se convierte en una persona. El alemán de negro la empieza a pegar. Y cae la lluvia o la nieve. Cae...

Recuerdo a un italiano alto y guapo. Cantaba sin parar. Mi madre lloraba y los demás también lloraban. Yo no podía comprender por qué lloraban todos cuando el hombre cantaba algo tan hermoso.

Escribí unas escenas sobre la guerra. Probé a hacer algo

con ellas. No me salió nada. Nunca montaré una obra sobre la guerra. No me saldría.

Una vez llevamos a la zona de Chernóbil un espectáculo alegre: «Pozo, danos agua». Es un cuento. Llegamos a Jotimsk, un centro de distrito. Allí hay un orfanato, una casa para niños huérfanos. No los sacaron de allí.

Durante la representación, al llegar el entreacto, los niños no aplauden. No se levantan. Callan. Y al acabar la obra. Tampoco aplauden. Ni se levantan. Siguen callados.

Mis estudiantes están desesperados, al borde del llanto. Nos reunimos tras el telón: ¿Qué les pasa a estos críos? Lo comprendimos luego: los niños se creían todo lo que pasaba en la escena. En la obra se esperaba que de un momento a otro se produjera un milagro. Los niños normales, los que tienen casa, entendían que aquello era teatro. Estos, en cambio, esperaban que el milagro ocurriera.

Nosotros, los bielorrusos, nunca hemos tenido nada eterno. Ni siquiera hemos tenido una tierra eterna, siempre alguien nos la arrancaba y borraba las huellas de nuestro pueblo. Y no podíamos vivir en un tiempo ilimitado, como en el Antiguo Testamento: este ha engendrado al otro, el otro a un tercero... La cadena, los eslabones. No sabemos tampoco qué hacer con esta eternidad, no sabemos vivir con ella. Somos incapaces de entenderla.

Pero finalmente esta eternidad nos ha sido dada. Nuestra eternidad es Chernóbil. Esto es lo que nos ha salido.

Y nosotros, ¿qué hacemos? Nosotros, pues nos reímos. Como en la antigua anécdota. La demás gente se compadece de aquel al que se le ha quemado la casa o el cobertizo. Todo ha ardido y, en cambio, al bielorruso se le ocurre decir: «¿Y el montón de ratas que se te han frito?», y se echa a reír a mandíbula batiente. ¡Esto es un bielorruso! La risa a través del llanto.

Pero nuestros dioses no ríen. Nuestros dioses son mártires. Los griegos sí que tenían dioses que reían, unas divinidades alegres. ¿Y las fantasías, me dirá usted, los sueños, los chistes, que también son textos? ¿O no tratan también sobre quiénes somos? Lo malo, sin embargo, es que no sabemos leerlos.

En todas partes solo oigo una melodía. Que suena y suena. Aunque más que una melodía, más que una canción, es un llanto de plañidera. Es que nuestro pueblo, viene a decir, está programado para soportar cualquier desgracia. Una inacabable espera de la desgracia.

¿Y la felicidad? La felicidad es algo pasajero, casual. El pueblo suele decir: «Una desgracia no es desgracia», «Con la desdicha no hay palo que valga», «Así revientes, la desgracia te da en los dientes», «Cuando en casa reina la desdicha no estás para coplas». Aparte de los sufrimientos, no tenemos nada más. Ni tenemos otra historia, ni otra cultura que la del dolor.

Y, sin embargo, mis estudiantes se enamoran, tienen hijos. Aunque sus niños son callados, endebles.

Después de la guerra regresé del campo de concentración. ¡Regresé viva! Entonces era lo único importante: sobrevivir; mi generación hasta hoy se asombra de haber sobrevivido. En lugar de beber agua, yo podía comer nieve; durante el verano podía no salir del río, zambullirme cientos de veces. Sus hijos no pueden comer nieve. Ni siquiera la nieve más limpia, siquiera la nieve más limpia, la más blanca. *[Se queda ensimismada.]*

¿Cómo me imagino el espectáculo? Porque no he dejado de pensar en él. Pienso todo el rato.

De la zona me trajeron un guión. Un cuento actual.

Un viejo y una vieja se han quedado en una aldea. Durante el invierno el viejo muere. La vieja lo entierra ella sola. Se pasa una semana cavando un hoyo en el cementerio. Envuelve al hombre en una pelliza caliente, para que no tenga frío, lo acuesta sobre un trineo de niño y lo lleva al cementerio. Y mientras recorre el camino, va rememorando su vida juntos.

Para el funeral, la mujer asa la última gallina. Y al olor de la carne, acude arrastrándose hasta la vieja un cachorrillo famélico. Así la anciana tiene con quien conversar y llorar.

Un día incluso se me apareció en sueños este futuro espectáculo mío.

Vi una aldea desierta, los manzanos en flor. Florecen las lilas. Frondosas. Elegantes. En el cementerio florecen los perales silvestres.

Por las calles cubiertas de hierba corren los gatos con las colas levantadas. No hay nadie. Los gatos hacen el amor. Todo florece. Somos seres de la tierra, no del cielo. Nuestro monocultivo es la patata; cavamos los huertos, la plantamos y miramos todo el tiempo al suelo. Al valle. ¡Hacia abajo! Y si el hombre alza la cabeza no es nunca más arriba de un nido de cigüeña. Incluso esto es para él muy alto, este nido es para él el cielo. Pero no tenemos el cielo que llamamos cosmos, esto no existe en nuestra conciencia. Entonces, tomamos algo de la literatura rusa... De la polaca... Así, a los noruegos les hizo falta Grieg; a los judíos, Shalom-Alekhem, creadores de una especie de centros de cristalización alrededor de los cuales ellos podían unirse y reconocerse a sí mismos. Este papel lo ha desempeñado con nosotros Chernóbil... Chernóbil está plasmando algo de nosotros. Está creando algo. Ahora nos hemos convertido en un pueblo. En el pueblo de Chernóbil. No somos el camino de Rusia a Europa o de Europa a Rusia, no. Ahora solo...

El arte es memoria. Es el recuerdo de aquello que fuimos.

Yo tengo miedo. Tengo miedo de una cosa, de que en nuestra vida el miedo ocupe el lugar del amor.

Lilia Mijáilovna Kuzmenkova,
profesora de la Escuela de Arte y Cultura
de Moguiliov, directora de teatro

MONÓLOGO ACERCA DE LAS ETERNAS Y MALDITAS PREGUNTAS: ¿QUÉ HACER? Y ¿QUIÉN TIENE LA CULPA?

Yo soy un hombre de mi tiempo, soy un comunista convencido. Nos dejan hablar. Está de moda. Está de moda reñir a los comunistas. Ahora somos unos enemigos del pueblo, somos todos unos criminales. Ahora somos responsables de todo, hasta de las leyes de la física. Por entonces yo era el primer secretario del Comité Regional del Partido.

Los periódicos escriben. Son ellos, los comunistas, escriben, los que tienen la culpa: han construido unas centrales nucleares defectuosas, baratas; querían ahorrar, pero no han tenido en cuenta las vidas humanas. No pensaban en las personas; los hombres eran para ellos polvo, el estiércol de la historia. ¡A por ellos! Quieren ver rodar cabezas. Pan y circo.

Otros callan, pero yo hablaré. Escriben ustedes... Bueno, no usted en concreto, sino los periódicos: los comunistas engañaban al pueblo, le ocultaban la verdad. Cuando lo cierto es que nosotros debíamos... Recibíamos telegramas del Comité Central, del Comité Regional del Partido. Se nos planteó la siguiente tarea: no permitir que cundiera el pánico. Y el pánico, en efecto, es algo terrible. Solo durante la guerra se siguieron con el mismo interés los partes del frente como entonces se seguían las noticias de Chernóbil. El miedo. Los rumores. La gente se sentía morir no por la radiación, sino por el propio suceso.

Nosotros debíamos... Nuestro deber era... No se puede decir que desde un primer momento se ocultara todo, porque al principio nadie se hacía cargo de las proporciones de lo sucedido. Nos regíamos por las consideraciones políticas más elevadas. Pero si dejamos a un lado las emociones, si nos olvidamos de la política...

Hay que reconocer que nadie se creía lo que había sucedido. ¡Ni los científicos se lo podían creer! Nunca hubo un caso similar. No solo en nuestro país, sino en todo el mundo.

Allí, los científicos, sobre el terreno, en la misma central, estudiaban la situación y al instante tomaban las decisiones. Hace poco he visto el programa «El momento de la verdad» con Alexandr Yákovlev, miembro del Politburó, el principal ideólogo del Partido entonces. Junto a Gorbachov. ¿Y qué recordaba? Tampoco ellos, allí arriba, se imaginaban todo el panorama.

En una sesión del Politburó, uno de los generales explicaba así las cosas: «¿Y qué, la radiación? En el polígono de pruebas... Después de una explosión atómica... Por la noche nos tomábamos una botella de vino tinto cada uno. Y como si nada». Hablaban de Chernóbil como de un accidente, como si se tratara de un accidente común y corriente.

Pero si yo entonces hubiera anunciado que la gente no puede salir a la calle... ¿Qué te pasa?, te hubieran dicho, ¿o lo que pretendes es sabotearnos la fiesta del Primero de Mayo? Te hubieran abierto un expediente. Y fuera del Partido. *[Se calma un poco.]*

No es un chiste, si no, creo yo, un hecho real. Sucedió. Cuentan que el presidente de la Comisión Gubernamental, Sherbina, al llegar a la central, eso era a los pocos días después de la explosión, exigió que lo llevaran directamente al lugar del suceso. Le explicaron que había restos de grafito por todas partes, unos campos de radiación terribles, temperaturas altísimas, que allá no se podía ir. «¿De qué física me hablan? He de verlo todo con mis propios ojos —gritaba a sus subordinados—. Esta misma noche he de informar al Politburó.» Un estereotipo militar de comportamiento. Tampoco conocían otro. No comprendían que la física era algo que realmente existía. Que había una cosa llamada reacción en cadena. Y que no había orden ni disposición gubernamental que pudiera cambiar esta física. El mundo se fundamenta en ella y no en las ideas de Marx.

Pero si entonces hubiera dicho eso... ¿A ver quién se hubiera atrevido a suspender la manifestación del Primero de Mayo? *[De nuevo empieza a acalorarse.]* En los periódicos escriben... ¡Como si la gente estuviera en la calle y nosotros anduviéramos metidos en los búnkeres subterráneos! ¡Yo me subí a la tribuna, dos horas estuve bajo aquel sol... sin gorro, sin impermeable. Y el Nueve de Mayo, el Día de la Victoria... Desfilé con los veteranos. Sonaba el acordeón. Bailábamos, bebíamos.

Todos éramos parte de este sistema. ¡Creíamos! ¡Creíamos en unos grandes ideales! ¡En nuestra victoria! ¡Venceremos a Chernóbil! ¡Si nos lo proponemos, venceremos! Leíamos con entusiasmo lo que se contaba sobre la lucha heroica por dominar el reactor, que había escapado al control de los hombres. Llevábamos a cabo charlas políticas.

¿Se imagina usted nuestra gente sin una idea? ¿Sin un gran sueño? Esto también da pavor. Ya ve lo que está pasando ahora. Todo se derrumba. El vacío de poder. El capitalismo salvaje. Sin embargo... Stalin... El archipiélago gulag...

¡Pero qué películas las de entonces! ¡Qué canciones más alegres! Y dígame, ¿por qué? Deme una respuesta. Piense un poco y respóndame. ¿Por qué ahora no se hacen películas como aquellas? ¿Ni canciones?

Hay que elevar las aspiraciones del hombre, llenarlo de inspiración. Hacen falta ideales. Entonces habrá un Estado poderoso. Las salchichas no pueden ser un ideal; una nevera llena no es un ideal. Ni un Mercedes es un ideal. ¡Hacen falta ideales luminosos! Entonces los teníamos.

En los periódicos... Por la radio, por la televisión no paraban de gritar: «¡Queremos la verdad, la verdad!». En los mítines: «¡La verdad!». Las cosas están mal, muy mal. ¡Muy mal! ¡Pronto moriremos todos! ¡Desaparece una nación!

¿A quién le hacía falta esta verdad? Cuando en la Convención irrumpieron las masas exigiendo la ejecución de Robespierre, ¿acaso tenían razón? Someterse a la masas, convertirse en masa. No debíamos permitir que cundiera el pánico. Mi trabajo... Mi deber era... *[Calla.]*

Si soy un criminal, ¿por qué, entonces, mi nieta..., sangre de mi sangre..., también está enferma? Mi hija dio a luz aquella primavera, nos la trajo a casa, a Slávgorod, envuelta en pañales. En el cochecito. Llegó pasadas varias semanas después de la explosión en la central. Los helicópteros sobrevolando la central, los coches militares en las carreteras. Mi mujer me pidió: «Hay que mandarlas con sus parientes. Hay que sacarlas de allí». Yo entonces era el primer secretario del Comité Regional del Partido. Y me negué categóricamente: «¿Qué pensará la gente si me llevo a mi hija con su niña pequeña cuando sus hijos se quedan?». Y a aquellos que salían corriendo, los que salvaban el pellejo..., yo los llamaba al Comité, a mi despacho: «¿Eres comunista o no eres comunista?». La gente se ponía a prueba. Y si soy un criminal, ¿por qué no cuidé a una criatura de mi sangre? *[Siguen palabras inconexas.]* Yo mismo... Ella... En mi casa... *[Al cabo de un rato se calma.]*

Durante los primeros meses... En Ucrania se había dado la alarma; en cambio, aquí, en Belarús, todo se mantenía en calma. La siembra se encontraba en su punto álgido. Yo no me escondía, no me encerraba en los despachos, sino que me pateaba los campos, los prados. Donde araban, sembraban...

¿Ha olvidado usted que antes de Chernóbil llamaban al átomo «el trabajador de la paz»?; nos sentíamos orgullosos de vivir en la era atómica. No recuerdo que se temiera al átomo. Entonces todavía no temíamos al futuro.

Pero, a ver, ¿qué es un primer secretario del Comité Regional del Partido? Es una persona corriente, con un diploma universitario normal, lo más frecuente es que fuera un ingeniero o un agrónomo. Algunos, además, habían acabado la escuela superior del Partido. Yo sabía de la radiación lo que nos llegaron a decir en los cursos de defensa civil. Allí no escuché ni una palabra sobre el cesio en la leche, ni sobre el estroncio. Pues bien, nosotros llevábamos leche con cesio a las centrales lecheras. Entregábamos partidas de carne. A 40 curios segábamos la hierba. Cumplíamos los planes. Con toda responsabilidad. Yo los sacaba adelante. Porque aquí nadie suspendió los planes.

Un rasgo... a modo de muestra, digamos... sobre cómo éramos entonces... Durante aquellos primeros días, la población experimentaba no solo miedo, sino entusiasmo.

Yo soy una persona que no sabe lo que es el instinto de conservación. *[Tras reflexionar un rato.]* Pero sí tengo un desarrollado sentido del deber. Y gente así entonces había mucha, no era yo solo.

Pues bien, sobre mi mesa tenía decenas de peticiones que decían: «Solicito que me manden a Chernóbil». De voluntarios. La gente estaba dispuesta a sacrificarse, sin pensarlo dos veces, ni pedir nada a cambio. Escriban ustedes lo que escriban, había sin embargo algo llamado «carácter soviético». Y también «el hombre soviético». Sea lo que sea lo que escriban, por muy alegremente que lo nieguen. Llegará el día en que les apenará haber perdido todo esto. Lo recordarán.

Nos venían a ver científicos, que discutían hasta levantar la voz a gritos. Hasta la ronquera. Me acerco a uno y le digo: «¿Le parece normal que nuestros hijos jueguen en una arena radiactiva?». Y él que me contesta: «¡Alarmistas! ¡Ignorantes! ¿Qué saben ustedes de la radiación? Yo soy técnico nuclear. Por ejemplo, imagínese, se produce una explosión atómica. Pues bien, yo al cabo de veinte minutos me dirijo en mi coche al epicentro. Por un territorio fundido. ¿A qué viene sembrar el pánico?». Y yo me lo creía.

Llamaba a la gente a mi despacho y les decía: «Pero, por lo que más queráis, si yo me largo, si vosotros os largáis, ¿qué pensará la gente de nosotros? ¿Dirán que los comunistas han desertado?». Y si no les convencía con las palabras, con el sentimiento, actuaba de otro modo: «¿Eres patriota o no eres patriota? Si no, deja sobre la mesa tu carné. Fuera del Partido». Algunos se iban.

Empecé a sospechar algo. Tenía mis sospechas. Cuando firmamos un acuerdo con el Instituto de Física Nuclear para que inspeccionara nuestras tierras. El caso es que empiezan a practicar análisis. Recogen hierba, muestras de tierra y se lo llevan para allá, a Minsk. Allí realizan los análisis. Y más tarde me llaman:

—Por favor, organice usted un transporte para que les devolvamos toda la tierra.

—¿Está usted de broma, o qué? Hasta Minsk hay cuatrocientos kilómetros. —Casi se me cae el auricular—. ¡Devolvernos la tierra!

—Pues no, no es ninguna broma —me responden—. Según las instrucciones recibidas, todas estas muestras se deben enterrar en una fosa, en un búnker subterráneo de hormigón armado. Nos han traído muestras de toda Belarús. En un mes se nos han llenado hasta los topes los depósitos. ¿Lo ha oído usted?

Y, entretanto, sobre esta misma tierra nosotros arábamos y sembrábamos. Sobre ella jugaban nuestros hijos. Se nos reclamaba el cumplimiento del plan de leche y carne. Del cereal se hacía alcohol. Las manzanas, las peras y las cerezas se empleaban para zumos...

La evacuación... Si alguien lo hubiera visto desde arriba, habría pensado que había comenzado la tercera guerra mundial. Trasladan una aldea. ¡En cambio a otra la avisan que la evacuarán al cabo de una semana! Y toda aquella semana sus habitantes se la pasan recogiendo la paja, segando la hierba, labrando en los huertos, cortando leña... Llevando la vida de siempre. La gente no entiende qué pasa. Y al cabo de una semana se los llevan en camiones militares.

Reuniones, viajes de trabajo, una orden tras otra, noches sin dormir... Lo que no llegara a pasar. Junto al Comité del Partido de Minsk, recuerdo, había un hombre con una pancarta: «Den yodo al pueblo». Hacía calor. Y él en gabardina.

[Retorna al principio de nuestra conversación.]

Usted lo habrá olvidado... pero entonces... las centrales nucleares eran el futuro. Más de una vez intervine. Hice propaganda. Había estado en una central nuclear: un silencio solemne. Todo limpio. En un rincón, banderas rojas y banderines de «Vencedor de la emulación socialista». Era nuestro futuro.

Vivíamos en una sociedad feliz. No habían dicho que «éramos felices» y éramos felices. Yo era un hombre libre y ni siquiera se me ocurría pensar que alguien pudiera considerar que mi libertad no era tal. Ahora, en cambio, nos han borrado de la historia, como si no hubiéramos existido. Ahora estoy leyendo a Solzhenitsin... Creo que... *[Calla.]* Mi nieta tiene leucemia. He pagado por todo. Un precio muy alto.

Yo soy un hombre de mi tiempo. No soy un criminal.

VLADIMIR MATVÉYEVICH IVANOV
ex primer secretario del Comité
Regional del Partido de Slávgorod

MONÓLOGO DE UN DEFENSOR DEL PODER SOVIÉTICO

Eh, eh, eh... La madre que os... *[Sigue una retahíla de blasfemias y juramentos.]* Si tuvierais un Stalin. Una mano de hierro. ¿Qué está grabando aquí? ¿Quién le ha dado permiso? Nada de fotos. Llévese de aquí su trasto. Guárdelo. Que si no, me lo cargo. Míralos, vienen aquí y... Nosotros... con nuestras penalidades. Y ustedes, en cambio, mareando a la gente. Escritores de mierda. Soliviantando al personal. Y les sacan lo que no deben. ¡Se acabó el orden! ¡Se acabó! Míralos, vienen aquí y... Con sus magnetófonos.

Pues sí, lo defiendo. Yo defiendo el poder soviético. Es nuestro poder. ¡El poder del pueblo! En los tiempos soviéticos éramos fuertes, todos nos tenían miedo. ¡Todo el mundo nos miraba! Unos temblaban de miedo, otros nos tenían envidia. ¡Jo...! ¿Y ahora qué? ¿Qué pasa ahora? ¿Con la democracia? Nos traen sus *snickers*, su margarina rancia, sus medicinas caducadas... Tejanos gastados, como a los indígenas, como a unos salvajes que hace dos días que han bajado del árbol... De la palmera.

¡Qué lastima de país! Y ¡míralos, ahora vienen y...! ¡Qué poderío el nuestro...! ¡Jo...! Hasta que no subió el Gorbachov ese... Al trono... ¡El diablo ese con la mancha! Ese Gorby... Gorby... Que actuaba según sus planes, a las órdenes de la CIA...

¿Y qué me quieren demostrar? ¡Míralos! Fueron ellos los

que hicieron saltar por los aires Chernóbil... Los de la CIA y los demócratas. Lo he leído en la prensa. Si no hubiera explotado Chernóbil, nuestro país no se habría derrumbado. ¡Qué país más poderoso! ¡Jo...! *[Sigue una retahíla de blasfemias y juramentos.]*

¿Cómo te lo voy a decir? Con los comunistas, la barra de pan valía 20 cópecs, y ahora 2.000. Por tres rublos yo me compraba mi botella. Y aún me sobraba para acompañarla con algo. ¿Y con los demócratas? Va el segundo mes que no me puedo comprar unos pantalones. Voy con una camisa rota. ¡Lo han malvendido todo! ¡Todo hipotecado! Ni nuestros nietos lo acabarán de pagar.

¡No estoy borracho! ¡Estoy a favor de los comunistas! Ellos nos defendían, al pueblo llano. ¡Y no me vengan con cuentos! Que si la democracia... Han eliminado la censura. Ahora puedes escribir lo que te venga en gana. El hombre es libre. ¡Jo...! Porque este hombre libre, si se muere, no hay ni con qué enterrarlo.

En el pueblo se nos murió una abuela. Vivía sola, sin hijos. Dos días se pasó la pobre en la casa... Con un jersey viejo... Bajo los iconos. No pudimos comprarle un ataúd. En su tiempo había sido una estajanovista, de las primeras. Nos pasamos dos días sin salir al campo. Organizamos un mitin. ¡Jo...! Hasta que no salió a hablar el presidente del koljós... Al pueblo... Y nos dijo que ahora, cuando se muera alguna persona, el koljós entregará gratis: un ataúd de madera, un ternero o un cerdo y dos cajas de vodka para los funerales. Con los demócratas... Dos cajas de vodka. ¡Gratis! Una botella por barba se convierte en borrachera; media botella es un tratamiento. Para la radiación que tenemos.

¿Por qué no apunta usted esto?... Mis palabras... y apunta solo lo que le conviene. Marean ustedes a la gente. Soliviantan al pueblo. ¿Quieren hacerse con un capital político? ¿Llenarse los bolsillos de dólares? Aquí es donde vivimos. Y padecemos. ¡Y no hay culpables! ¡Nómbreme a algún culpable, a ver! ¡Estoy a favor de los comunistas! Cuando vuelvan los comunistas, no tardarán ni un instante en encontrar a los culpables... ¡Jo...! Míralos, vienen aquí... y se ponen a grabar... Eh, eh, eh... La madre que os... *[Concluye con una retahíla de blasfemias y juramentos.]*

[No dio su apellido.]

MONÓLOGO ACERCA DE CÓMO DOS ÁNGELES SE ENCONTRARON CON LA PEQUEÑA OLIA

Tengo bastante material. Todas las estanterías de casa están llenas de grandes carpetas. Sé tantas cosas que ya no puedo escribir. Siete años recogiéndolo: recortes de periódico, instrucciones..., panfletos..., mis notas. Dispongo de cifras. Se lo daré todo. Puedo luchar: organizar manifestaciones, piquetes, conseguir medicinas, visitar a los niños enfermos, pero no escribir. Hágalo usted.
    Estoy tan llena de sentimientos, que no podré dominarlos. Los sentimientos me paralizan, me impiden... Chernóbil ya tiene sus Stálker* escritores. Pero yo no quiero formar parte de los que explotan este tema. Si uno escribe honestamente... Escribirlo todo. *[Se queda pensativa.]*

Aquella lluvia caliente de abril. Siete años que recuerdo aquella lluvia. Las gotas corrían como el mercurio. Dicen que la radiación es incolora. Pero los charcos eran o verdes o de un amarillo chillón. Una vecina me informó en voz baja

---

    * Título y personaje de un filme de A. Tarkovski, un ser que se interna en una zona prohibida donde se producen fenómenos extraños tras la visita de unos extraterrestres. El filme está basado en una novela de los hermanos Strugatski. *(N. del T.)*

de que por Radio Svoboda habían informado sobre la avería en la central atómica de Chernóbil. Yo entonces no le di ninguna importancia. Estaba absolutamente convencida de que si hubiera sido algo serio nos lo habrían comunicado. Existen unos procedimientos técnicos especiales, señales especiales, refugios antiaéreos. Nos avisarán, pensaba. ¡Estábamos convencidos de ello! Todos pasamos por los cursos de defensa civil. Yo misma impartía las lecciones. Y hacía los exámenes.

Pero, por la noche de aquel mismo día, la vecina me trajo unos polvos. Se los dio un familiar, que le explicó cómo tomarlos (trabajaba en el Instituto de Física Nuclear), pero le hizo prometer que no diría ni una palabra. ¡Que callaría como un pez! ¡Como una piedra! Temía sobre todo las conversaciones y las preguntas hechas por teléfono.

Entonces vivía conmigo mi nieto pequeño. ¿Y yo? Yo de todos modos no creía en el peligro. Creo que nadie se tomó aquellos polvos. Éramos muy confiados. No solo la generación mayor, sino también los jóvenes.

Recuerdo las primeras impresiones, los primeros rumores. Cómo pasaba de un tiempo a otro, de un estado a otro. De allá para acá. Dado que me dedico a escribir, he reflexionado sobre estos tránsitos, me interesaban. Como si en mí hubiera dos personas: una anterior y otra posterior a Chernóbil. Pero ahora resulta difícil restablecer este «antes» con toda fidelidad. Mi manera de ver las cosas ha cambiado.

He viajado a la zona desde los primeros días. Recuerdo que me paraba en algún pueblo y lo que me impresionaba era ¡el silencio! Ni pájaros ni nada se oía. Ibas por la calle... Y silencio. De acuerdo, las casas se han quedado vacías, la gente no está, se ha marchado, pero todo alrededor estaba callado, ni un solo pájaro. Fue la primera vez que vi la tierra sin pájaros. Sin mosquitos. No volaba nada.

Un día llegamos a la aldea Chudiani: 150 curios. En la aldea Malínovka, 59 curios... La población recibía dosis cientos de veces superiores a las que recibían los soldados que vigilaban las zonas donde se realizaban los experimentos de las bombas atómicas. Los polígonos atómicos. ¡Cientos de veces superiores! El dosímetro zumbaba; la aguja se salía de la escala. Y en las oficinas de los koljoses veías colgados unos anuncios firmados por los radiólogos del distrito en los que se aseguraba que las cebollas, las lechugas, los tomates y los pepinos se podían comer. Todo crecía y todos comían.

¿Qué es lo que dicen ahora estos radiólogos del distrito? ¿Los secretarios de los comités de distrito del Partido? ¿Cómo se justifican?

En todas las aldeas nos encontrábamos con muchas personas borrachas. Incluso las mujeres andaban bebidas; sobre todo las ordeñadoras y las encargadas del ganado. Cantaban una canción. Una canción de moda por entonces: «Nos da igual... Nos da lo mismo...». En una palabra, todo les importaba un pepino. Era de la película *El brazo de brillantes*.

En aquella misma aldea, Malínovka (distrito de Chérikov), entramos en una guardería. Los niños corrían por el patio. Los más pequeños jugaban en la arena. La directora nos explicó que cambiaban la arena cada mes. La traían de alguna parte. Se puede usted imaginar de dónde la traían. Los niños se veían tristes. Bromeamos y ellos no sonrieron. La educadora se echó a llorar: «No se esfuercen. Nuestros niños no sonríen. Y en sueños lloran».

En la calle nos encontramos a una mujer con un recién nacido.

—¿Quién le ha autorizado para dar a luz aquí? Con cincuenta y nueve curios.

—Vino una médico radióloga. Me aconsejó que no secara los pañales en la calle.

Persuadían a la gente para que no se marchara. ¡Pues claro! Era mano de obra. Incluso cuando trasladaron a la población. Evacuaron la aldea. Para siempre. Pero, de todos modos, traían a gente para los trabajos del campo. A recoger la patata.

¿Y qué dicen ahora los secretarios de los comités locales y regionales? ¿Cómo se justifican? ¿De quién, según ellos, es la culpa?

He guardado muchas instrucciones. Ultrasecretas. Se las daré todas. Escriba un libro honesto. Por ejemplo: «Instrucciones para el tratamiento de las piezas de pollo contaminadas». En las plantas de elaboración se exigía ir vestido igual que en los territorios contaminados cuando se está en contacto con elementos radiactivos. Con guantes de goma, batas de goma, botas y demás. Si la pieza contiene tantos curios, se la debe hervir en agua salada, echar el agua al desagüe, y emplear aquella carne en los patés y embutidos. Si tiene tantos otros curios: emplearla para harina de carne o para piensos de animales. De este modo se cumplían los planes de producción de carne.

Los terneros de zonas contaminadas se vendían a bajo precio en otros lugares. En zonas sin contaminar. Los conductores que trasladaban a estos terneros contaban que aquel ganado daba risa: el pelaje les llegaba al suelo y que tenían tanta hambre que se lo comían todo, los trapos, el papel. ¡Era fácil alimentarlos! Los vendían a los koljoses; pero, si alguien quería, se los podía quedar. Llevarse los animales a su establo. ¡Eso es un crimen! ¡Un crimen!

Por el camino nos encontramos con un camión. El coche marchaba lentamente, como en un entierro. Cuando se lleva a un difunto. Lo paramos. Al volante, un chico joven. Le pregunto:

—¿Seguramente te resulta molesto ir tan despacio?

—No, porque llevo tierra radiactiva.

Pero, ¡el calor! ¡El polvo!

—¡Te has vuelto loco! —le grito—. ¡Si aún has de casarte, tener hijos!

—¿Y dónde más voy a ganar cincuenta rublos por viaje? Por cincuenta rublos, con los precios de entonces, te podías comprar un buen traje. Se hablaba más de las pagas extras que de la radiación. Pagas extras y unos miserables complementos. Míseros, si los comparamos con el valor de la vida.

Detalles cómicos mezclados con lo trágico.

Dos abuelas sentadas en un banco junto a su casa. Los niños corretean. Medimos la radiación: 70 curios.

—¿De dónde son los niños?

—De Minsk, han venido a pasar el verano.

—¡Pero no ven que aquí tienen mucha radiación!

—¡Para qué nos recalcas la radiación! ¡Bien que la hemos visto!

—¡Pero si no se puede ver!

—Pues mira, ¿ves aquella casa a medio construir? Sus habitantes la han abandonado y se han marchado. Por miedo. La otra noche fuimos a verla y miramos dentro. Por la ventana. Y allí estaba, bajo una viga, la radiación esa. ¡Con una cara de mala y los ojos encendidos! ¡Negra, negra!

—¡No puede ser!

—¡Te lo juramos! ¡Por lo más sagrado!

Y se persignan. Se persignan, la mar de alegres. ¿Se ríen de ellas mismas o de nosotros?

Después de algún viaje, nos reunimos en la redacción.

—¿Cómo va todo? —nos preguntamos los unos a los otros.

—¡Todo va normal!

—¿Cómo que normal? Mírate en el espejo. ¡Has regresado con el pelo blanco!

Empezaron a circular los chistes. Chistes sobre Chernóbil. El más corto: «Qué buen pueblo fue, el de los bielorrusos».

Me han encargado escribir sobre la evacuación. En Polesie existe la creencia de que si quieres regresar a casa tienes que plantar un árbol junto a una carretera de largo recorrido. Llego al lugar. Entro en el patio de una casa, en otro... Todos están plantando árboles. Entro en una tercera casa, me siento y me echo a llorar. Y la dueña de la casa me explica: «Mi hija, con el yerno, ha plantado un guindo; la segunda hija, un serbal negro; el hijo mayor, un sauquillo, y el más pequeño, un sauce. Y yo con mi hombre, un manzano». Me despido y ella me ruega: «Mira cuántos fresones; toda la huerta. Llévate unos pocos». Quería dejar algún rastro de su paso por este mundo.

Poco es lo que he conseguido escribir. Poco. Lo he ido dejando. Un día me sentaré y lo recordaré todo. Cuando me vaya de vacaciones.

Ya ve. Ahora me ha venido a la memoria... un cementerio de pueblo. Junto a la entrada, un cartel: ALTA RADIACIÓN. PROHIBIDA LA ENTRADA. Ni siquiera al otro mundo, como quien dice, te dejan irte. *[De pronto se echa a reír. La primera vez en nuestra larga conversación.]*

¿Le he contado que estaba rigurosamente prohibido hacer fotografías junto al reactor? Solo se podían hacer con un permiso especial. Te retiraban las cámaras. Antes de partir, registraban a los soldados, como en Afganistán, no fuera a ser que se filtrara alguna foto. No fuera a ser que quedara alguna prueba. A los cámaras de televisión, la KGB les retiraba las cintas. Y se las devolvían veladas. Cuántos documentos destruidos. Cuántos testimonios. Perdidos para la ciencia. Para la historia. Sería bueno encontrar ahora a los que dieron aquellas órdenes.

¿Que se inventarían ahora? ¿Cómo se justificarían?

Yo nunca los perdonaré. ¡¡Nunca!!

Aunque solo sea por una sola niña... La niña bailaba en el hospital. Bailaba una «polquita». Tenía unos nueve años. Bailaba tan bien... A los dos meses me llamó su madre: «¡Olia se está muriendo!». No tuve fuerzas para ir aquel día al hospital. Y luego ya fue tarde. Olia tenía una hermana pequeña. La niña se despertó una mañana y dijo: «Mamá, he visto en sueños cómo llegaban volando dos ángeles y se llevaban a nuestra Olia. Han dicho que allá Olia estará bien. Que no le dolerá nada. Mamá, dos ángeles se han llevado a nuestra Olia...».

Nunca lo podré perdonar.

Irina Kiseliova,
periodista

MONÓLOGO ACERCA DEL PODER ILIMITADO DE UNOS HOMBRES SOBRE OTROS

Yo no soy del campo de las humanidades. Soy físico. Lo mío, por tanto, son los hechos, solo los hechos.

Algún día se habrá de responder por Chernóbil. Llegará un día en que será necesario responder por todo esto, como por lo sucedido en el 37.* ¡Aunque sea dentro de cincuenta años! Por viejos que sean. Aunque hayan muerto. ¡Responderán de sus actos! ¡Son unos criminales! *[Tras un silencio.]*

Hay que conservar los hechos. ¡Que queden los hechos! Porque los pedirán.

Aquel día, el 26 de abril, yo estaba en Moscú. En un viaje de trabajo. Allí me enteré del accidente.

Llamo a Minsk al primer secretario del Comité Central de Belarús, Sliunkov; lo llamo una, dos, tres veces, y no me ponen con él. Doy con su ayudante (que me conoce bien):

—Le llamo desde Moscú. Póngame con Sliunkov, he de darle una información urgente. ¡De un grave accidente!

Llamo por los canales gubernamentales y, sin embargo, las líneas ya están bajo control. En cuanto empiezas a hablar sobre el accidente, el teléfono se corta al momento. ¡Vigilan,

---

* Momento álgido de las grandes purgas y de los procesos de Moscú. 1937 se ha convertido para los rusos en el símbolo del terror estalinista. *(N. del T.)*

por supuesto! Te escuchan. Los órganos competentes, claro. Aquel Estado dentro del Estado. Y eso que con quien quiero hablar es con Sliunkov en persona, el primer secretario del Comité Central.

¿Y yo, quién soy? Soy el director del Instituto de Energía Nuclear de la Academia de Ciencias de Belarús. Profesor, miembro de la academia... Pero también a mí me controlan.

Necesito unas dos horas para que se ponga al aparato el propio Sliunkov. Le informo:

—El accidente es serio. Según mis cálculos (yo ya había hablado con otras personas en Moscú y había hecho mis números), la columna radiactiva se mueve hacia nosotros. Hacia Belarús. Hace falta realizar inmediatamente una operación de profilaxis de yodo para la población y evacuar a todo el mundo que se encuentre cerca de la central. Hay que sacar a toda la población y a los animales en cien kilómetros a la redonda.

—Ya me han informado —dice Sliunkov—. Ha habido un incendio, pero lo han apagado.

Y yo, sin poderme contener:

—¡Esto es un engaño! ¡Un engaño evidente! Cualquier físico le dirá que el grafito arde a unas cinco toneladas por hora. ¡Imagínese cuánto tiempo estará ardiendo!

Tomo el primer tren a Minsk. Paso la noche en blanco. Por la mañana llego a casa. Le mido a mi hijo la tiroides: ¡180 microrroentgen a la hora! Entonces la tiroides era un dosímetro ideal.

Se necesitaba yoduro de sodio. Yodo corriente. Para medio vaso de gelatina, de dos a tres gotas para los niños, y para un adulto, de tres a cuatro gotas. El reactor estuvo ardiendo diez días, diez días durante los cuales ya se debía haber hecho esto. ¡Pero nadie nos escuchaba! Ni a los científicos, ni a los médicos. La ciencia estaba al servicio de la política; la medicina, atrapada por la política. ¡Faltaría más!

No hay que olvidar en qué atmósfera mental se producía

todo aquello, qué éramos entonces, diez años atrás. Funcionaba el KGB; el control secreto. Se interferían las radios extranjeras. Mil tabúes, secretos políticos y militares. Instrucciones. Y por añadidura, todos estábamos educados en la idea de que el átomo soviético para la paz era tan poco peligroso como la turba o el carbón. Éramos unas personas prisioneras del miedo y de los prejuicios. En manos de la superstición. Pero los hechos, solo los hechos.

Aquel mismo día... el 27 de abril, decido viajar a la región de Gómel, fronteriza con Ucrania. A los centros de distrito Braguin, Jóiniki, Narovlia; desde allí hasta la central hay unas cuantas decenas de kilómetros. Había de conseguir una información completa. Llevarme los aparatos, medir el fondo. Y lo que es el fondo era el siguiente: en Braguin, 30.000 microrroentgen por hora; en Narovlia, 28.000. Y en aquella situación, las gentes del lugar estaban sembrando, arando. Se preparaban para la Pascua. Pintaban los huevos, cocían panes de Pascua.

¿Qué radiación? ¿Qué es esto? No nos ha llegado ninguna orden. De arriba nos piden informes: ¿Cómo marcha la siembra, a qué ritmo?

Me miraban como a un loco: «Pero ¿de qué me habla, profesor?». Roentgen, microrroentgen... Como si les hablara un extraterrestre.

Regresamos a Minsk. En la avenida central, por todas partes venden pastelillos, helados, carne picada, bollos. Bajo la nube radiactiva.

29 de abril. Lo recuerdo todo con exactitud. Por fechas. A las ocho de la mañana ya me encuentro en la sala de espera de Sliunkov. Intento llegar como sea hasta él. Pero no me recibe. Y así hasta las cinco y media. A las cinco y media, del despacho de Sliunkov sale uno de nuestros poetas más famosos. Nos conocemos:

—Hemos estado discutiendo con el camarada Sliunkov sobre los problemas de la cultura bielorrusa.

—Pronto no quedará nadie para crear esta cultura —le replico sin poderme aguantar— ni para leer sus libros si ahora mismo no sacamos a la gente de la zona de Chernóbil. ¡Si no los salvamos!

—¡Pero ¿qué dice usted?! Si ya lo han apagado todo.

De todos modos, llego hasta Sliunkov. Le describo el cuadro que vi el día anterior. ¡Hay que salvar a la gente! En Ucrania (había llamado) ha empezado la evacuación.

—¿Qué se proponen sus dosimetristas (los de mi instituto) corriendo por toda la ciudad, sembrando el pánico? Me he asesorado en Moscú, con el académico Ilín. La situación es normal. Se han mandado tropas, maquinaria militar, para cubrir la brecha. Y en la central está trabajando una comisión gubernamental. También la fiscalía. Allí aclararán el asunto. No conviene olvidar la guerra fría. Estamos rodeados de enemigos.

Sobre nuestra tierra ya se habían precipitado miles de toneladas de cesio, yodo, plomo, circonio, cadmio, berilio, boro, una cantidad incalculable de plutonio (en los reactores RBMK de uranio y grafito, en la versión de Chernóbil, se extraía plutonio estratégico, con el que se fabricaban las bombas atómicas). En total, 450 tipos de radionúclidos. El equivalente a 350 bombas como las que se lanzaron sobre Hiroshima. Se debía hablar de física. Y, en cambio, se hablaba de enemigos. Se buscaba al enemigo.

Tarde o temprano, pero se habrá de responder por esto.

«Un día se pondrá usted a buscar excusas —le replicaba yo a Sliunkov—, diciendo que no era más que un constructor de tractores (había sido director de una fábrica de tractores) y que no entendía nada de radiaciones; pero yo soy físico y sí tengo una idea de las consecuencias.»

Pero ¿cómo puede ser? No se sabe qué profesor, no se sabe qué físicos, ¿y se atreven a dar lecciones al Comité Central? No, no eran una pandilla de criminales. Más bien nos encontramos ante una combinación letal de ignorancia y corporativismo. La piedra angular de su vida, sus hábitos adquiridos en el aparato eran: no te destaques. Di sí a todo.

Justamente por entonces, a Sliunkov lo estaban promocionando para ir a Moscú, para un ascenso. ¡Esta es la cosa! Hubo de producirse, según me parece, una llamada de Moscú. De Gorbachov. En el sentido de que a ver qué hacéis, los bielorrusos, nada de sembrar el pánico. Ya sin vosotros, Occidente está armando un buen jaleo.

Porque estas son las reglas del juego: si no satisfaces los deseos de tus superiores, no ascenderás en el cargo, no conseguirás tal viaje de descanso, tal dacha. Hay que caer bien. De haber seguido viviendo en el mismo sistema cerrado de antes, tras el telón de acero, la gente seguiría instalada hasta hoy pegada a la central. ¡La habrían declarado zona secreta! Tome los casos de Kishtim o de Semipalátinsk.*

Un país estalinista. Seguíamos siendo un país estalinista.

En las instrucciones para situaciones de guerra nuclear se dice que, en caso de amenaza de un accidente nuclear o de un ataque nuclear, es necesario aplicar de forma inmediata una profilaxis a base de yodo a toda la población. ¡En caso de amenaza! ¿Y qué es lo que teníamos aquí? 3.000 microrroentgen por hora. Pero lo que les preocupaba no era la gente, sino su poder. En un país donde lo importante no son los hombres sino el poder, la prioridad del Estado está fuera de toda duda. Y el valor de la vida humana se reduce a cero.

¡Había modo de hacerlo! Nosotros proponíamos algunos. Sin grandes anuncios, sin generar pánico. Sencillamente con verter los preparados de yodo en los embalses de los que se extraía el agua potable, con añadirlos a la leche. Es verdad

---

* Lugares donde se habían producido accidentes nucleares. En 1957 en la ciudad secreta Cheliábinsk-40, cercana a Kishtim, en los Urales, una explosión de residuos radiactivos contaminó un extenso territorio. En Semipalátinsk, Kazajistán, se realizaban las pruebas de las bombas nucleares y termonucleares soviéticas. *(N. del T.)*

que se hubiera notado que el agua no tenía el mismo gusto, y la leche tampoco. En la ciudad se hallaban listos 700 kilos de preparado. Y allí se quedaron, en los almacenes. En las reservas secretas.

Tenían más miedo de la ira que les podía llegar desde arriba que del átomo. Todo el mundo esperaba una llamada de teléfono, una orden. Pero no hacía nada por su cuenta. Se temía la responsabilidad personal.

Yo llevaba en mi cartera un dosímetro. ¿Para qué? No me dejaban pasar, estaban hartos de mí en los despachos de arriba. Yo, entonces, sacaba el dosímetro y lo acercaba a los tiroides de las secretarias, de los chóferes personales, sentados en las salas de espera. La gente se asustaba, pero esto a veces servía de ayuda: me dejaban pasar.

«Profesor, ¿qué hace usted poniéndose histérico? ¿O ahora resulta que solo usted se preocupa del pueblo bielorruso? De todos modos, de algo se han de morir las personas: del tabaco, en accidentes de tráfico o de un suicidio.»

Algunos se reían de los ucranianos. Mira cómo se arrastran de rodillas en el Kremlin, mendigando dinero, medicinas, aparatos de dosimetría (no había bastantes dosímetros), en cambio el nuestro (se referían a Sliunkov), en quince minutos informó de la situación: «Todo está en orden. Nos arreglaremos con nuestras propias fuerzas». Hasta alabaron su gesto: «¡Buena gente, los hermanos bielorrusos!».

¿Cuántas vidas habrá costado esta alabanza?

Dispongo de información de que ellos (las autoridades) sí que tomaban yodo. Cuando los exploró el personal de nuestro instituto, todos tenían la tiroides limpia. Algo imposible sin el yodo. También a sus hijos los sacaron a escondidas, lejos del desastre. Y cuando iban a visitar las zonas, ellos sí que llevaban máscaras, trajes especiales. Todos los medios que les faltaba a los demás.

Hace ya tiempo que no es ningún secreto que en las afueras de Minsk se mantenía un rebaño especial de ganado.

Cada res con su número y adscrita de manera individual. Personal. Campos especiales, invernaderos especiales. Un control especial. Y lo más repugnante. *[Tras un silencio.]* Nadie ha respondido de esto.

Dejaron de recibirme. De escucharme. Los inundaba de cartas. Con notas oficiales. Distribuía mapas, cifras. Los mandaba a todas las instancias. He reunido cuatro carpetas de 250 hojas cada una.

Hechos, solo hechos.

Por si acaso, hacía dos copias; una la guardaba en mi despacho del trabajo, y otra, en casa. Mi mujer lo escondió. ¿Por qué hacía copias? Tenemos memoria. Vivimos en un país que... Yo mismo cerraba mi despacho. Pues bien, llego de un viaje de trabajo, y las carpetas habían desaparecido. Las cuatro gruesas carpetas.

Pero yo he crecido en Ucrania, mis abuelos eran cosacos. Y tengo un carácter cosaco. Seguí escribiendo. Interviniendo. ¡Había que salvar a la gente! ¡Evacuarlos con toda urgencia! Siempre de viaje de trabajo. Nuestro instituto compuso el primer mapa de las zonas «contaminadas». Todo el sur aparece en rojo. Todo el sur «ardía».

Pero esto ya es historia. La historia de un crimen.

Del instituto se llevaron todos los aparatos de control radiactivo. Los confiscaron. Sin explicación alguna. Me llamaban a casa amenazándome: «¡Deja de espantar a la gente, profesor! Que te vamos a mandar a donde Cristo dio las tres voces. ¿No lo adivinas? ¿Os habéis olvidado del pasado? ¡Pronto os habéis olvidado!» Presionaban a los trabajadores del instituto. Los amedrentaban.

Escribía a Moscú.

Me convoca Platónov, el presidente de nuestra academia:

—El pueblo bielorruso algún día recordará tu labor, has hecho mucho por él; pero has hecho mal en escribir a Moscú. ¡Muy mal! Me exigen que te retire de tu cargo. ¿Para qué lo has hecho? ¿O es que no entiendes a quién te enfrentas?

Yo tenía los mapas, las cifras. Ellos, en cambio, ¿qué tenían? Podían meterme en un psiquiátrico. Me amenazaron con hacerlo. Podía tener un accidente de automóvil. Me avisaron. Me podían colgar una causa penal. Por propaganda antisoviética. O por un cajón de clavos que el contable del instituto no hubiera anotado.
Pues bien, me abrieron una causa criminal.
Consiguieron lo que querían. Me dio un infarto. *[Calla.]*
Todo está en las carpetas... Hechos, cifras... Las cifras de un crimen.
El primer año... Un millón de toneladas contaminadas se transformaron en pienso, pienso que se dio de comer al ganado (y su carne luego fue a parar a las mesas de los humanos). Las aves y los cerdos se alimentaron con huesos adobados con estroncio.
Las aldeas se evacuaron, pero los campos se seguían sembrando. Según los datos de nuestro instituto, una tercera parte de los koljoses y de los sovjoses tenían tierras «contaminadas» con cesio-137, y a menudo el grado de contaminación superaba los 50 curios por kilómetro cuadrado. Ni hablar de obtener una producción limpia; en estas tierras ni siquiera se podía permanecer por largo tiempo. En muchas áreas se precipitó estroncio-90.
En las aldeas, la gente se alimentaba de sus propios huertos, pero no se hacía ninguna comprobación. Nadie instruía a aquella gente, no se les enseñaba qué debían hacer. Ni siquiera existía un programa para ello. Se comprobaba solo lo que salía de la zona. Las partidas destinadas a Moscú... A Rusia.
Comprobamos de manera selectiva el estado de salud de los niños en las aldeas. Varios miles de niños y niñas. Las criaturas tenían 1.500, 2.000, 3.000 milirroentgen. Por encima de los 3.000... Esas niñas... Ya no darán a luz a ningún niño. Tienen los genes marcados.
Cuántos años han pasado y yo a veces me despierto y ya no me puedo dormir.

Un tractor arando un campo... Le pregunto a un funcionario del Comité de Distrito del Partido que nos acompaña:

—¿El tractorista está protegido al menos con una mascarilla?

—No, trabajan sin respiradores.

—¿Qué pasa, no os los han mandado?

—¡Pues claro que los han mandado! Nos han mandado tantos que tendremos hasta el año dos mil. Pero no los hemos repartido. Cundiría el pánico. ¡Y todos saldrían corriendo! ¡Se largarían!

—¡Se da cuenta de la barbaridad que está haciendo!

—Para usted es fácil pensar de este modo, profesor. Si lo echan del trabajo, encontrará usted otro. Pero yo, ¿adónde me meto?

¡Qué poder! ¡Un poder ilimitado de unos hombres sobre otros! Esto ya no es un engaño, sino una guerra contra personas inocentes.

A lo largo del Prípiat vemos tiendas de campaña, familias enteras descansando. Se bañan, toman el sol. Estas personas no saben que desde hace varias semanas se están bañando y tomando el sol bajo una nube radiactiva. Estaba terminantemente prohibido hablar con ellos. Pero veo a unos niños... Me acerco y les explico. Asombro general. Me miran perplejos: «Entonces, ¿por qué la radio y la televisión no dicen nada de esto?».

El funcionario que me acompaña... En nuestros viajes solía acompañarnos algún representante del poder local, del Comité de Distrito; este era el sistema... El tipo calla. Pero puedo adivinar por su cara qué sentimientos luchan en su fuero interno: ¿informar o no? ¡Porque, al mismo tiempo, también le da lástima la gente! Es una persona normal. Aunque yo no sé de qué lado se inclinará la balanza cuando regresemos. ¿Informará o no? Cada uno decidía por su cuenta, en un sentido o en otro. *[Calla durante un rato.]*

Seguimos siendo un país estalinista. Y viven en él hombres estalinistas.

Recuerdo en Kíev... En la estación. Los convoyes se llevan uno tras otro a miles de niños espantados. Hombres y mujeres llorando. Entonces fue la primera vez que pensé: ¿a quién le hace falta una física así? ¿Una ciencia como esta? Si tan alto ha de ser el precio. Ahora se sabe. Se ha escrito. ¿A qué ritmo endiablado se construyó la central atómica de Chernóbil? Se construyó a la soviética. Los japoneses levantan instalaciones como estas en doce años, aquí lo hicimos en dos, tres años. La calidad y la seguridad de una instalación especial como aquella no se distinguía de la de un complejo agropecuario. ¡De una granja de aves! Cuando faltaba algo, hacían la vista gorda y lo sustituían por lo que tuvieran a mano. Así, el techo de la sala de máquinas se cubrió de alquitrán, que fue lo que estuvieron apagando los bomberos. ¿Y quién dirigía la central atómica? Entre los directivos no había ni un físico nuclear. Había ingenieros de energía, de turbinas, comisarios políticos, pero ni un especialista. Ni un físico.

El hombre ha inventado una técnica para la que aún no está preparado. No está a su nivel. ¿Es posible darle una pistola a un niño? Nosotros somos unos niños locos. Pero esto son emociones y yo me prohíbo dejarme llevar por las emociones.

La tierra... La tierra y el agua estaban llenos de radionúclidos, decenas de ellos. Hacían falta radioecólogos. Pero en Bielorrusia no los había, los trajeron de Moscú. En un tiempo, en nuestra Academia de Ciencias trabajó la profesora Cherkásova, una científica que se había dedicado a los problemas de las pequeñas dosis, a las irradiaciones internas. Cinco años antes de Chernóbil cerraron su laboratorio; en nuestro país no puede haber ninguna catástrofe. ¿Cómo se le ocurre? Las centrales atómicas soviéticas son las más avanzadas y las mejores del mundo. ¿Qué dosis pequeñas ni qué?... ¿Alimentos radiactivos?... Redujeron la plantilla del

laboratorio y jubilaron a la profesora. Se colocó en el guardarropas de alguna parte, colgando abrigos.
Y nadie ha respondido de nada.
Pasados cinco años, el cáncer de tiroides creció treinta veces entre los niños. Se ha establecido el crecimiento de las lesiones congénitas de desarrollo, de las enfermedades renales, del corazón, de la diabetes infantil...
Pasados diez años..., la duración media de la vida de los bielorrusos se redujo a los cincuenta-sesenta años.
Yo creo en la historia..., en el juicio de la historia... Chernóbil no ha terminado, tan solo acaba de empezar.

Vasili Borísovich Nesterenko,
ex director del Instituto de Energía Nuclear
de la Academia de Ciencias de Belarús

MONÓLOGO ACERCA DE LAS VÍCTIMAS Y LOS SACERDOTES

Una persona se levanta temprano por la mañana. Empieza su jornada. Y no se para a pensar en la eternidad, sus pensamientos están en el pan de cada día. Usted, en cambio, quiere que la gente piense en la eternidad. Este es el error de todos los humanistas.

¿Cómo definir Chernóbil?

Llegamos a una aldea. Tenemos un pequeño autobús alemán (se lo han regalado a nuestra fundación), los niños nos rodean:

«¡Hola! ¡Hola! Somos niños de Chernóbil. ¿Qué nos han traído? Dennos algo...»

«¡Dennos!» Esto es Chernóbil.

De camino hacia la zona, nos encontramos con una anciana, con su falda bordada de día de fiesta, su delantal y un hato a la espalda.

—¿Adónde vas, abuela? ¿De visita?

—Voy para Marki... A mi casa.

¡Se dirige a un lugar donde hay 140 curios! Ha de recorrer unos 25 kilómetros. Tarda un día en ir y otro para regresar. Se traerá de vuelta un bote de tres litros, un bote que se ha pasado dos años colgado en su verja. Pero ha estado en su casa.

Esto es Chernóbil.

¿Qué recuerdo de los primeros días? ¿Qué pasaba entonces? Aunque, en cualquier caso, habría que empezar por... Si le contara mi vida, habría de empezar por la infancia. Lo mismo ocurre con esto.

Yo tengo mi propia señal para la cuenta atrás. Y recuerdo algo distinto. Recuerdo el cuarenta aniversario de la Victoria.* Entonces hubo los primeros fuegos artificiales en nuestro Moguiliov. Después de la ceremonia oficial, la gente no se fue para su casa, como de costumbre, sino que se puso a cantar canciones. De manera completamente inesperada. Recuerdo aquel sentimiento general. Pasados cuarenta años, todos se habían lanzado a hablar de la guerra; por fin la gente asimiló aquello. Porque hasta entonces todos nos dedicábamos a sobrevivir, a recuperarnos, a traer niños al mundo.

Lo mismo ocurrirá con Chernóbil. Aún hemos de volver a él, y se nos descubrirá con mayor profundidad. Se convertirá en algo sagrado. En un muro de las lamentaciones. Pero de momento no existe la fórmula. ¡No existe la fórmula! ¡No hay ideas! Los curios, los rems, los roentgen, esto no significa asimilar la realidad. No es filosofía. No es una visión del mundo. Nuestro hombre o lleva un fusil o una cruz. Así ha sido durante toda nuestra historia. Y no ha existido otro hombre. Aún no.

Mi madre trabajaba en el Estado Mayor de la Defensa Civil de la ciudad; fue de las primeras en enterarse: todos los aparatos se pusieron en marcha. Según las instrucciones, que colgaban en cada uno de los despachos, era necesario informar enseguida a la población, repartir las máscaras, los antigás, etcétera.

Se abrieron los depósitos secretos, sus puertas selladas, lacradas; pero todo lo que había allí se encontraba en un estado lamentable; era inservible; no se podía usar. En las escuelas, las máscaras antigás eran de un modelo anterior a la guerra y ni siquiera las tallas correspondían a las de los niños.

* El año 1985. *(N. del T.)*

Los aparatos marcaban un nivel alto de radiación, pero nadie podía entender nada; una cosa así nunca había pasado. Y simplemente se desconectaron los aparatos.

Mi madre contaba: «Si hubiera empezado una guerra, habríamos sabido qué hacer. Para eso disponíamos de instrucciones. Pero ¿ante algo como esto?».

¿Quién encabezaba nuestra defensa civil? Generales, coroneles retirados para quienes la guerra empieza del siguiente modo: por la radio se emiten las declaraciones oficiales, alarma aérea, bombas de humo, proyectiles incendiarios... No les entraba en la cabeza que estábamos en otra época. Hacía falta que se produjera una ruptura psicológica. Ahora se ha producido. Ahora sabemos que estaremos en casa, tomando el té, celebrando algo. Charlaremos de cualquier cosa, reíremos, mientras la guerra seguirá su curso. Ni siquiera nos enteraremos de que ya habremos desaparecido...

Y en cuanto a la defensa civil, pues era un juego al que jugaban unos señores mayores. Unos tipos encargados de la realización de los desfiles, de los ejercicios. Eso valía millones.

Nos obligaban a dejar el trabajo durante tres días. Sin darnos ninguna explicación. Para realizar ejercicios militares. El juego se llamaba: «En caso de guerra atómica». Los hombres hacían de soldados y bomberos; las mujeres, de voluntarias de sanidad. Nos entregaban unos monos, botas, bolsas sanitarias, un paquete de vendas y algunas medicinas. ¡Y a ver quién dice nada! El pueblo soviético debe portarse dignamente ante el enemigo. Mapas secretos, planes de evacuación: todo esto se guardaba en cajas fuertes con sellos lacrados. Siguiendo estos planes, en minutos contados, después de sonar la alarma, la gente debía estar movilizada para que la condujeran al bosque, a alguna zona segura. Aúlla la sirena. ¡Atención! Es la guerra.

Se premiaba a los mejores, se entregaban banderas. Y se celebraba un banquete de campaña. ¡Los hombres brindaban por nuestra victoria futura! ¡Y, faltaría más, por las mujeres!

Pues bien, no hace mucho. Ya en estos tiempos. Se declaró una alarma en la ciudad. ¡Atención! ¡Alerta de defensa civil! Ha sido hace una semana. La gente se asustó, pero era un miedo distinto. Y lo importante entonces ya no era que nos estuvieran atacando los estadounidenses, o los alemanes, sino ¿qué ocurrirá en Chernóbil? ¿Será posible que suceda de nuevo?

Volvamos al año 86. ¿Quiénes éramos? ¿Cómo éramos cuando nos sorprendió esta versión del Juicio Final? Yo... Nosotros... Le hablo de la intelectualidad local; teníamos nuestro grupo. Vivíamos nuestra vida, alejados de todo lo que nos rodeaba. Era nuestra forma de protesta. Teníamos nuestras leyes: no leíamos el periódico *Pravda*, en cambio nos pasábamos de mano en mano la revista *Ogoniok*.* Era justo cuando habían aflojado las riendas y nosotros sorbíamos con ansia aquel aire fresco. Leíamos el *samizdat*, que por fin llegó hasta nosotros, a nuestras perdidas tierras. Leíamos a Solzhenitsin, a Shalámov... A Venia Yeroféyev. Íbamos de una casa a otra de visita, con nuestras interminables conversaciones en la cocina.

Añorábamos algunas cosas. ¿Qué? Pues que en algún lugar vivían actores, estrellas. Yo, por ejemplo, sería Catherine Deneuve. Me pondría algún estúpido trapo, me recogería de forma extraña el pelo... Era un ansia de libertad. Por aquel otro mundo... Un mundo ajeno... Como forma de libertad.

Pero también esto era un juego. Una manera de huir de la realidad. Alguno de nuestro grupo se estrelló, se alcoholizó, otro ingresó en el Partido y empezó a hacer carrera. Nadie creía que los muros del Kremlin un día se pudieran quebrar... Que se pudiera perforar... Que este muro se

---

* Una de las primeras publicaciones que recogió el espíritu de la perestroika, sobre todo en lo que se refiere a la libertad de expresión. *(N. del T.)*

derrumbaría... Y que no sería durante nuestra vida, eso era fijo. Bueno, si ha de ser así, me importa un pimiento lo que pase por allá, nosotros viviremos aquí. En nuestro mundo ilusorio.

En cuanto a Chernóbil. Al principio hubo la misma reacción. ¿Y a nosotros qué nos importa? Que las autoridades se rompan los cuernos. Chernóbil es cosa suya. Y además está lejos. Ni siquiera miramos el mapa. ¿Para qué? No vale la pena. Entonces ya no necesitábamos la verdad. Pero cuando en las botellas de leche aparecieron las etiquetas: «Leche para niños» y «Leche para adultos». Entonces sí que nos dijimos: ¡aquí está pasando algo! Algo se nos está viniendo encima.

Yo no era miembro del Partido, es cierto, pero, de todos modos, era una persona soviética. Apareció el miedo: «¿Qué pasa con los rábanos este año que tienen las hojas como las remolachas?». Pero aquella misma tarde ponías la tele y te decían: «No se dejen influir por las provocaciones». Y desaparecían todas las dudas.

¿Y la manifestación del Primero de Mayo? Nadie nos había obligado a ir. A mí, por ejemplo, nadie me obligó. Podíamos elegir. Pero no lo hicimos. No recuerdo otra manifestación del Primero de Mayo tan multitudinaria, tan alegre, como la de aquel año. Había cundido la alarma y querías, cómo no, cobijarte en el rebaño. Notar la presencia del otro. Para estar junto a todos los demás. Te daban ganas de criticar a alguien... A las autoridades... Al gobierno... A los comunistas.

Ahora lo pienso... Busco y busco el punto de ruptura. ¿Dónde se produjo la quiebra? Porque este punto se encontraba en el principio de todo. Y era nuestra falta de libertad. El colmo del librepensamiento era: ¿Se pueden comer los rábanos o no? Una carencia que estaba dentro de nosotros.

Yo trabajaba de ingeniera en la fábrica Khimvoloknó; allí teníamos un grupo de especialistas alemanes. Habían venido a instalar su maquinaria. Allí vi cómo se comporta otra gente, otro pueblo. Venido de otro mundo. Cuando se enteraron del accidente, exigieron al momento que hubiera médicos, les dieron dosímetros, se controlaba la comida. Escuchaban su radio y sabían lo que se debía hacer. Por supuesto, no les dieron nada. Entonces hicieron las maletas y se dispusieron a marcharse. ¡Que nos compren los billetes! ¡Mándennos a casa! ¡Nos vamos! Ya que no sois capaces de garantizar nuestra seguridad, nos marchamos. Se declararon en huelga, mandaron telegramas a su gobierno. Al presidente. Peleaban por sus mujeres, por sus hijos (vivían en familia). ¡Por su vida!

¿Y nosotros? ¿Nosotros cómo nos comportamos? ¡Mira a estos alemanes, siempre tan planchados, tan almidonados, qué histéricos! ¡Miedosos! Midiendo la radiación de la sopa, de las hamburguesas. Saliendo a la calle cuanto menos mejor. ¡Qué risa! ¡Nuestros hombres sí que son hombres de verdad! ¡Qué machos los rusos! ¡Dispuestos a todo! ¡Luchando contra el reactor! ¡Y sin ningún temor por sus vidas! Se suben al tejado fundido a cuerpo descubierto, con guantes de lona (ya lo habíamos visto en la televisión)! ¡Y nuestros hijos van con sus banderines a la manifestación! ¡Con los veteranos de la guerra! ¡La vieja guardia! *[Reflexiona.]*

Aunque esto era también una variante más de la barbarie: esa falta de miedo por tu propia vida.

Siempre decimos «nosotros» y no «yo»: «Nosotros mostramos el heroísmo soviético», «Nosotros les enseñaremos el carácter soviético». ¡A todo el mundo! ¡Pero esta soy yo! ¡Y yo no quiero morir! Yo tengo miedo.

Es curioso observarse hoy a uno mismo. Descubrir uno sus propios sentimientos. ¿Cómo se han desarrollado? ¿Han ido cambiando? Analizar todo esto. Hace tiempo que me he descubierto enseñándome a ser más atenta con el mundo que me rodea. Con mi entorno y conmigo misma. Después de Chernóbil, esto te sale por ti mismo.

Hemos empezado a aprender a decir «yo». ¡Yo no quiero

morir! Yo tengo miedo... Pero ¿y entonces? Entonces un día enciendo la tele, subo el volumen y veo cómo entregan una bandera roja a unas ordeñadoras, vencedoras en la emulación socialista. ¡Pero si esto está pasando en nuestras tierras!, me digo. ¡En un lugar cercano a Moguiliov! ¡En una aldea que resulta que se encuentra en medio de la mancha de cesio! De aquí a poco la evacuarán. Ya, ya... Y en cambio oigo la voz del locutor: «La población trabaja con total entrega, sin importarle todas la dificultades...», «maravillosas muestras de valor y heroísmo».

¡Y luego, que venga el diluvio! ¡Avancemos con paso revolucionario! No, no soy comunista, pero, de todos modos, soy una persona soviética. «¡Camaradas, no prestéis atención a las provocaciones!», retumba el televisor día y noche. Y las dudas se disipan. *[La llaman por teléfono. Retornamos a la conversación al cabo de media hora.]*

Me interesa toda persona nueva. Todas las personas que piensan sobre esto.

En el futuro nos espera la tarea de comprender Chernóbil. Chernóbil como filosofía.

Dos Estados partidos por un alambre de espino: uno, la propia zona, y el otro, el resto. En los postes podridos que rodean la zona, como si se tratara de cruces, cuelgan manteles blancos. Es una costumbre nuestra. La gente va ahí como a un cementerio. Un mundo después de la era de la tecnología. El tiempo ha empezado a retroceder. Allí están enterradas no solo sus casas, sino toda una época. ¡La época de la fe! ¡De la fe en la ciencia! ¡En la idea de una justicia social!

El gran imperio se ha hecho pedazos. Se ha desmoronado. Primero Afganistán, luego Chernóbil. El imperio se ha derrumbado y nos hemos quedado solos. Me cuesta decirlo, pero nosotros... Nosotros amamos Chernóbil. Lo queremos. Representa un sentido para nuestra vida que hemos reencontrado. El sentido de nuestro sufrimiento. Da miedo decirlo. Lo he comprendido hace poco.

El mundo nos ha descubierto, a nosotros, los bielorrusos, después de Chernóbil. Esta ha sido nuestra ventana a Europa. Somos a la vez sus víctimas y sus sacerdotes. Da pánico decirlo.

En la zona... En la misma zona... Allí hasta los sonidos son otros. Entras en una casa... y tienes la misma sensación que en el cuento de la Bella Durmiente. Si no lo han desvalijado todo, te encuentras fotografías, muñecas, muebles... Su gente, tienes la impresión de que debe de estar por ahí cerca.

A veces los encontramos. Pero estos hombres no hablan de Chernóbil, sino que te cuentan cómo los han engañado. Les preocupa saber si recibirán todo lo que les corresponde y si otros no recibirán más que ellos. Nuestro pueblo siempre tiene la sensación de que lo están engañando. En todas las etapas del gran camino. Por un lado, el nihilismo, la negación, y por otro, el fatalismo. No creen a las autoridades, ni a los científicos, o a los médicos, pero tampoco toman ninguna iniciativa. Gente inocente y desvalida. Han hallado el sentido y la justificación de cuanto ocurre en el propio sufrimiento, lo restante parece no tener importancia.

A lo largo de los campos ves letreros con el aviso: ALTA RADIACIÓN. Y los campos, que se siguen cultivando. Con 30 curios. 50. Los tractoristas, en cabinas abiertas (han pasado diez años y hasta hoy no hay tractores con cabinas herméticas), respirando polvo radiactivo.

¡Diez años han pasado! Entonces, ¿quiénes somos? Vivimos en una tierra contaminada, aramos, sembramos... Traemos niños al mundo. ¿Cuál es, pues, el sentido de nuestro sufrimiento? ¿Para qué sufrimos? ¿Por qué hay tanto sufrimiento? Ahora discutimos mucho sobre esto mis amigos y yo. Hablamos de ello a menudo. Porque la zona no son los rems, ni los curios, ni los microrroentgen. Es el pueblo. Nuestro pueblo.

Chernóbil representó un respiro para nuestro sistema, un poder que se diría agonizante. De nuevo vino la época de las medidas extremas. La redistribución. El racionamiento. Como antes, que nos metían en la cabeza eso de «si no hubiera habido guerra», entonces también surgió la posibilidad de achacarlo todo a Chernóbil. «De no haber sucedido Chernóbil.» Y otra vez con los ojos de carnero a medio degollar: «¡Oh, qué dolor! Dennos algo. Por caridad. Para que haya algo que repartir». Y otra vez los pesebres. ¡Un pararrayos!

Chernóbil ya es historia. Pero también es mi trabajo. Mi labor de cada día. Viajo. Veo. Hubo en un tiempo la aldea patriarcal bielorrusa. La casa bielorrusa. Sin lavabo, sin agua caliente, pero con un icono, un pozo de madera, toallas, manteles bordados... Con su hospitalidad.

Un día entramos en una de esas casas a beber agua, y la dueña saca de un viejo cofre, viejo como ella, una toalla y me la alarga: «Es para ti, en recuerdo de mi casa».

Hubo un bosque, un campo. Se conservaba la vida en comunidad y unas briznas de la vieja libertad: el pedazo de tierra junto a la casa, su propiedad, la vaca. Pero llegó un día en que de Chernóbil los trasladaron a «Europa», a unos poblados de tipo europeo. Es posible construir una casa mejor, más confortable, pero es imposible reconstruir en un nuevo lugar este enorme mundo al que estaban unidos. ¡Con el cordón umbilical! Ha sido un golpe colosal contra la psique humana. Una ruptura con las tradiciones, con toda la cultura secular.

Cuando te acercas a estos poblados nuevos, estos aparecen como espejismos en el horizonte. Pintados de colores. Azules claros y oscuros. Rojos y amarillos. Y hasta sus nombres: Maiski, Sólnechni...*

Las villas «europeas» son mucho más cómodas que las viejas chozas. Como un futuro ya listo. Pero uno no puede aterrizar en el futuro con un paracaídas. Han convertido a esa gente en etíopes. La gente está sentada en el suelo y es-

* (Poblado) «de Mayo», «del Sol». *(N. del T.)*

pera, aguarda que llegue el avión, el autobús y les traigan la ayuda humanitaria. Pero en ningún caso surge la reacción de alegrarse ante la nueva posibilidad: he escapado del infierno, tengo una casa, una tierra sin contaminar y tengo que salvar a mis hijos, unos niños que llevan Chernóbil en la sangre, en los genes. Espero un milagro. La gente va a la iglesia. ¿Sabe lo que le piden a Dios? Pues lo mismo, un milagro... No, no que les dé salud o fuerzas para conseguir algo por ellos mismos. No. Piden o al extranjero o al cielo.

La gente vive en estas villas como en una jaula. Las casas se desmoronan, se deshacen. Y vive en ellas un hombre privado de libertad. Condenado. Vive sumido en la humillación y el miedo, y no clava en ella ni un clavo. Quiere que llegue el comunismo. Espera.

La zona necesita el comunismo. Allí en todas las elecciones votan a favor de la mano dura, añoran el orden estalinista, la disciplina militar. Que para ellos es sinónimo de justicia. Y hasta viven en un orden marcial: comisarías de la milicia, hombres con uniforme militar, sistema de salvoconductos, racionamiento, funcionarios que distribuyen la ayuda humanitaria.

En las cajas, en alemán y en ruso, está escrito: «No se puede cambiar. No se puede vender». Y se venden en todas partes. En cualquier quiosco de venta.

Y otra vez como si se tratara de un juego. Un *show* publicitario. Llevo una caravana de ayuda humanitaria. Gente de afuera. Extranjeros. Que en nombre de Cristo o por alguna otra razón vienen a vernos. Y rodeados de charcos, de barro, con sus chaquetones y harapos, se presenta mi tribu. En botas de lona. «¡No nos hace falta nada! ¡Igualmente se lo robarán todo!», veo en sus ojos también estas palabras. Pero al lado mismo, junto a este sentimiento..., el deseo de llevarse una caja, un cajón, algo extranjero. Ya sabemos dónde vive tal o cual anciana. Como en una reserva. Y aparece un deseo loco, repugnante. ¡La ofensa! De pronto digo: «¡Ahora os vamos a enseñar algo increíble! ¡Encontraremos algo que!... ¡Que no encontraréis ni en África! ¡No lo hay en ninguna parte más del mundo! ¡200 curios, 300 curios!».

Noto cómo están cambiando las abuelas; algunas se han convertido en auténticas «estrellas» de cine. Ya tienen aprendidos los monólogos, hasta las lágrimas les brotan en los momentos apropiados. Cuando aparecieron los primeros extranjeros, callaban, solo lloraban. Ahora ya han aprendido a hablar. A lo mejor les caen unos chicles para los niños, alguna cajita que otra de ropa... Quién sabe. Y todo esto convive hombro con hombro con una filosofía profunda, porque estos hombres tienen su propia relación con la muerte, con el tiempo. Y no abandonan sus chozas, no cambian sus cementerios queridos, por el chocolate alemán. Ni por la goma de mascar.

En el viaje de regreso les muestro: «¡Qué tierra más hermosa!». El sol se está poniendo, tocando el horizonte. Ilumina los bosques, los campos. Y nos dice adiós.

—Así es —comenta uno del grupo alemán que habla en ruso—, hermosa, pero envenenada.

El hombre lleva un dosímetro.

Y entonces comprendo que aquella puesta de sol me resulta entrañable solo a mí. Porque es mi tierra.

Natalia Arsénievna Roslova,
presidenta del Comité de Mujeres
de Moguiliov «Niños de Chernóbil»

CORO DE NIÑOS

Aliosha Belski, nueve años; Ania Bogush, diez; Natasha Dvorétskaya, dieciséis; Lena Zhudro, quince; Yura Zhuk, quince; Olia Zvonak, diez; Snezhana Zinevich, dieciséis; Ira Kudriácheva, catorce; Yulia Kascó, once; Vania Kovarov, doce; Vadim Krasnosólnishko, nueve; Vasia Mikúlich, quince; Antón Nashivankin, catorce; Marat Tamártsev, dieciséis; Yulia Taráskina, quince; Katia Shevchuk, catorce, y Borís Shkirmankov, dieciséis años.

Estaba en el hospital. Y sentía tanto dolor que le pedí a mi mamá: «¡Mamita, no puedo más! ¡Es mejor que me mates!».

Llegó una nube muy negra. Un aguacero. Los charcos se volvieron amarillos. Verdes. Como si les hubieran echado pintura. Decían que era por el polen de las flores. No corríamos por los charcos, solo los mirábamos.
    La abuela nos encerraba en el desván. Se ponía de rodillas y rezaba. Y nos decía: «¡Rezad! Esto es el fin del mundo. Es el castigo de Dios por todos nuestros pecados».
    Mi hermano tenía ocho años, yo seis. Entonces nos pusimos a recordar nuestros pecados: él había roto un bote de mermelada de frambuesa... Yo no le había dicho nada a mi

madre de que me había enganchado en una cerca y había roto el vestido nuevo. Lo escondí en el armario.

Mi madre se viste a menudo de negro. Con un pañuelo negro. En nuestra calle cada día entierran a alguien. Lloran. Oigo la música y corro a casa para rezar, recito el padre nuestro. Rezo por mi madre y por mi padre.

Vinieron a buscarnos unos soldados en coche. Pensé que había empezado una guerra. Los soldados llevaban metralletas de verdad. Decían unas palabras que no entendía: «desactivación», «isótopos»...

Por el camino tuve un sueño: se produce una explosión, ¡pero yo estoy vivo! No está la casa, tampoco mis padres, no hay ni gorriones ni cuervos siquiera. Me desperté asustado, de un salto. Abrí las cortinas. Miré por la ventanilla: a ver si veía aquel terrible hongo.

Recuerdo que un soldado perseguía a un gato. Cuando se acercaba al gato el dosímetro se ponía a zumbar como una ametralladora: clic, clic... Tras el gato, corrían un niño y una niña. Era su gato. El chico nada, pero la niña gritaba: «¡No se lo daré!». Corría y gritaba: «¡Cariño, huye! ¡Escapa, cielo!». Y el soldado corría detrás, con una gran bolsa de plástico.

En casa nos dejamos... Dejamos encerrado a mi hámster. Era todo blanco. Le dejamos comida para dos días. Y nos marchamos para siempre.

Era la primera vez que viajaba en tren. El tren estaba repleto de niños. Los pequeños berreaban, se habían ensuciado. Había una educadora para veinte niños, y todos llorando: «¡Mamá! ¿Dónde está mamá? ¡Quiero ir a casa!». Yo tenía diez años y las niñas como yo ayudábamos a calmar a los pequeños. Las mujeres nos recibían en los andenes y hacían la señal de la cruz ante el tren. Nos traían galletas caseras, leche, patatas calientes...

Nos llevaron a la región de Leningrado. Allí, cuando nos acercábamos a las estaciones, la gente se persignaba y nos miraba desde lejos. Tenían miedo de nuestro tren, en cada estación lo lavaban largo rato. Cuando, en una parada, bajamos del vagón y entramos en la cantina, ya no dejaron entrar a nadie más: «Hay unos niños de Chernóbil comiendo helados». La camarera le decía a alguien por teléfono: «Ahora se marcharán y lavaremos el suelo con lejía, herviremos los vasos». Y nosotros la oíamos.

Nos recibieron unos doctores. Llevaban unas máscaras antigás y guantes de goma. Nos quitaron toda la ropa, todas las cosas, hasta los sobres, los lápices y las plumas; lo metieron todo en bolsas de plástico y enterraron las bolsas en el bosque.

Nos asustamos tanto que después, durante largo tiempo, nos pasábamos los días esperando cuándo nos empezaríamos a morir.

Papá y mamá se estuvieron besando y nací yo.

Antes pensaba que nunca me moriría. Ahora, en cambio, sé que me voy a morir. Un niño estuvo conmigo en el hospital. Vádik Korinkov se llamaba. Me dibujaba pajaritos. Casitas. Y se murió. No tengo miedo a morirme. Te pondrás a dormir mucho, mucho tiempo y nunca te despertarás. Vádik me decía que cuando se muera vivirá mucho tiempo en otro lugar. Se lo había dicho uno de los chicos mayores. Y no tenía miedo.

Un día soñé que me había muerto. Oía en sueños cómo lloraba mi madre. Y me desperté.

Nos marchamos.
Quiero contarle cómo se despidió mi abuela de nuestra casa. Le pidió a papá que sacara del desván un saco de grano y lo esparció por el jardín: «Para los pajarillos de Dios». Recogió en un cesto los huevos y los echó al patio: «Para nuestro gato y para el perro». Les cortó unos trozos de tocino. De todos los saquitos echó las simientes: de zanahoria, de calabaza, de pepinos, de cebolla. De diferentes flores. Y las esparció por el huerto: «Que vivan en la tierra». Luego le hizo una reverencia a la casa. Se inclinó ante el cobertizo. Recorrió los manzanos y los saludó a cada uno.
Y el abuelo se quitó el gorro cuando nos marchamos.

Yo era pequeño. Tenía seis..., no, ocho años..., creo. Eso mismo, ocho. Los he contado ahora. Recuerdo que tenía mucho miedo. Tenía miedo de correr descalzo por la hierba. Mi mamá me asustaba diciéndome que me iba a morir. Tenía miedo de bañarme, de meterme en el agua... Miedo de todo. De arrancar las avellanas en el bosque. De coger con las manos un escarabajo... Porque el escarabajo anda por la tierra, y el suelo estaba contaminado. Las hormigas, las mariposas, los moscardones..., todo estaba contaminado. Mamá recuerda. ¡Recuerda que en la farmacia le aconsejaron que me diera yodo con una cucharilla! Tres veces al día. Pero ella se asustó.
Esperábamos la llegada de la primavera: ¿Será posible que de nuevo crezcan las margaritas? ¿Como antes? Todos nos decían que el mundo iba a cambiar. Por la radio, por la tele. Que las margaritas se convertirían en... ¿En qué se iban a convertir? En algo distinto. Y a las zorras les saldría otra... una cola más; los erizos nacerían sin púas; las rosas, sin pétalos... Los hombres parecerían humanoides: serían de color amarillo. Sin pelo, sin pestañas... Solo tendrían ojos. Y las puestas de sol no serían rojas, sino verdes.
Yo era pequeño. Tenía ocho años.

Llegó la primavera. En primavera brotaron las yemas y, como siempre, se abrieron las hojas. Hojas verdes. Florecieron los manzanos. Se pusieron todos blancos. Empezaron a oler los cerezos. Salieron las margaritas. Que eran como siempre. Entonces corrimos al río, a ver a los pescadores. ¿Los gobios siguen teniendo cabeza y cola? ¿Y los lucios? Comprobamos los comederos de los pájaros. ¿Habían llegado los estorninos? ¿Y tendrían polluelos?
Nos vino encima mucho trabajo. Lo comprobábamos todo...

Los mayores lo comentaban en voz baja. Pero yo lo había oído.

Desde el año en que yo nací (1986), en nuestra aldea no ha habido ni niños ni niñas. Yo soy el único. Los médicos no querían que yo naciera. Querían asustar a mi madre. O algo así. Pero mi madre se escapó de la clínica y se escondió en casa de la abuela. Y en eso... aparecí yo. Quiero decir que nací. Todo esto lo he oído a escondidas.

No tengo ni un hermano ni una hermana. Tengo muchas ganas de tener hermanos. ¿De dónde vienen los niños? Porque yo estoy dispuesto a ir a buscar un hermanito.

La abuela me responde de distintas maneras:

—Lo trae una cigüeña en el pico. Y a veces sucede que una niña crece en el campo. Los niños pueden aparecer entre las bayas, si un pájaro lo deja allí.

Mamá me dice otra cosa:

—Me has caído del cielo.

—¿Cómo?

—Empezó a llover y me caíste directamente a las manos.

Oiga, ¿usted es escritora? Dígame, ¿cómo es eso de que yo había podido no existir? Entonces, ¿dónde estaría? ¿En algún lugar muy alto, muy alto, en el cielo? ¿O en algún otro planeta?

Antes me gustaba ir a las exposiciones. Mirar cuadros. Trajeron a nuestra ciudad una exposición sobre Chernóbil. Por el bosque corre un potrillo, solo tiene patas, son ocho o diez; un ternero con tres cabezas; en una jaula hay unos conejos calvos..., en fin, como de plástico. La gente pasea por un prado con escafandras. Los árboles son más altos que las iglesias, y las flores son tan grandes como los árboles.

No pude verla hasta el final. Me topé con un cuadro: un niño alarga los brazos, puede que hacia una flor, puede que hacia el sol; pero el niño en lugar de nariz tiene..., tiene una trompa. Me entraron ganas de llorar, de gritar: «¡No queremos exposiciones como esta! ¡No nos traigan cuadros así! Ya sin ellos, toda la gente a tu alrededor habla de la muerte. De los mutantes. ¡No la quiero!».

Durante los primeros días había gente, venían a verla, pero luego ni un alma. En Moscú, en Petersburgo, los periódicos escribían que la gente iba en masa. En cambio, aquí, la sala estaba vacía.

He viajado a Austria, para curarme. Allí hay gente que puede ponerse en su casa fotografías como aquellas. Un niño con una trompa. O que, en lugar de brazos, tenía unas aletas. Y mirarlas cada día, para así no olvidarse de los que están mal. Pero cuando vives aquí... Entonces ya no se trata de ciencia ficción ni de arte, sino de la vida. De mi vida. Si puedo elegir, prefiero colgar en mi casa un paisaje bonito, para que todo sea normal: los árboles, los pájaros... Cosas corrientes. Alegres.

Quiero pensar en algo bonito.

En nuestra aldea desaparecieron los gorriones. Al primer año después del accidente. Se los veía tirados por todas partes: en los jardines, sobre el asfalto. Los recogían con rastrillos y se los llevaban en contenedores con las hojas. Aquel año se prohibió quemar las hojas, eran radiactivas. Enterraban las hojas.

Al cabo de dos años aparecieron los gorriones. Nosotros nos alegramos y nos gritábamos el uno al otro: «Ayer vi un gorrión. Han regresado».

Desaparecieron los escarabajos del bosque. Y siguen sin aparecer por aquí. A lo mejor, regresan dentro de cien años, o de mil, como dice nuestro maestro. Ni siquiera yo lo veré. Yo que tengo nueve años.

Pues imagínese mi abuelita. Que ya es viejecita.

Era primero de septiembre. Cuando empiezan las clases. Pero aquel día no hubo ni un solo ramo de flores. Las flores, ya lo sabíamos, llevaban mucha radiación. Antes de empezar el curso, en la escuela no vinieron a trabajar los carpinteros y los pintores, como antes, sino unos soldados. Los militares segaron las flores, arrancaron la tierra y se la llevaron a alguna parte en unos camiones con remolques. Talaron un gran parque de muchos años. Los viejos tilos.

La abuela Nadia... Siempre la llamaban a las casas cuando alguien se moría. Para hacer de plañidera. Y rezar oraciones. La abuela Nadia decía: «Ni ha caído el rayo. Ni ha llegado la sequía. Ni se ha desbordado el mar. Allí están, caídos como ataúdes negros». La mujer lloraba por los árboles, como si fueran personas. Los llamaba: «Mi buen roble». «Mi querido manzano.»

Al cabo de un año nos evacuaron a todos y enterraron la aldea.

Mi papá es chófer, él ha ido allí y nos ha contado. Primero se cava un gran hoyo. De cinco metros. Llegan unos bomberos. Con las mangueras, lavan la casa desde la punta hasta los cimientos, para que no se levante el polvo radiactivo. Las ventanas, el techo, el zaguán... Todo lo lavan. Y luego una grúa levanta la casa y la coloca en el hoyo. Muñecos, libros, botes tirados. Una excavadora lo recoge todo. Lo entierran todo con arena, con barro, y lo apisonan. En lugar de la aldea queda un campo liso. La nuestra la han sembrado de cereal. Allí está enterrada nuestra aldea. La escuela y el sóviet local.

Allí se ha quedado mi herbario y dos álbumes con sellos; yo había querido llevármelos. Tenía una bicicleta. Hacía poco que me la habían comprado.

Tengo doce años. Estoy todo el día en casa, soy inválida. El cartero trae a nuestra casa dos pensiones, la del abuelo y la mía. Las chicas de la clase, cuando se enteraron de que tenía cáncer en la sangre, tenían miedo de sentarse a mi lado..., de tocarme. He mirado mis manos..., mi cartera y las libretas... No ha cambiado nada. ¿Por qué me tienen miedo?

Los médicos han dicho que me he puesto enferma porque mi padre trabajó en Chernóbil. Y yo nací después de aquello.

Yo quiero a mi padre.

Nunca he visto a tantos soldados. Los soldados lavaban los árboles, las casas, los tejados. Lavaban las vacas del koljós. Y yo pensaba: «¡Pobres animales del bosque! Nadie los lava. Se morirán todos. Tampoco al bosque lo lava nadie. Y también se morirá».

La maestra nos dijo un día: «Dibujad la radiación». Yo pinté cómo cae una lluvia amarilla. Y corre un río rojo.

Desde niño me han gustado las máquinas. Soñaba con... Creceré y me haré técnico, como papá, que también adoraba la técnica. Los dos juntos siempre construíamos algo. Montábamos cosas.

Papá se ha marchado. Y no oí cómo se fue. Estaba dormido. Por la mañana vi a mamá llorando: «Nuestro papá está en Chernóbil».

Esperamos su regreso, como si se hubiera ido a la guerra.

Regresó y de nuevo volvió a la fábrica. No contaba nada. Pero yo en la escuela a todos les decía orgulloso que mi papá había vuelto de Chernóbil, que había sido liquidador, que son los que habían ayudado a liquidar el accidente. ¡Unos héroes eran! Y los demás chicos me tenían envidia.

Al año, mi papá se puso enfermo.

Paseábamos por el jardín del hospital. Eso ocurría después de la segunda operación. Fue entonces cuando me habló por primera vez de Chernóbil.

Trabajaban no lejos del reactor. Todo se veía tranquilo y en paz, recordaba, hasta parecía bonito. Pero mientras tanto ocurrían cosas. Los jardines florecían. Pero ¿para quién? Porque la gente se había marchado de los pueblos. Iban un día por la ciudad de Prípiat y en los balcones seguía colgada la ropa, las flores en las ventanas. Bajo un arbusto vieron una bicicleta con la bolsa de lona de un cartero; la bolsa estaba llena de periódicos y cartas. Y sobre ella había un nido de pájaro. Como en el cine, lo he visto.

Ellos «limpiaban» lo que se debía tirar. Arrancaban la tierra, contaminada de cesio y de estroncio. Lavaban los tejados. Pero al día siguiente, todo volvía a «arder».

Al despedirnos nos dieron un apretón de manos y nos entregaron un certificado en el que expresaban su agradecimiento por nuestra entrega. Mi padre recordaba y contaba sin parar. La última vez que regresó del hospital nos dijo: «Si sobrevivo, adiós a la química y a la física. Dejaré la fábrica. Solo trabajaré de pastor».

Mamá y yo nos hemos quedado solos. No iré a estudiar al instituto técnico, como quiere mi madre. Al que fue mi padre.

Tengo un hermano pequeño. Le gusta jugar a «Chernóbil». Construye un refugio, cubre de arena el reactor... O se viste de espantapájaros y corre detrás de la gente y los asusta: «¡Uh, uh, uh...! ¡Soy la radiación! ¡Uh, uh, uh...! ¡Soy la radiación!».

Aún no había nacido cuando ocurrió aquello.

Por las noches vuelo. Vuelo rodeado de una luz brillante. No es una cosa real, pero tampoco algo del más allá. Es eso y lo otro y algo aún del más allá también. En sueños sé que puedo introducirme en este otro mundo, estar en él. ¿O quedarme? La lengua no me responde, respiro con dificultad, pero no tengo necesidad de hablar con nadie. Algo parecido ya me pasaba en otro tiempo. Pero ¿cuándo? No me acuerdo. Me invade un gran deseo de fundirme con los demás, pero no veo a nadie. Solo la luz. Una sensación como si pudiera tocarla. ¡Y yo soy enorme! Estoy con los demás, pero ya apartado, separado, solo. En la más tierna infancia también veía alguna imagen en color como las veo ahora. En este sueño.

Este sueño me viene a menudo y llega un momento en que no puedo pensar en nada más. Solo... De pronto se abre una ventana. Se produce una repentina ráfaga de viento. ¿Qué es esto? ¿De dónde viene? ¿Adónde va? Entre yo y alguien más se establece un contacto. Una comunicación.

Cómo me molestan estas paredes grises del hospital. Qué débil me encuentro todavía. Me tapo de la luz cubriéndome la cabeza porque me molesta ver. Y yo me alargo, me alargo hacia aquello. He intentado verlo. He empezado a mirar más arriba.

Pero llega mi madre. Ayer colgó un icono en la sala. Susurra algo en un rincón, se pone de rodillas. Todos callan: el profesor, los médicos, las enfermeras. Se creen que yo no sospecho nada. Que no sé que pronto moriré. Ellos no saben que por la noche aprendo a volar.

¿Quién ha dicho que es fácil volar?

En otro tiempo escribía versos. Me había enamorado de una chica. Era en la quinta clase.* En la séptima descubrí que la muerte existe. Mi poeta preferido es García Lorca. Lo he leído todo de él: «La oscura raíz del grito». Por la noche, los versos suenan de otro modo. De un modo distinto.

He empezado a aprender a volar. No me gusta este juego, pero ¿qué le voy a hacer?

Mi mejor amigo se llamaba Andréi. Le han hecho dos operaciones y lo han mandado a casa. Al medio año le esperaba una tercera operación. El chico se colgó con su cinturón. En la clase vacía, cuando todos se fueron corriendo a hacer gimnasia. Los médicos le habían prohibido correr y saltar. Y él se consideraba el mejor futbolista de la escuela. Hasta... Hasta la operación.

Aquí tengo muchos amigos. Yulia, Katia, Vadim, Oxana, Oleg... Ahora Andréi.

—Nos moriremos y nos convertiremos en ciencia —decía Andréi.

—Nos moriremos y se olvidarán de nosotros —así pensaba Katia.

—Cuando me muera, no me enterréis en el cementerio; me dan miedo los cementerios, allí solo hay muertos y cuervos. Mejor me enterráis en el campo —nos pedía Oxana.

—Nos moriremos —lloraba Yulia.

Para mí el cielo está ahora vivo, cuando lo miro. Ellos están allí.

* A los ocho años de edad. *(N. del T.)*

UNA SOLITARIA VOZ HUMANA

¡Hace poco yo había sido tan feliz! ¿Por qué? Lo he olvidado. Todo esto se quedó como quien dice en otra vida. No comprendo. No sé cómo he podido vivir de nuevo. He querido vivir. Ya ve, me río, hablo.

 Sentía una angustia... Estaba como paralizada. Quería hablar con alguien, pero no con nadie de este mundo. Me iba a una iglesia, allí reina un silencio como el que a veces descubres en las montañas. Un silencio... Allí puedes olvidar tu vida.

 Pero por la mañana me despierto... y busco con la mano. ¿Dónde está? Su almohada, su olor. Un pequeño pájaro desconocido corre por el alféizar con una campanilla y me despierta. Antes nunca había oído aquel sonido, aquella voz. ¿Dónde está él?

 No lo puedo transmitir todo, no me salen las palabras. ¡No comprendo cómo me he quedado en esta vida!

 Por la noche, mi hija se me acerca y me dice: «Mamá, ya he acabado los deberes». Y entonces me viene a la mente que tengo hijos. Pero ¿él dónde está? «Mamá, se me ha soltado un botón. ¿Me lo coses?»

 ¿Cómo puedo irme tras él? Encontrarme con él. Cierro los ojos y pienso en él, hasta que me duermo. En sueños, él me visita, pero por instantes, rápidamente. Y enseguida desaparece. Oigo incluso sus pasos. ¿Dónde desaparece? ¿Dónde está?

Él no tenía ningunas ganas de morir. Miraba y miraba por la ventana. Al cielo. Yo le colocaba una almohada, otra y otra. Para que estuviera alto. Se estuvo muriendo durante mucho tiempo. Durante todo un año. No podíamos separarnos el uno del otro. *[Calla durante un largo rato.]*
No, no, no tema, no voy a llorar. Me he olvidado de llorar. Quiero hablar. Otra vez resulta tan duro, tan insoportable; quiero decirme a mí misma, convencerme de que no recuerdo nada. Como hace una amiga mía. Para no volverse loca. Ella... Nuestros maridos murieron el mismo año, estuvieron juntos en Chernóbil... Ella se dispone a casarse de nuevo y quiere dejar bien cerrada esta puerta. La puerta hacia allá. Tras él. No, no, yo la comprendo. Lo sé. Es la vida. Hay que seguir viviendo. Tiene hijos.

Nosotros hemos estado en un lugar donde nadie más ha estado, hemos visto lo que nadie ha visto. He estado callada, callada durante largo tiempo, hasta que un día en un tren me puse a contarlo todo a unos desconocidos. ¿Para qué? A solas da miedo.

Él se marchó a Chernóbil el día de mi cumpleaños. Los invitados aún seguían sentados a la mesa, y él les pidió excusas por su partida. Me besó. Miré por la ventana y vi que un coche ya lo esperaba en la calle. Era el 19 de octubre de 1986. El día de mi cumpleaños.

Era montador de profesión; viajaba por toda la Unión Soviética, y yo lo esperaba. Así fue durante años. Vivíamos como lo hacen los enamorados: nos despedíamos y nos volvíamos a encontrar. Pero en aquella ocasión...

Sintieron miedo solo nuestras madres, su madre y la mía; en cambio nosotros no nos asustamos. Y ahora pienso: ¿por qué? Sabíamos adónde se dirigía. Podía, al menos, haberle pedido prestado al chico de los vecinos el libro de física de décimo, siquiera hojearlo.

Allí andaba sin gorro. A los demás compañeros al cabo de

un año se les cayó todo el pelo, a él, en cambio, al revés, le creció una cabellera aún más espesa.

Ninguno de ellos vive ya. Su brigada, los siete hombres, han muerto todos. Eran jóvenes. Uno tras otro. El primero murió al cabo de tres años. Bueno, pensamos; será una casualidad. El destino. Pero tras él, vino otro, un tercero, un cuarto. Y entonces el resto se dispuso a esperar su turno.

¡Así vivieron!

Mi marido murió el último. Eran montadores escaladores. Desconectaban la luz en las aldeas evacuadas, se subían a los postes. Recorrían las casas, las calles abandonadas. Siempre en las alturas, arriba.

De unos dos metros de estatura, con 90 kilos de peso, ¿quién podía matar a un hombre así? Durante mucho tiempo no sentimos miedo. *[De pronto sonríe.]*

¡Oh, qué feliz fui entonces! Regresó. Lo vi de nuevo. La casa siempre era una fiesta cuando regresaba. Una fiesta. Tengo un camisón, largo, muy largo, precioso, y me lo ponía. Me gustaba la ropa cara, toda mi ropa es buena, pero esta camisa era especial. Era para los días de fiesta. Para nuestro primer día. Para la noche. Conocía todo su cuerpo, palmo a palmo, y lo besaba todo. A veces hasta soñaba ser una parte de su cuerpo, tan inseparables éramos.

Sin él me sentía sola, me dolía físicamente su ausencia. Cuando nos separábamos, durante un tiempo yo perdía el sentido de la orientación: dónde estaba, en qué calle me encontraba, qué hora era... Perdía la noción del tiempo.

Regresó ya con los ganglios linfáticos del cuello inflamados. Lo descubrí con los labios, eran unos bultos pequeños. Pero le dije:

—¿Se los enseñarás al médico?

Él me tranquilizó:

—Ya pasará.

—¿Cómo te ha ido allí, en Chernóbil?

—Un trabajo como cualquier otro.

No hubo ni fanfarronería ni pánico en sus palabras.
Una cosa sí le saqué: «La cosa era igual que aquí». En el comedor, donde les daban de comer, en la planta baja, donde se atendía a la tropa, servían fideos, conservas... Pero en el primer piso, donde estaban los jefes, había fruta, vino tinto, agua mineral. Manteles limpios. Y cada uno tenía su dosímetro. En cambio a ellos, ni uno para toda la brigada.
Recuerdo el mar. Nos dio tiempo a ir de vacaciones al mar. Lo recuerdo: había tanto mar como cielo, estaba por todas partes. Mi amiga y su marido también vinieron. Ellos también vinieron con nosotros. Y ella lo recordaba así: «El mar estaba sucio. Todo el mundo tenía miedo de agarrar el cólera». Algo parecido se había escrito en los periódicos. Pero yo lo recuerdo de otro modo. Envuelto en una luz brillante. Recuerdo que el mar estaba por todas partes, como el cielo, que era azul, azul. Y él a mi lado.
Yo he nacido para el amor. Para un amor feliz. En la escuela, las chicas soñaban en su futuro, unas en ir a la universidad, otras, en viajar a unas obras del komsomol. Yo, en cambio, lo que quería era casarme. Amar apasionadamente a alguien, como Natasha Rostova. ¡Solo amar! Pero no se lo podía confesar a nadie, porque en aquel tiempo, lo debe usted recordar, nos permitían pensar solo en las construcciones del komsomol. Esto es lo que nos inculcaban. La gente ansiaba ir a Siberia, a la espesura infranqueable de la taiga. Se cantaba, recuerde: «Tras la niebla y el olor de la taiga».
No pude entrar el primer año en la facultad, no conseguí los puntos suficientes, y me fui a trabajar a una central telefónica. Allí es donde nos conocimos. Yo estaba de guardia. Fui yo quien lo atrapé, le dije: «¡Cásate conmigo! ¡Te quiero tanto!». Me enamoré de él hasta los tuétanos. Un chico tan guapo. Y me sentía como quien vuela. Fui yo quien se lo pedí: «Cásate conmigo». *[Sonríe.]*
De vez en cuando me pongo a pensar y busco los más diversos consuelos: quién sabe, a lo mejor la muerte no sig-

nifica el final de todo, puede que él tan solo haya cambiado de forma y ahora está en el otro mundo. En algún lugar cercano. Trabajo en una biblioteca, leo muchos libros, me encuentro con las personas más diversas. Y me entran ganas de hablar sobre la muerte. De comprender. Busco un consuelo. Lo busco leyendo periódicos, libros. Voy al teatro, si la obra trata de esto, sobre la muerte. Me duele físicamente su ausencia, no puedo estar sola.

Él no quería ir al médico. «No noto nada. No me duele nada.» Y entretanto los ganglios linfáticos ya tenían el tamaño de un huevo de gallina. Le metí a la fuerza en un coche y lo llevé a la clínica. Lo mandaron al oncólogo. Un médico lo examinó, llamó a otro. «Mira, otro de Chernóbil.» Y ya no lo dejaron marchar.

A la semana le operaron: le extirparon por completo la glándula tiroides, la laringe y se lo cambiaron todo por unos tubos. Sí. *[Guarda silencio.]*

Sí. Ahora sé que aquellos aún eran tiempos felices. ¡Dios santo! A qué bobadas me dedicaba: iba de tiendas, compraba regalos a los médicos: cajas de bombones, licores de importación. Chocolate para las enfermeras. Ellos lo aceptaban. Y él, en cambio, se reía de mí: «A ver si lo comprendes; los médicos no son dioses. Aquí hay quimioterapia y radioterapia para todos. Me la harán sin tus bombones». Yo, sin embargo, me iba a la otra punta de la ciudad para comprar un pastel inencontrable o un perfume francés. Todo eso entonces solo se conseguía a través de amistades, bajo mano.

Antes de regresar a casa —¡volvíamos a casa!, ¡a casa!— me entregaron una jeringa especial, me enseñaron cómo usarla. Tenía que alimentarlo con aquella jeringa. Aprendí a hacerlo todo. Le cocinaba cuatro veces al día algo fresco, tenía que ser sin falta algo fresco, lo pasaba todo por la trituradora, lo colaba con un cedazo y luego lo introducía en la jeringa. Pinchaba uno de los tubos, el más gordo, que iba al estómago. Pero él dejó de notar los olores, de distinguirlos.

Yo le preguntaba: «¿Está bueno?». Y él no sabía qué contestarme.
Pero, de todos modos, nos escapamos varias veces al cine. Y allí nos besábamos. Estábamos suspendidos de un hilillo finito, finito, y, sin embargo, nos parecía que de nuevo nos hallábamos a salvo, asidos a la vida. Hacíamos lo posible por no hablar de Chernóbil. No recordarlo. Tema prohibido. No dejaba que él respondiera al teléfono. Lo agarraba antes que él. Sus compañeros iban muriendo uno tras otro. Tema prohibido.
Pero una mañana lo despierto, le acerco el batín, y él que no se puede levantar. Ni puede decir nada. Dejó de hablar. Y los ojos, grandes como platos. Entonces fue cuando se asustó de verdad. Sí. *[Calla de nuevo.]*
Aún nos quedaba un año. Todo aquel año se estuvo muriendo. Cada día se encontraba peor y peor, y ya sabía que sus compañeros también se estaban muriendo. Porque, además, vivíamos con esto. Con esta espera.
Decían que era Chernóbil; escribían que era por Chernóbil. Pero nadie sabía qué era aquello. Ahora aquí todo es diferente: nacemos de otro modo y morimos de otra manera. Diferente a todos los demás. Usted me preguntará, ¿cómo se muere después de Chernóbil? Un hombre al que amaba, al que quería de una manera que no habría podido ser mayor si lo hubiera parido yo misma, y este hombre se convertía ante mis ojos en... en un monstruo.
Le extirparon los ganglios, y como ya no los tenía, se trastocó toda la circulación; hasta la nariz se le movió, creció al triple de su tamaño; los ojos parecían otros, se le desplazaron a los lados, apareció en ellos un brillo desconocido y una expresión como si no fuera él, sino otro el que mirara desde allí. Luego un ojo se le cerró por completo.
¿Y a mí, en cambio, qué es lo que me asustaba? Lo único que quería yo es que no se viera a sí mismo. Que no se acordara de cómo era. Pero empezó a pedirme..., a pedirme con

las manos que le trajera un espejo. Yo hacía como que me iba a la cocina, como si se me hubiera olvidado, o me inventaba alguna otra excusa. Así lo engañé un par de días, pero al tercero me escribió en una libreta con letras grandes y con tres signos de exclamación:

«¡¡¡Dame un espejo!!!»

Ya usábamos un cuaderno de notas, una pluma, un lápiz. Nos comunicábamos de esta manera, porque ya no podía hablar ni en susurros, ni siquiera le salía un susurro. Completamente mudo se quedó. Pero yo me fui corriendo a la cocina y me puse a dar golpes a las cazuelas. Como si no lo hubiera leído, como si no me hubiera enterado. Pero me escribió otra vez:

«¡¡¡Dame un espejo!!!», con todos esos signos de exclamación.

De modo que le llevé el espejo, el más pequeño que tenía. Y él, cuando se vio, se agarró de la cabeza y, fuera de sí, empezó a doblarse una y otra vez sobre la cama. Yo lo intentaba consolar como podía.

«Te pondrás mejor y nos iremos los dos a alguna aldea abandonada. Nos compraremos una casa y viviremos allí, si no quieres vivir en la ciudad, donde hay mucha gente. Allí estaremos solos.»

Y no le mentía, porque me habría ido con él adonde fuera con tal de que siguiera con vida; el resto no importaba. Solo era él y nada más. No le mentía.

No me acuerdo de todo aquello sobre lo que me quería callar. Aunque hubo de todo. Me he asomado tan lejos, hasta es posible que más allá de la muerte. *[Se detiene.]*

Yo tenía dieciséis años cuando nos conocimos, él era siete años mayor que yo. Estuvimos saliendo dos años. A mí hay un lugar de Minsk que me encanta, está en el barrio de Correos, en la calle Volodarski. Allí, bajo el reloj, nos citábamos. Yo vivía junto a la fábrica textil y tomaba el trolebús número cinco, que no paraba justo frente a Correos, sino que seguía un poco más allá, hasta la tienda Ropa para niños. Avanzaba hasta la curva más lentamente, que era justo lo que yo quería. Yo casi siempre llegaba un poco tarde, para pasar en el trolebús junto a él y verlo a través de la ventanilla y quedarme pasmada una vez más de aquel muchacho tan guapo que me estaba esperando. Durante aquellos dos años no me daba cuenta de nada, ni del invierno, ni del verano. Él me llevaba a conciertos. A oír a Edita Pieja, mi cantante preferida.

No íbamos a bailar, no íbamos a la glorieta de baile, él no sabía bailar. Nos besábamos, solo nos besábamos. Él me llamaba «mi pequeña».

El día de mi cumpleaños, otra vez el día del cumpleaños. Es extraño, pero las cosas más importantes de mi vida me han ocurrido en esta fecha. Para no creer luego en el destino. Me encuentro bajo el reloj, hemos quedado a las cinco, pero él no llega. A las seis, disgustada, llorando, me dirijo a la parada, atravieso la calle, miro hacia atrás y, como si lo presintiera, lo veo que corre hacia mí atravesando en rojo, en ropa de trabajo, con botas. No le habían dejado salir antes del trabajo. Así es como me gustaba más: en ropa de caza, con el chaquetón; todo le quedaba bien.

Nos dirigimos a su casa, allí se cambió y decidimos celebrar mi cumpleaños en un restaurante. Pero no llegamos a tiempo al restaurante, ya era de noche, no había mesas libres y untar al conserje con un billete de cinco o de diez rublos (de los de entonces) era algo que ni él ni yo sabíamos hacer. Entonces me propuso una idea brillante:

—Vamos a una tienda —exclamó de pronto—, compramos una botella de champán y un surtido de pasteles, nos vamos al parque y allí lo celebraremos.

¡Bajo las estrellas, bajo el cielo! ¡Así era él! Y en un banco del parque Gorki nos quedamos hasta el amanecer.

No he tenido otro cumpleaños como aquel. Fue entonces cuando le dije:

—¡Cásate conmigo! ¡Te quiero tanto!

Él se echó a reír:

—Aún eres pequeña.

Pero al día siguiente llevamos los papeles al registro civil. ¡Oh, qué feliz era! No cambiaría nada de mi vida, aunque me lo hubiera advertido alguien de arriba, de las estrellas. Una señal del cielo.

El día de la boda él no podía encontrar su pasaporte, revolvimos toda la casa, no lo encontrábamos. Nos inscribieron en el registro en un papel.

—Hija, esto es mala señal —me decía mi madre llorando.

Luego su pasaporte apareció en unos viejos pantalones, escondidos en el desván.

¡El amor! Yo ni siquiera lo llamaría amor, sino un largo enamoramiento. Cómo bailaba por la mañana delante del espejo. ¡Soy hermosa, soy joven y él me ama! Ahora empiezo a olvidar mi cara, la cara que tenía cuando estaba con él. Ya no veo esa cara en el espejo.

¿Es posible hablar de eso, decirlo con palabras? Hay secretos. Hasta hoy no comprendo qué era aquello. Hasta nuestro último mes. Me llamaba por las noches. Tenía deseos. Me amaba con más intensidad que antes. Durante el día, cuando lo miraba, no me creía lo que pasaba por la noche. No queríamos separarnos. Lo abrazaba, lo cubría de caricias.

En aquellos momentos recordaba las cosas más alegres. Más felices. Como cuando llegó de Kamchatka con barba; allí se dejó crecer la barba. Mi cumpleaños en el parque sobre el banco. «¡Cásate conmigo!»

¿Vale la pena hablar de esto? ¿Se puede? Yo misma me prestaba, como un hombre con una mujer. ¿Qué podía darle, aparte de las medicinas? ¿Qué esperanza? Él no quería morir. Estaba convencido de que mi amor lo salvaría. ¡Un amor tan grande! Solo a mi madre no le decía nada. No me hubiera comprendido. Me hubiera criticado. Maldecido. Porque aquello no era un cáncer de los corrientes, una enfermedad a la que también todos temen, sino de Chernóbil, que es aún más terrible.

Los médicos me explicaron que si las metástasis hubieran atacado el interior del organismo, habría muerto rápidamente, pero se extendieron por fuera. Por el cuerpo. Por la cara. Le empezó a crecer algo negro. No se sabe cómo, le desapareció la barbilla, desapareció el cuello, la lengua se salió afuera. Se le reventaban los vasos, empezaron las hemorragias. «¡Oh —gritaba yo—, más sangre!» Del cuello, de las mejillas, de los oídos... En todas direcciones. Le traía agua fría, le aplicaba paños... No ayudaban. Era algo horroroso. Toda la almohada cubierta. Le colocaba una palangana, del baño. Le salía la sangre a chorros que caían como cuando se ordeña. Ese sonido. Tan suave, tan campesino. Hasta hoy lo oigo por la noche.

Mientras se mantuvo consciente, hacía sonar las palmas: era nuestra señal convenida. «¡Llama! Pide una ambulancia.» Él no quería morir. Tenía cuarenta y cinco años.

Llamo a la ambulancia, pero los chicos ya nos conocen, no quieren venir. «No podemos ayudar en nada a su marido.» ¡Aunque sea una inyección! Algún narcótico. Se lo pondré yo misma. He aprendido a poner inyecciones, pero la inyección se queda en un morado y no se deshace.

Una vez logré que me atendieran. Llegó un coche de urgencias. Un médico joven. Se acercó a él y de pronto se tiró hacia atrás, retrocediendo más y más.

—Dígame —me preguntó—, ¿no será por casualidad uno de los de Chernóbil? ¿No será de aquellos que han estado allí?

—Así es —le contesté.

Entonces él me gritó y no le exagero:

—¡Por el amor Dios, querida, que esto se acabe cuanto antes! ¡Lo antes posible! He visto cómo muere la gente de Chernóbil!

Y, mientras tanto, mi marido que lo oye todo, estaba consciente. Menos mal que aún no sabe, no adivina que él es el único que queda de su brigada. El último.

En otra ocasión nos mandaron una enfermera de la clínica. Pues bien, la mujer se quedó en el pasillo, ni siquiera entró en el piso. «¡Oh, no puedo!»

¿Y yo sí que puedo? Yo lo puedo todo. ¿Qué más me puedo inventar? ¿Dónde puedo encontrar una salvación? Él grita. Le duele. Se pasa el día gritando.

Entonces encontré una salida: le echaba a través de la inyección una botella de vodka. Así dejaría de sufrir. Perdería el mundo de vista. No se me ocurrió a mí, me lo dijeron otras mujeres. Con la misma desgracia.

Llegaba su madre y me decía: «¿Por qué lo has dejado ir a Chernóbil? ¿Cómo has podido?». Aunque a mí ni se me pasó por la cabeza que no debía dejarlo ir, como a él seguramente tampoco que podía no haber ido. Porque era otra época, como si fuera en tiempos de guerra. Y nosotros éramos otros.

Una vez le pregunto: «¿Y ahora no te arrepientes de haber ido?». Y él mueve la cabeza diciendo: «No».

Y en el cuaderno escribe: «Cuando muera, vendes el coche, las ruedas de repuesto, y no te cases con Tolia (su hermano)». Yo le gustaba a Tolia.

Yo sé secretos. Estoy sentada a su lado. Él duerme. Tiene un pelo tan bonito. De modo que cogí y le corté un mechón. Él abre los ojos, mira lo que tengo en las manos y sonríe.

De él me ha quedado su reloj, el carné militar y la medalla de Chernóbil. *[Tras un silencio.]*

¡Oh, qué feliz era! En el hospital de la maternidad, me acuerdo de que antes de dar a luz me pasaba los días esperándolo, miraba por la ventana. No entendía nada de lo que me pasaba: ¿Qué será de mí? ¿Dónde estoy? Lo único que quería era verlo. No podía dejar de mirarlo, como si presintiera que todo esto pronto se iba a acabar.

Por la mañana le daba de comer y miraba extasiada cómo comía. Cómo se afeitaba. Cómo iba por la calle. Soy una buena bibliotecaria, pero no entiendo cómo alguien puede querer apasionadamente un trabajo. Yo solo lo quería a él. A él solo. Y no puedo vivir sin él. Grito por las noches. Grito a la almohada, para que no me oigan los niños.

Ni por un instante me imaginaba que nos separaríamos. Que... Ya lo sabía pero no me lo creía. Mi madre... Su hermano... Me decían, me insinuaban... Los médicos, me decían, me aconsejaban que lo llevase a... En una palabra, que en las afueras de Minsk había un hospital especial donde antes iba a morir gente como él, desahuciada. Los «afganos». Sin brazos, sin piernas. Y que ahora llevaban allí a los de Chernóbil. Me intentaban convencer de que así sería mejor, que los médicos estarían siempre a su lado. Me negué, no quise ni oír hablar del asunto. Pero entonces lo convencieron a él y él me lo imploraba: «Llévame allí. No te martirices».

Yo, en cambio, unas veces pido la baja, otras solicito permiso en el trabajo por mi cuenta, porque no está permitido. Por ley solo te dan la baja si has de cuidar a un hijo enfermo, y las vacaciones por tu cuenta, que no eran de más de un mes.

El caso es que llenó toda nuestra libreta con sus ruegos. Me obligó a prometerle que lo llevaría allí.

Fui a ver aquello en coche con su hermano. En las afueras de una aldea, Grebionka se llamaba, se levantaba una gran casa de madera, el pozo hecho una ruina. El lavabo, en la calle. Andaban por ahí unas viejecitas todas de negro. Religiosas. Ni siquiera bajé del coche. Ni entré en la casa.

Por la noche le digo entre besos: «¿Cómo me has podido pedir una cosa así? ¡Esto no ocurrirá nunca! ¡Nunca haré eso! ¡Nunca!».

Y no paraba de besarlo todo.

Lo más horrible fueron las últimas semanas. Hacíamos pipí durante media hora en un bote de medio litro. No levantaba la vista. Le daba vergüenza.

—Pero ¿cómo puedes pensar esto? —le digo con un beso. El último día, de pronto, en un instante, ocurrió que abrió los ojos, se sentó, sonrió y dijo: «¡Valia!». Me quedé muda de felicidad. De oír su voz.

Murió solo. Los hombres mueren solos.

Un día me llamaron de su trabajo: «Le llevaremos un diploma». Yo le pregunté: «Quieren venir a verte tus compañeros. Para entregarte un diploma». Y él que mueve la cabeza: «¡No, no!». Pero lo fueron a ver. Le llevaron algo de dinero, un diploma en una carpeta roja con la foto de Lenin.

Cuando la recogí pensé: «¿Por qué razón se está muriendo? En los periódicos escriben que no solo es Chernóbil, sino que es el comunismo que ha saltado por los aires. La vida soviética se había acabado. Y, en cambio, el perfil que aparecía en la carpeta seguía siendo el mismo».

Los muchachos quisieron decirle algunas palabras agradables, pero él se cubrió con la manta, solo asomaba el pelo. Se estuvieron un rato junto a él y luego se fueron. Él ya tenía miedo de la gente. Solo a mí no me tenía miedo. Pero el hombre muere solo. Yo lo llamaba, pero él ya no abría los ojos. Solo respiraba.

Cuando lo enterraron, le tapé la cara con dos pañuelos. Si alguien me pedía verlo, los levantaba. Una mujer se desmayó. Aunque en un tiempo estuvo enamorada de él, yo tenía celos de ella.

—Deja que lo vea por última vez.
—Mira.

No le he contado que cuando murió nadie quería acercarse a él, la gente le tenía miedo. Pero a los parientes no les está permitido lavarlo, ni vestirlo. Según nuestras costumbres eslavas. De modo que trajeron de la morgue a dos sanitarios. Los chicos pidieron vodka.

—Hemos visto de todo —me confesaron—: gente hecha trizas, con cortes, cadáveres de niños después de un incendio. Pero es la primera vez que vemos algo así.

[Se queda callada.]
Ya había muerto, pero seguía caliente, caliente. No se lo podía tocar.
Paré los relojes de la casa. Eran las siete de la mañana. En casa, los relojes siguen parados hasta hoy, no se ponen en marcha. Los relojeros a los que llamamos se quedaban sin saber qué hacer: «Esto no es un problema mecánico, ni físico, esto es metafísica».
Los primeros días... sin él... Dormí dos días seguidos. No podían despertarme. Me levantaba, tomaba agua, ni siquiera comía, y otra vez caía en la cama. Ahora me resulta extraño. Es inexplicable cómo me pude dormir.
A mi amiga, cuando se le estaba muriendo el marido, este le tiraba los platos. Lloraba. No soportaba que ella fuera tan joven, tan guapa.
En cambio, el mío me miraba, no paraba de mirarme. Un día apuntó en nuestra libreta: «Cuando me muera, quema mis restos. Quiero que no me tengas miedo».
¿Por qué lo decidió así? Es cierto que corrían voces de que los de Chernóbil hasta después de muertos despedían luz. Por las noches sobre las tumbas se ven luces. Yo misma he leído que las tumbas de los bomberos de Chernóbil, que murieron en Moscú y que están enterrados allí, en el cementerio de Mítino, la gente las evita, no coloca a sus muertos cerca de ellos. Los muertos temen a los muertos, ya sin hablar de los vivos.
Porque nadie sabe qué es eso de Chernóbil. Solo hay conjeturas. Presentimientos. Él se trajo de Chernóbil un traje blanco con el que estuvo trabajando. Unos pantalones, la chaqueta de trabajo. Pues bien, el traje ese se pasó guardado en el altillo hasta su muerte. Luego mi madre decidió que había que tirar todas sus cosas. Estaba asustada. Yo en cambio hasta aquel traje lo guardé. Una criminal es lo que era. Había niños en casa. Un hijo y una hija. Llevamos sus cosas fuera de la ciudad y las enterramos.

He leído muchos libros, vivo entre libros, pero no puedo explicarme nada.

Trajeron una pequeña urna. No daba miedo; toqué lo que había dentro con las manos y había algunas cosas pequeñas, como conchas en la orilla del mar, en la arena; eran los huesos del coxis.

Hasta entonces no toqué sus cosas. No lo oía, no lo sentía, pero entonces se diría que lo abracé.

Por la noche, recuerdo, él ya ha muerto, y yo estoy sentada a su lado. Y de pronto veo cómo sale como una voluta de humo. La segunda vez que vi este humo yo me encontraba junto a él en el crematorio. Era su alma. Nadie la vio, solo yo. Tuve la sensación de que nos veíamos una vez más.

¡Oh, qué feliz había sido!, ¡qué feliz! Él se marchaba de viaje de trabajo. Y yo contaba los días y las horas para nuestro encuentro. ¡Los segundos! Físicamente no puedo vivir sin él. ¡No puedo! *[Se tapa la cara con las manos.]*

Recuerdo que... Una vez que fuimos a casa de su hermana en el pueblo, por la noche ella me dice, mostrándome una habitación: «A ti te he puesto la cama en aquel cuarto y a él en este». Nos miramos los dos el uno al otro y nos echamos a reír. Ni siquiera se nos pasaba por la cabeza que podíamos dormir separados, en habitaciones diferentes. Solo juntos. Yo no puedo sin él. ¡No puedo!

Muchos me han pedido la mano. Su hermano me pidió la mano. Se parecen tanto. La altura. Los andares. Pero tengo la sensación de que si alguien que no sea él me toca siquiera me pondré a llorar sin parar. No podré parar de llorar.

¿Quién me lo ha quitado? ¿Con qué derecho? Nos trajeron una orden de alistamiento con una franja roja, el 19 de octubre de 1986.

[Me trae el álbum de fotos. Me enseña fotos de la boda. Y cuando ya quiero despedirme, ella me para.]

¿Cómo voy a vivir en adelante? No se lo he contado todo. No hasta el final. He sido feliz. Hasta la locura. Tal vez no valga la pena poner mi nombre. Hay secretos que... Las oraciones se rezan en silencio. En un susurro, para uno mismo. *[Calla.]* No, dé usted mi nombre. Para que lo oiga Dios.

Quiero saber. Quiero comprender, ¿para qué se nos mandan semejantes sufrimientos? ¿Por qué? Al principio tenía la impresión de que después de todo aquello me aparecería algo negro en la mirada, algo ajeno. Que no lo soportaría. ¿Qué me ha salvado? ¿Qué me ha arrojado de nuevo a la vida?

Me ha devuelto a la vida mi hijo. Tengo otro hijo. Un primer hijo suyo. Hace tiempo que está enfermo. Ha crecido, pero ve el mundo con ojos de un niño. Con los ojos de un niño de cinco años. Ahora quiero estar con él. Sueño con cambiar de casa e irme a vivir más cerca de él, a Novinki. Allí está nuestra clínica psiquiátrica. Ha pasado toda su vida allí. Este ha sido el veredicto de los médicos: para que siga con vida debe estar allí.

Viajo cada día a verlo. Y él me recibe diciendo: «¿Dónde está papá Misha? ¿Cuándo vendrá?».

¿Quién más me va a preguntar eso? Él lo espera.

Lo esperaremos juntos. Yo rezaré mi plegaria de Chernóbil. Y él... Él mirará al mundo con ojos de niño.

VALENTINA TIMOFÉYEVNA ANANASÉVICH,
esposa de un liquidador

A MODO DE EPÍLOGO

La oficina turística de Kíev les ofrece un viaje a la ciudad de Chernóbil y a las aldeas muertas. Se ha elaborado un itinerario que empieza en la ciudad muerta de Prípiat. Los turistas examinan los altos edificios abandonados, con su ropa ennegrecida en los balcones y los coches de niños. El antiguo puesto de la policía, el hospital y el Comité Municipal del Partido. Aquí aún se conservan, inmunes a la radiación, las consignas de la época comunista.

Desde la ciudad de Prípiat, la excursión prosigue por las aldeas muertas por donde corren entre las casas y a la luz del día los lobos y los jabalíes, que se han reproducido a miles.

Pero el momento culminante o, como se señala en la propaganda, la «perla» de la excursión, es la visita al «refugio», llamado más sencillamente, el «sarcófago». Construido deprisa y corriendo sobre los escombros que originó la explosión del cuarto bloque energético, el sarcófago hace tiempo que está cubierto de grietas, a través de las cuales «supura» su relleno mortal, los restos del combustible nuclear. Tendrán algo impresionante que contar a sus amigos cuando regresen a casa. La experiencia no tiene punto de comparación con un viaje a las islas Canarias o a Miami. La excursión concluye con una sesión de fotos en recuerdo de la visita que se pueden hacer junto al muro levantado en memoria de los héroes caídos en Chernóbil, para que así ustedes se sientan partícipes de la historia.

Bueno, y al final de la excursión se ofrece a los amantes del turismo extremo un picnic con comida hecha a base de productos ecológicamente puros, vino tinto... y vodka ruso.

Les aseguramos que durante el día transcurrido en la zona recibirán ustedes una dosis inferior a la que les causaría una sesión de rayos X. Pero no se recomienda bañarse, comer el pescado o la caza capturados en la zona. Ni recoger bayas o setas y cocinarlos en una hoguera. Ni regalar a las damas flores del campo.

¿Creen ustedes que todo esto es una idea demencial? Se equivocan, el turismo nuclear goza de una gran demanda, sobre todo entre los turistas occidentales. La gente viaja al lugar en busca de nuevas y poderosas impresiones. Sensaciones que es difícil encontrar en el resto del mundo, ya tan excesivamente acondicionado y accesible al hombre. La vida se vuelve aburrida. Y la gente quiere algo eterno.

Visiten La Meca nuclear. Y a unos precios moderados.

De materiales extraídos de periódicos bielorrusos, 2005